U0515035

集人文社科之思　刊专业学术之声

集 刊 名：高校学生工作研究
主管单位：吉林大学
主办单位：吉林大学大学生思想政治教育发展研究中心

RESEARCH ON COLLEGE STUDENTS' AFFAIRS

顾　　问：曲建武　陈秉公　李忠军　韩喜平

主　　编：丁世海

副 主 编：李尚昆　吴宏政

执行副主编：梅士伟

执 行 编 辑：刘　娜　董浩宇

编委（按姓氏笔画）：

王庆丰　石　瑛　曲　然　朱丽雅　孙德超

张金山　赵　山　赵　玥　赵俊芳　贾玉娇

编辑：《高校学生工作研究》集刊编辑部

地址：吉林省长春市高新区前进大街 2699 号吉林大学鼎新楼 C248 室

投稿信箱：szyj@jlu.edu.cn

电话：0431-85168009

2025年第1辑 总第15辑

集刊序列号：PIJ-2018-247

中国集刊网：www.jikan.com.cn/ 高校学生工作研究

集刊投约稿平台：www.iedol.cn

2025 年第 1 辑
总第 15 辑

高校学生工作研究

RESEARCH ON
COLLEGE STUDENTS' AFFAIRS

主　编　丁世海

社会科学文献出版社
SOCIAL SCIENCES ACADEMIC PRESS (CHINA)

目　录

2025 年第 1 辑
总第 15 辑

特　　稿 ——

长期性、战略性工程。

加强国家安全教育是践行总体国家安全观的必然要求。国家安全是一项具有整体性、关联性的系统工程。总体国家安全观要求我们以全局观念和系统思维把握国家安全，把维护国家安全置于党和国家事业全局中谋划推进。践行总体国家安全观，需要坚持系统思维，构建大安全格局。在大安全格局下，维护国家安全不仅是各级党政职能部门的工作，也是全体公民的共同责任。开展国家安全教育，增强国家安全意识和能力，筑牢国家安全的人民防线，是国家安全工作的题中应有之义。

加强国家安全教育是推进国家安全体系和能力现代化的关键环节。当前，我们面临的国家安全问题日益复杂艰巨，维护国家安全的任务明显增多，这对国家安全体系和能力建设提出了新的更高要求。坚持党中央对国家安全工作的集中统一领导，需要做到全域联动、立体高效。所谓立体高效，就是既要发挥各级党委的主体责任，又要发挥各个部门、全国人民的共同力量，任何环节的薄弱都将影响国家安全工作的全局，成为"关键疏漏"。加强国家安全教育在各层面、各领域的推进，需要统筹涉及国家安全的专门工作和群众力量，完善国家安全力量布局，构建全域联动、立体高效的国家安全防护体系，打好维护国家安全的总体战。

加强国家安全教育是筑牢意识形态安全屏障的思想之源。当前，我国国家安全的内涵和外延比历史上任何时期都要丰富，时空领域比历史上任何时期都要宽广，内外因素比历史上任何时期都要复杂。国家安全风险来自各领域、各方面，必须在全社会形成对国家安全形势和工作的统一思想和正确认识，坚定不移地走中国特色国家安全道路，切实维护国家安全。开展面向不同受众群体的国家安全教育，加强思想舆论引导，使民众了解国内外安全形势，切实树立社会责任感和权利义务意识，提升国家安全意识，有效防范敌对势力的破坏活动，切实筑牢意识形态安全屏障。

二 贯彻举措：坚持把总体国家安全观贯彻落实到国家安全教育教学科研的全过程

治国安邦，人才为本。高等院校是培养国家安全人才的重要阵地，吉林大学贯彻落实总体国家安全观，根据相关要求，结合学校实际，深化国家安全理论研究、培养国家安全人才、孵化国家安全教育平台、大力推进国家安全教育宣传，以学科建设和科学研究引领国家安全教育行稳致远。

服务国家战略，成立东北地区首家国家安全学研究实体机构。作为中国共产党亲手创建的，教育部直属、中央直管的全国重点综合性大学，吉林大学赓续红色血脉，培育时代新人，勇担历史使命，在服务国家战略中积极作为。2019 年 6 月，吉林大学成立国家发展与安全研究院，统筹资源、倾注力量，把握学科发展定位和方向，在推进国家安全理论研究、人才培养和宣传教育等方面步履坚定、稳扎稳打。2021 年 10 月，吉林大学获批全国首批国家安全学一级学科博士学位授权点；2023 年 11 月，获批全国首批国家安全学博士后科研流动站。

把握教育规律，以系统思维完整构建国家安全学学科框架。学科建设是学校事业发展的根本，吉林大学先后实施"三大工程"战略部署和"文科振兴计划"，加快推进学校一流学科和一流专业建设。国家安全学学科建设是吉林大学"三大工程"战略部署和"文科振兴计划"的重要组成部分，将总体国家安全观的要义落实到国家安全学学科建设全过程，形成自身的学科体系、学术体系和话语体系。同时，注重面向国家重大需求和社会发展需要，结合区域特点和学校的学科优势，开展特色研究。

坚持人才立校，着力培养高质量国家安全教育师资队伍。国家安全教育的实施和效果有赖于高水平的师资队伍。吉林大学立足学校学科全面、基础雄厚的优势，打破常规贯通资源，加强跨专业、跨院系交流和校内外合作，共同形成支撑学科发展的教学和科研力量。一方面，聘任专职教师从事国家安全科学研究和教育教学工作；另一方面，聘请国家安全领域专家学者开设国家安全讲习班和专题讲座，形成覆盖国家安全主要问题领域、践行总体国家安全观的专兼职相结合的高层次、梯队合理的师资队伍。

组建专门机构，机制化、常态性开展国家安全教育。吉林大学于 2020 年 9 月成立国家安全教育研究中心，作为面向校内外落实党中央方针政策、教育部精神、学校要求，机制化、常态性开展国家安全教育的具体机构，扎实推进各项工作。学校举全校之力并组织校外优质力量，组建国家安全教育基础性、专业性、通识性教材编写团队，编写适应新形势的国家安全教育教材。开发有关国家安全教育的课程包、课程群，完善教学体系、优化教学内容，为国家安全教育课程由公选课转为限选课、推动国家安全教育全覆盖创造条件，为构建和丰富国家安全教育课程体系贡献吉大智慧和力量。推出"维护政治安全　守卫国家安全生命线""拨开迷雾看 AI　叩问国家安全新命题：人工智能安全"等 6 期国家安全教育微课。组织开展 2024 级新生"万人同上国家安全教育课"活动，实现学生全覆盖。每年 4 月，组织国家安全主题教育月活动，全面推进课堂教育与社会宣传相结合，《人民日报》、新华网等媒体多次对相关活动进行报道。

三　进展成效：为全社会提供高质量国家安全教育服务

吉林大学坚持为党育人，为国育才，既做好国家安全科学研究、培养专门人才，也为向全社会提供国家安全知识产品贡献力量。

入主流有特色，打造国家安全领域研究高地。高水平的国家安全学术研究是国家安全战略决策、国家安全实务工作的支撑和基础。在教材编写方面，参与马克思主义理论研究和建设工程重点教材《国家安全教育大学生读本》的编撰工作；承担国务院学位委员会国家安全学学科评议组主抓重点教材《粮食安全概论》《资源安全概论》的撰写工作。出版吉林大学国家安全研究丛书《外交与安全的中国思路》《生物安全治理体系与治理能力现代化研究》《发展与安全：中国能源产业变迁（1978—2012）》等。在资政服务方面，吉林大学连续两年承担国家高端智库相关课题研究，成果丰硕，100 余篇咨询报告被有关部门采纳，其中 6 篇报告获得中央领导同志肯定性批示。在科学研究方面，学校聚焦国家安全思想与理论、国家安全战略与治理开展高水平科学研究，已取得一系列标志性成果，包括中国国家安全学的自主知识体系探索，中国共产党百年国家安全思想发展研究，百年变局下全球安全治理体系的变革需求与中国作为研究，总体国家安全观视域下全球安全治理的理念、模式与路径研究，全球安全倡议的中国贡献研究，共建"一带一路"安全保障体系研究，中国能源可持续安全的路径构建研究，总体国家安全观下的生物安全治理研究，等等。聚焦东北全面振兴，围绕粮食安全开展课题研究。承担"大安全格局下吉林省智慧农业发展转型升级与粮食安全能力现代化研究""吉林省农业减排固碳与粮食安全的数字化驱动机制研究"等课题；聚焦数据安全，将数据安全、网络安全放在贯彻落实总体国家安全观中来思考，统筹发展和安全。

有担当善合作，推动构建国家安全研究学术共同体。以"国家安全现代化：体系和能力建设""增强全民国家安全意识与素养——院士共话发展与安全""新时代维护国家'五大安全'——东北使命与担当"为主题,邀请国家安全领域顶级专家学者,聚焦国家安全学学科建设、总体国家安全观、政治安全、经济安全、军事安全、文化安全等领域展开学术讲习。与北京师范大学联合发起首届全国"国家安全学"院长论坛;承办第二届全国"国家安全学"院长论坛,论坛以"总体国家安全观引领下的国家安全学科发展"为主题,共同探索总体国家安全观的理论创新、国家安全学自主知识体系建设,以及高校国家安全学学科建设的新思路、新方法、新模式。

建体系育人才,造就国家安全教育有生力量。吉林大学将培养国家安全领域高素质人才作为核心任务,国家发展与安全研究院依托法学、政治学、马克思主义理论3个一级学科,设立了国家安全思想与战略、领土安全、东北亚安全、意识形态安全、生态安全5个招生专业方向,成为全国985高校中首家独立招收、独立培养国家安全学相关方向博士、硕士研究生的实体单位。2023年,在国家安全学一级学科下,招收全国第一批国家安全学专业研究生。现已初步建成硕士—博士—博士后贯通的专业人才培养体系,为国家安全理论研究和实务工作储备人才。面向全校学生开设"国家安全与大国兴衰"公共选修课,成为全国高校首批开设国家安全通识课程的高校之一。组织参加全国高校学生国家安全素养展示活动,获得"特别风采之星";组织参加高校教师国家安全教育教学风采展示大赛,获得"闪亮风采教师"和"优秀风采教师"。

四　经验办法:发挥特色优势凝聚思想共识形成行动自觉

国家安全教育工作事关国家长治久安,事关党的事业后继有人,高校应对国家安全教育工作常抓不懈,持续发力,久久为功。吉林大学深入学习贯彻习近平总书记关于总体国家安全观的重要论述和习近平外交思想,扎根东北大地,心系国家安全全局,充分发挥学科门类齐全、学术底蕴深厚的优势,以红色基因和"北上精神"开疆拓土,打造学术高地,涵养教育沃土,激励和动员全校师生重视国家安全教育,为培养国家安全专门人才和提高全民国家安全素养贡献力量。

一是发挥支点作用,盘活全校资源。吉林大学以国家发展与安全研究院为依托,牵头对接相关单位推动落实国家安全教育要求,组建专门机构和队伍,坚持常态教学和主题教育相结合，强化国家安全教育的前沿阵地和后勤保障。与相关部门积极沟通合作，围绕国家安全教育主题，在组织骨干教师参与相关研修活动的同时，主办或承办相关主题专题培训活动。

二是加强沟通协调，紧跟战略需求。吉林大学与中央国安办、教育部思政司、中国高教保卫学会、吉林省国家安全委员会办公室、吉林省教育厅安全处等机构做好沟通和对接，立足战略需求，拓展合作空间，高起点、高质量推动国家安全科学研究和相关平台建设。

三是贯彻落实要求，扎实推进工作。吉林大学始终坚持将国家安全教育作为人才培养的重要方面，认真落实《大中小学国家安全教育指导纲要》，推动国家安全教育与安全学科有机融合，组织精干力量对国家安全教育的前沿性、规律性问题展开研究，开展形式多样特色突出的宣传教育活动，落实立德树人根本任务。

五　思考建议：深入推进国家安全教育有序发展良性循环

作为贯彻落实总体国家安全观的核心学科，国家安全学建设进入制度化、规范化的阶段，高等院校肩负开展国家安全战略研究、解决各领域国家安全问题、培养国家安全人才、推动国家安全教育社会化的历史重任，应把握机遇，服务战略需求，形成集专业教育、通识教育、职业教育、社会教育于一体的立体多维的国家安全教育体系，构建学校、家庭、社会共同参与的国家安全教育大格局。

一是明确增强和提高公民国家安全意识和能力是国家安全工作和国家安全教育的基本目标。 新形势下，国家安全不仅是各级党政职能部门的业务工作，也是国民的必修课，对全体公民开展广泛深入的国家安全教育是在国家安全领域以较小成本获取较大收益、确保国家安全并产生附加价值的有效手段。同发展国防科技等手段相比，开展国家安全教育具有成本小、收益高、效益好等特点，公民国家安全意识和能力的增强和提高，不仅有利于构筑国家安全的人民防线，还有利于促进现有的其他维护国家安全的手段发挥更大效用。

二是坚持国家安全学学科发展和科研引领是高校推进国家安全教育取得成效的最优路径。 高等院校应坚持实践导向和问题导向，深化理论研究，破解重大问题，掌握维护国家安全的关键技术，培养国家安全领域高精尖人才；同时，将科研成果及时转化为教育教学抓手，为基础教育提供有广度、有深度的知识产品。

三是增强和提高大、中、小学教学阶段的关联性和衔接度，循序渐进开展国家安全教育。国家安全学学科人才储备，有赖于小学、初中、高中、大学各阶段基础教育的培养和输送。因此，应将国家安全教育落实到课堂和实践活动中，让学生对国家安全形成基础性认知。以学校教育带动家庭教育，形成全社会学习国家安全的浓厚氛围。

维护国家安全，构建大安全格局，需要确立系统思维和可持续发展理念。国家安全工作如此，国家安全教育同样如此。国家安全教育是一个开放的系统。教育者、教育内容和受教育者在国家安全教育系统中处于不同的位置，彼此之间的互动和影响会产生系统效应，既要对国家安全教育系统中的各要素进行各自的战略性定位，又要根据系统的运行情况对各要素的地位和作用进行具体分析。在这个系统中，要重视学校教育，也要重视社会教育，要重视专业教育，也要重视通识教育。教育工作者应深刻领会并落实总体国家安全观，为营造全社会学习国家安全知识、提高国家安全素养和能力的环境氛围贡献智慧和力量。

国家安全教育 ——

积极构建国家安全自主知识体系

唐永胜[*]

摘 要： 国家安全作为中国式现代化进程的根基性保障要素，其理论体系的完善程度直接影响国家发展道路的可持续性。本文基于国家安全学学科建设取得的基础性进展，系统论证构建自主知识体系的理论价值与实践必要性，提出多维度的国家安全理论创新路径。强调了系统分析、数理建模、大数据综合等现代科学方法在国家安全理论研究中的重要性，以及国家安全学的交叉学科属性、政治属性和战略属性决定了国家安全理论创新中理论研究与实践检验相结合的重要性、院校研究与国家安全工作相结合的可行性。这些探索为完善新时代国家安全理论体系提供了创新性参考，对于保障社会主义现代化建设行稳致远具有巨大的学术价值和重大的现实意义。

关键词： 国家安全学 自主知识体系 学科建设

国家安全是中国式现代化行稳致远的重要基础。党的二十大报告对实现国家安全体系和能力现代化作出了系统规划，其中包括对国家安全教育提出了明确要求："全面加强国家安全教育，提高各级领导干部统筹发展和安全能力，增强全民国家安全意识和素养，筑牢国家安全人民防线。"[1]53~54作为国家安全体系和能力现代化的重要组成部分，国家安全教育需要全面加强，而国家安全学作为一级学科得以设立，就必然要担负起构建国家安全自主知识体系的使命责任，进而使这一学科切实成为贯彻总体国家安全观的交叉性、战略性的核心支撑学科。如何传承创新、综合

---

    * 唐永胜：国防大学国家安全学院教授，国务院学位委员会国家安全学学科评议组成员，主要研究方向为国家安全战略、国际战略。

为国家安全学提供坚实的理论基础。构建自主知识体系已成为马克思主义中国化时代化的必然要求，也成为当代中国哲学社会科学创新发展所必须担当的历史性任务。而国家安全理论是哲学社会科学整体知识体系不可或缺的组成部分，构建国家安全自主知识体系，因此就成为国家安全理论创新发展所必须担当的历史任务，也构成马克思主义国家安全理论中国化的时代要求。

国家安全自主知识体系的构建和完善是一项艰巨的理论工程，形成比较完备系统的理论体系绝非朝夕之功，必须进行持续的系统性、内涵式的理论开拓和艰辛探索才能实现理论升华。理论体系是开展人才培养、推进科研创新的核心要素和重要载体。没有理论基础和相对完备的理论体系，就不可能把国家安全学科真正立起来。

虽然在过去一个时期国家安全学科建设取得了斐然成绩，但是由于学科设立至今毕竟只有四年多时间，总是需要一个积累发展过程，截至目前，不论是人才培养还是理论建设都不能充分满足维护国家安全的实际需求。适应国家安全形势变化，新时代国家安全就是要赢得战略机遇，为实现民族复兴提供坚强保障，而要实现这样的目标，就离不开国家安全理论体系、知识体系和人才培养体系的牢固支撑。当前尤其迫切需要实现理论体系的完善和创新，唯有如此，才能为学科发展打下坚实的学术基础。

总体国家安全观是总体性和系统性的安全思想和理念，中国要实现的国家安全，是对国家生存和可持续发展的保障，大安全不是泛安全，也不是绝对安全。国家安全理论研究需要进一步聚焦那些关系国家生存与可持续发展的全局性、根本性问题，以及在重点领域、重点方向、特定时空条件下的重要问题，进而产出一系列创新成果，为国家安全学的科学研究、人才培养、智库建设和能力保障提供系统的理论支撑，逐步构建起能够覆盖重点问题、重点方向、重点领域，同时也是专业权威、逻辑贯通、持续发展，体现"高""实""精""深"鲜明特色的理论体系。

国家安全在日益宽广的时空领域发生和展开，由此也就决定了可以从不同视角、通过不同的途径去从事国家安全理论研究，但无论如何其基本指向都应是对国家安全得以实现的内在规定性的认识和把握。大国兴衰有其自身的演变逻辑；国家力量的运用总是存在约束条件；而国内安全与国际安全之间也存在日趋紧密且复杂的关联，其中的规律需要得到系统揭示。即使从特定领域或特定角度去研究国家安全，也应该将其放在国家安全全局中来认识和定位，并找到其作用得以发挥的条件及路径。比如，不能用单纯的军事观点来研究军事安全，也不能仅从一般性的经济增长角度来认识经济安全。实际上，即使对特定领域的特定安全问题，也越来越需要进行多角度的综合分析，否则就找不到背后的约束条件。没有广阔视野和战略思维，而是过于局限在某种路径依赖、某一理论视角，想要得到对复杂问题的深刻认识和解析，必然会遇到重重困难，甚至只能收获南辕北辙的结果。国家安全学属于交叉学科门类，其支撑学科主要包括政治学、管理学和军事学等较为成熟的学科，但需要注意的是，单一支撑学科不会简单拓展为交叉学科，而是必然要经历一个再学科化的过程，否则就不可能实现从特定学科向国家安全学的跨越和升华，也就不可能真正推动国家安全学科的创新发展。

　　构建自主知识体系也不可能从书本到书本。国家安全理论根植于深厚的实践和历史基础。世界历史和中国历史上都有着多样化的国家安全实践的积累，并形成了丰富的有关国家安全的思想理论。尤其是新中国成立以来，在不同的历史时期我们党都高度重视国家安全，都提出了具有针对性的战略指导，坚决有效维护了国家安全大局。理论产生于实践，国家安全理论应在总结已有实践和已有知识的基础上发展创新。当前阶段，学科建设尤其需要从我党领导中国人民维护国家安全伟大实践中，从新时代我国维护国家安全和推进中国式现代化的进程中汲取营养，在认识维护国家安全的内在机理和战略要求上多下功夫。新时代新征程维护国家安全，需要牢固树立总体国家安全观，扎实推进国家安全体系和能力现代化，有效防范和应对那些不稳定不确定因素可能产生的挑战和风险，牢牢掌握战略主动。而国家安全自主知识体系的发展创新也必须服从服务于这一历史进程，从而也必然体现出鲜明的独立性、战略性、开放性等特点。

　　在哲学社会科学领域，理论研究中存在一种倾向，也可以认为是某种缺失，那就是有些学者热衷于构筑一种宏大但又过于空洞的理论，有意无意中明显忽视了理论与实践之间应有的紧密联系，提出了一些理想性命题，看似非常正确，但又没有经受检验，甚至在逻辑上都找不到反例。如果把找到这样的命题当成思想理论上的创新和发现，可能恰恰表明学术思想的匮乏，对于自主知识体系建设也不可能发挥实质性的促进作用。近年来在国家安全理论研究中实际上也存在类似情况。一些理论探索与实践严重脱节，过于理想化和形而上，缺乏对重大实际问题的观照，也不愿意去做充分验证。国家安全研究总是要与实证研究紧密结合，才能相互印证相互检验，凝练出规律性认识，进而发挥应有的理论牵引作用。推进国家安全体系和能力现代化，以新安全格局保障新发展格局，是当前维护国家安全必须回答的时代命题。理论研究对此当然不能回避，而其中无疑孕育着重大理论创新。只有坚持解放思想、求真务实，一切从战略需求的实际出发，着眼破解维护国家安全所面临的重大难题和重大关切，积极回答中国之问、时代之问、世界之问，努力做出符合中国实际和时代要求的理论解答，得出符合客观规律的系统性认识，国家安全自主知识体系才能真正构建起来，并有效支撑国家安全实践。

三　拓宽国家安全理论发展创新的有效途径

加强国家安全学一级学科发展建设，是健全国家安全体系、提升国家安全战略能力的有力举措，极大地带动了国家安全理论研究和人才培养工作发展，并为构建国家安全自主知识体系提供了体制机制上的条件。无论如何，国家安全学科建设和理论研究总是要聚焦国家安全重大问题，紧盯国家生存和可持续发展的需求，破解维护国家安全所面临的重大难题，为中国式现代化行稳致远提供理论支持和前行智慧。安全就如同空气，人们身处其中并不能直接感受到其存在，但如果没有空气，也就失去了存活的条件。所以，国家安全是国家生存和发展的前提，并浸润到社会生活的各个方面和众多领域，须臾不可离开。国家安全学以及学科设立的深远意义和重要价值也就体现在这里，而相应的国家安全研究也要反映出维护国家生存和可持续发展的战略需求。

党的二十大报告提出了推进国家安全体系和能力现代化的战略任务，明确要求："要坚持以人民安全为宗旨、以政治安全为根本、以经济安全为基础、以军事科技文化社会安全为保障、以促进国际安全为依托，统筹外部安全和内部安全、国土安全和国民安全、传统安全和非传统安全、自身安全和共同安全，统筹维护和塑造国家安全，夯实国家安全和社会稳定基层基础，完善参与全球安全治理机制，建设更高水平的平安中国，以新安全格局保障新发展格局。"[1]52~53学术研究需要积极回应这样的要求，而其中的几乎每一个命题，无疑都孕育着重大的学术创新和理论飞跃。在 2023 年 5 月 30 日二十届中央国家安全委员会第一次会议上，习近平同志在讲话中进一步强调，要深刻认识国家安全面临的复杂严峻形势，正确把握重大国家安全问题，努力开创国家安全工作新局面。这次会议还审议通过了《关于全面加强国家安全教育的意见》，为国家安全学学科建设提出了明确要求，这无疑也为学科建设提供了新的动力。

新时代新征程国家安全面临新的使命，也要求国家安全学一级学科建设必须得到全面加强。为此应进一步加强政策引导和条件保障，紧密结合维护国家安全的实际需要，优化学科布局，提升学科建设水平。关于构建国家安全自主知识体系，则应进一步强化相关措施，引导更多的研究者聚焦重大理论和现实问题进行科研攻关，鼓励广泛深入的学术交流，相互促进相互借鉴，注重教师和专家队伍的专业培训，凝聚起基础的学科建设力量。同时，创造条件继续支持有条件高校组建国家安全教育和研究的专门机构，启动和落实重大研究项目。学科建设需要形成合力，构建起以国家安全领域相关高校和政府机构为主导，服务国家安全需求的国家安全人才培养体系和理论创新机制。

积极探索和转变科研模式也是提高理论产出和理论质量的必然要求。在过去相当长的时间里，社会科学研究主要采用传统的研究模式和研究方法，科研组织方式、力量形态、方法路径比较单一，低水平简单重复的现象比较突出，理论产出跟不上实际需要。随着国家相关改革进程的推进和政策实施，社会科学科研模式也在发生变革，这就为大幅提高理论生产效率提供了条件。为此，要打破传统思维束缚，在保持和发扬原有工作中那些有效科研方式的同时，还要努力创新科研的组织方式和力量形态，充分引入科学研究方法，推动从过去各自为政或小作坊式的传统科研向现代科研、产业科研发生转变。通过改进变革理论研究模式，使科研工作产生系统效应，或者说产生系统涌现，为成果产出和锻造队伍提升能力创造条件。需要强调的是，并不是参加学科建设的队伍和人员多了，系统效应就会自动出现，更重要的是改进组织形式和力量组合形成合力，而其中的个人也才能更有作为。国家安全学科建设目标当志存高远，要有大格局大视野，用事业凝聚人才，用事业推进学科各项工作的开展。

过去一般情况下，科研组织主要采取课题任务投入方式，课题设置与实际应用存在脱节现象，甚至还有随机成分，实施过程也不尽规范。国家安全学等交叉学科的设立为转变科研模式提供了新契机。一是要进一步打开科研格局，以"大科研"观念将理论研究、教案教法和各类现实任务统一纳入科研范畴，统一规划、有序推进，强化科研课题的现实牵引作用和操作规范性。二是要完善学科建设的理论图谱和发展路线图，在适应战略需求和建设单位定位的基础上统筹各项课题研究的轻重缓急，增强科研课题的延续性、整体性和目标指向。三是推动科研投入从以任务为中心向以成果为中心的模式转变，探索建立以成果为导向的风险管理机制，增强理论研究的投入产出效益。

受益于学科建设投入，建设单位不仅壮大了教研力量主体，同时也确立起从专业方向到具体领域的纵向人员梯次配备结构。在此基础上还可进一步探索规范横向跨专业、跨单位科研力量联合组织形式，确立相应的制度保障机制，打通横向之间的行政壁垒，使不同的科研项目既可以根据需要更灵活地编配力量，以跨专业的人员组合高质量团队完成科研任务，同时又能保证项目合作有效回馈专业，不断积累不断深化做强专业，从而形成依据专业纵向培育科研力量，而按照项目需求横向使用科研力量的组织形式。

今天世界局势正处于深刻演变之中，诸多要素共同发挥作用，外部安全与内部安全之间相互作用、相互传导。对于国家安全面临的许多问题，原因与结果错综交织在一起，甚至在时间和空间上并不一定直接相连，需要综合的系统性、结构性分析。这就要求研究者观察追溯一系列的变化过程，而不能局限于某些片段或个别事件。运用过于简约或单一的分析方法已经不能很好地反映和解析国家安全的发展演变。对重大战略问题的研究更需要注重边界条件的变化，不顾及边界条件的分析最多只能做到片面深刻，而这对战略筹划和维护国家安全却是十分危险的。理解和认识维护国家安全的内在逻辑需要洞察力和前瞻性，也要避免受特定思维模式和研究途径的束缚。如果局限于某种偏好、某一理论或视角，[1] 对于寻求在日益复杂问题背后所隐藏的规律，将显得越来越力不从心。新的历史条件为国家安全研究开启了新的广阔空间，而关键则在于思想和学术上的准备、积累和创造。

伴随新一轮科技革命和产业变革深入发展，国家安全理论研究的模式也必将随之发生相应改变，需要突破独自思考、定性分析等传统思维方法，更多借助系统分析、人工智能、模拟论证、大数据综合等现代科学方法。理论研究在发挥传统定性思维优势的同时，也要强化现代科学方法的引入和使用。可尝试将现代科学方法系统引入理论研究，努力打通从概念设计到数理计算的技术路径，走出一条从定性抽象到建立模型、数据准备、实验模拟、验证分析，再到

1　国家安全研究当然需要借助已有理论，其中也包括西方相关理论，但这并不意味着盲目跟随，更不能失去自主性甚至局限于其中某一特定理论的理论孤岛之上。关于"理论孤岛"的概念，可参见 Glenn H. Snyder and Paul Diesing, *Conflict Among Nations*, Princeton University Press, 1977, p. 21。

实践检验的国家安全理论生产的新路径，提高理论研究的科学性和规范化，逐步探索形成国家安全理论分工作业、集群生产的新方法。当然，国家安全理论研究总是离不开哲学基础。目前，有些研究还缺少深厚哲学底蕴，所以看不远看不深。在变化的世界中要探索出一条不同于传统大国武力争霸、超越权力政治的国家安全道路，实现中华民族伟大复兴和国家的长治久安，就必须认识和理解变化的世界，真正站在历史的正确一边。因势利导才能实现积极的可持续安全，而相应的理论研究和战略思考也需要体现政治远见和大国担当，进而谋求理论创新和战略创新。

参考文献

［1］习近平:《高举中国特色社会主义伟大旗帜　为全面建设社会主义现代化国家而团结奋斗——在中国共产党第二十次全国代表大会上的报告》，北京：人民出版社，2022。

［2］《毛泽东著作选读》（上册），北京：人民出版社，1986，第 136 页。

［3］〔俄〕亚历山大·亚历山德罗维奇·登金主编《2035 年的世界：全球预测》，杨成、华盾译，北京：时事出版社，2019，第 2 页。

Actively Build an Independent Knowledge System for National Security

Tang Yongsheng

Abstract：As a fundamental guarantee for the Chinese path to modernization, national security directly affects the sustainability of the country's development through the completeness of its theoretical system. Based on the foundational progress made in the discipline construction of national security studies, this paper systematically argues the theoretical value and practical necessity of constructing an independent knowledge system, and proposes multi-dimensional theoretical innovation methods for national security. It emphasizes the significance of modern scientific methods such as systematic analysis, mathematical modeling, and big data integration in national security theoretical research. It also lays stress on the importance of combining theoretical research with practical verification and the feasibility of integrating academic research with national security due to the interdisciplinary, political, and strategic attributes of national security studies. These explorations provide innovative references for improving the theoretical system of national security in the new era and have significant academic and practical value for ensuring the solid and sustained progress of socialist modernization.

Keywords：National Security Studies；Independent Knowledge System；Discipline Construction

大学生公共基础课"国家安全教育"
开设的实践与思考[*]

肖晞　乔蕊**

摘　要： 2025 年是高校国家安全教育公共基础课集中落地的一年。根据教育部精神和文件要求，吉林大学面向全校本科生全面开设公共基础课"国家安全教育"并顺利结课。课程侧重理论讲授和互动教学结合，旨在培养学生的国家安全意识，牢固树立国家安全底线思维；总结经验和不足，凝练特色，进一步发挥学科建设优势丰富教学内容、形式和体系；在做好课程示范的同时，推出数字课程，为全社会提供高质量国家安全教育教学服务；与相关院校交流互鉴，开拓创新，共同探索国家安全教育课程的"特色品牌"。

关键词： 总体国家安全观　大学生　国家安全教育　国家安全意识

国家安全是实现中华民族伟大复兴中国梦的头等大事，是中国式现代化行稳致远的重要基础。2014 年，习近平总书记深刻把握国内外国家安全形势，创造性提出总体国家安全观，指引新时代国家安全工作取得显著成效。

2015 年，《中华人民共和国国家安全法》颁布实施，指出公民应当履行维护国

---

* 本文为 2025 年度吉林省研究生教育教学改革课题重点项目"交叉学科背景下国家安全人才培养模式研究"、吉林省高等教育教学改革研究课题重点项目"大安全格局下国家安全教育工作体系和机制的研究与实践"（项目编号：JLJY202207583827）、吉林大学本科"数智课程计划"《国家安全教育》公共基础课（项目编号：24SZ032）的阶段性研究成果。

** 肖晞：吉林大学公共外交学院院长、吉林大学国家发展与安全研究院院长，教授，国务院学位委员会国家安全学学科评议组成员，主要研究方向为国家安全、中国外交。乔蕊：吉林大学公共外交学院讲师、吉林大学国家发展与安全研究院国家安全教育研究室主任，主要研究方向为国家安全教育、外事管理。

家安全的义务，并将每年 4 月 15 日设为全民国家安全教育日，首次明确了国家安全教育的法定地位。十年来，教育系统全面贯彻落实总体国家安全观，开展了形式多样的宣传教育工作，高等院校不断为国家安全教育事业贡献智慧和力量。根据教育部相关文件精神，国内高校在国家安全宣传教育和实践教学方面作出了有益的尝试，包括开设慕课、模块化嵌入课程、举办学习讲座、开展特色实践等，以全面增强大学生的国家安全意识，历练成长，自觉维护国家安全。

2024 年是高等院校国家安全教育课程集中落地的一年，作为增强大学生国家安全意识和素养的一项基础性、长期性、战略性工程，按照《教育部办公厅关于在高等学校开设国家安全教育公共基础课的通知》要求，高校积极开设"国家安全教育"课程，创新教学方式，提升授课效果，扩大社会影响。吉林大学于 2024 年秋季学期面向全校本科生全面开设公共基础课"国家安全教育"，1 学分、16 课时，纳入学校人才培养方案。课程统一使用教育部马克思主义理论研究和建设工程重点教材《国家安全教育大学生读本》（以下简称《读本》）和规范的课件，理论讲授和课堂互动相结合，全面深入落实总体国家安全观进课堂，实现了 2024 级本科生国家安全教育全覆盖。[1]"国家安全教育"课程首轮授课顺利结束，学生反馈积极。选课人数超过 1 万人，设置 38 个教学班，线上课程访问量超过 1503 万，[1]发放调研问卷 10461 份，回收有效问卷 8085 份。本文旨在总结课程教学设计、教学模式、教学反馈等内容，探索国家安全教育的教学规律和特性，为国家安全宣传教育和人才培养贡献高校经验和智慧。

一　理论讲授，系统掌握总体国家安全观的内涵和精神实质

2024 年 8 月，《教育部办公厅关于在高等学校开设国家安全教育公共基础课的通知》印发，吉林大学积极响应，开设公共基础课"国家安全教育"，课程贯彻落实总体国家安全观，选用教育部马克思主义理论研究和建设工程重点教材《读本》，注重挖掘教材的理论性，制作标准课件，确保教学内容完整规范，同时结合当代大学生学情，融入课程思政，达到教学目标和教学效果。

以《读本》为重要抓手，在大学生群体中深入贯彻落实总体国家安全观的科学内涵、核心要义是开设"国家安全教育"课程的宗旨和目标。拓展教学内容、丰富教学形式应紧紧围绕课程教学目标进行，务必抓好国家安全教育的课堂主渠道。

（一）抓好课堂教学主渠道，守护学校教育和社会宣传的边界

国家安全工作需要系统思维，在国家安全教育问题上，同样如此。在国家安全教育系统中，处于不同位置的人群能发挥的作用和产生的影响不同。其中，大学生群体和青年一代是推动社会进步的中坚力量，肩负实现中华民族伟大复兴重任，是一个国家的国家安全意识和维护国家安全的能力的缩影和体现，新时代大学生能否充分认识和积极履行维护国家安全的公民责任、增强践行总体国家安全观的行动自觉，关乎中华民族伟大复兴的前途命运，关乎国家长治久安。

面向大学生群体的国家安全教育可以通过学校教育和社会宣传完成。每年 4 月 15 日全民国家安全教育日，各地、各部门都会开展丰富多彩、形式多样的国家安全宣传教育活动，这类宣传基于传播效果和传播范围的考虑，选取内容相对浅显、知识碎片化，不能满足大学生群体的认知需求，课堂教育依然是高校培育大学生总体国家安全观的主要阵地。系统、深入的课堂教学，对于增强和提升大学生国家安全意识和能力具有重大的现实意义。

然而，一段时间以来，高等院校面向大学生群体的国家安全教育存在教育目标不清晰、教学主体不明确、教学效果不显著等问题，同时，缺少专门教材、缺乏学科支撑和专业队伍也制约相关课程的开设普及。以往的做法是在国防、思想政治教育等课程中碎片化加入国家安全知识，如军事课程讲授传统国家安全领域、思想道德修养和法律基础课程设置"增强国家安全意识"专题等，授课教师背景多元，教学内容分散，这样碎片化的教学方式不利于青年学生系统、深入掌握国家安全理论，了解国家安全形势和当前我国在国家安全领域的工作进展等。

（二）聚焦总体国家安全观，把握通识教育和专门教育的分寸

在高校中，我们既要进行国家安全的通识教育，也要开展专业教育。吉林大学根据国家安全教育的战略需要，立足不同学科专业的人才培养目标，开设专业课程和通识课程，培养专门的国家安全人才；同时，注重通过多种渠道开展教育及宣传提高民众的国家安全素养，以此构筑国家安全的全民精神防线。具体而言，国家安全的研究问题和领域不断拓展，针对国家安全学专门人才的培养注重国家安全概念体系、交叉学科的教学和研究，但对于非专业学生而言，需要侧重掌握总体国家安全观的核心要义，形成对国家安全形势的清醒认识，增强维护国家安全的意识。因

此，在通识课程"国家安全教育"教学内容设计和讲授的过程中，授课教师要注意教学内容的聚焦和延展，完整准确地理解总体国家安全观，适当有选择地拓展，把握教学主线。

聚焦总体国家安全观开展通识教育具有现实意义和可行性。总体国家安全观是一套理论体系，也是一套思维方法，开展国家安全教育，学习贯彻总体国家安全观既是安全教育也是历史教育、思政教育，是理论学习也是思维训练。在复杂变化的国家安全环境下，青年大学生群体通过学习可以掌握维护国家安全的基本原理和常识，并形成系统思维和全局意识。开展通识教育覆盖最广大的青年学生群体，在教学过程中做好教学区分，重点讲授总体国家安全观，提升国家安全意识，并引导他们关注国家安全理论和现实问题，从中分流选拔人才进入国家安全学科专业学习，做好孵化器，是公共基础课在高校国家安全教育中能发挥的优势和作用。

（三）突出安全教育高阶性，区分理论基础和实践拓展的权重

首轮"国家安全教育"课程的课堂教学以理论讲授为主，遵循《读本》体例，系统完整讲授总体国家安全观，聚焦中国式现代化过程中的现实问题，选取与青年学生关联强的教学案例，如数据网络安全、人工智能、粮食安全等，引导学生关注国家安全形势和问题，树立大安全理念和系统思维，避免对国家安全的虚化、泛化、窄化认识，以总体国家安全观武装头脑，提升国家安全意识和能力。

在教学实践中通过师生互动了解学情，反馈教学效果，考虑到面向全校学生授课的公平公正和考核要求，首轮授课暂未设置实践学时，课程鼓励对国家安全实践与研究感兴趣的同学通过团学组织、校内专项实践项目等渠道参与社会实践。

二 互动教学，引导青年学生树立国家安全底线思维

习近平总书记在党的二十大报告中指出，必须"准备经受风高浪急甚至惊涛骇浪的重大考验"[2]。国内外的复杂环境需要我们提升风险防范能力，坚持底线思维，增强忧患意识。底线思维，就是居安思危，凡事从最坏处准备，努力争取最好的结果，做到有备无患、遇事不慌，牢牢把握主动权的思维。[3] 新时代新征程上，我国发展所面临的各种风险挑战都要防控，但重点要防控那些可能迟滞或中断中华民族

伟大复兴进程的全局性风险挑战，这是底线思维的根本含义。[4]在国家安全教育教学过程中，应重点突出，引导新时代大学生树牢国家安全底线思维。

（一）明确底线，守住底线

总体国家安全观是系统全面、内涵丰富的科学理论体系，集中体现为五大要素和五对关系。完整准确掌握总体国家安全观，就是把握五大要素和五对关系。其中，政治安全是根本，是国家安全的生命线，是最高的国家安全，必须坚持把政治安全放在首要位置，坚定维护国家政权安全、制度安全、意识形态安全。

底线思维是一种风险思维，强调在复杂环境中识别和处理关键问题，预防和应对最糟糕的情况。在国家安全领域，风险环境复杂多变，既要统筹全局又要抓主要矛盾，面对可能存在的风险挑战做好应对预案，确保在不利情况下也能保持稳定。引导大学生树立底线思维是国家安全的现实要求，也是大学生成长的内在需要。2023 年，我国各种形式的高等教育在学总规模为 4763.19 万人。[5]大学生群体思维活跃、独立意识增强，社会需求强烈但社会经验不足，自我防范能力较弱，生理发育基本成熟，但心理承受能力差异大，易于接受新事物，容易形成不同的自发群体，需要加强对大学生群体的正确引导，特别是在国家安全领域，使之清晰地认识到什么能做什么不能做，坚守道德和法律的底线，规避负面影响，激发潜能，为国家建设贡献力量。

底线思维是抓住事物发展的主要矛盾或矛盾的主要方面。高等教育阶段开展国家安全教育，应重点突出对总体国家安全观的讲授和侧重对学生学习效果的考察。"国家安全教育"课程通过有效的课堂互动、章节测试、问卷调研等方式循序渐进掌握学生学习动态，密切关注学情反馈，及时答疑解惑并回应学生的学习诉求，根据问卷中学生普遍反映的建议增加学时和实践环节、丰富考核方式等。教学团队进行充分论证，积极改进教学形式，达到较好的教学效果。

（二）增强忧患意识，居安思危

中国共产党生于忧患、成长于忧患、壮大于忧患。伴随新中国成长的一代人对此有刻骨铭心的体会，相比之下，生活在和平时期的新时代大学生对民族生死存亡和血与火的考验很难感同身受，缺少历练和考验。

针对大学生群体的学情特点，"国家安全教育"课程注重把握在党的领导下走好中国特色国家安全道路，扎实做好高校意识形态工作。具体而言，运用情境教学法和案例教学，学习不同历史时期中国共产党人维护国家安全的实践探索及积累的宝贵经验，包括党对国家安全一以贯之的绝对领导、坚持马克思主义对国家安全思想的指导、高度重视和维护人民安全和利益、始终坚持国家安全理论与实际的结合、发展和安全的关系科学化程度不断加强、中国国家安全与人类共同命运的关联日益密切等，[6] 从历史中寻找经验和答案。同时，放眼世界局势，地区冲突、恐怖主义、环境危机等全球性问题加剧，国际安全环境日益复杂，个别西方国家对中国进行打压制裁试图遏制我国发展，人工智能的发展带来不确定性，外部压力危机挤压青年一代的生存空间，只有增强忧患意识，善于斗争敢于斗争，练就一身本领，才能应对困难挑战，推动中国特色社会主义事业一往无前，确保国家长治久安。

（三）发挥斗争精神，主动作为

回顾党的历史，国家安全始终是中国共产党的核心关切，坚持敢于斗争是党的重要历史经验。从突出强调军事安全到以经济发展促进国家安全，再到统揽全局、系统协同的总体国家安全观的演进，党的国家安全思想经历了不同的历史阶段，当前，构建大安全格局，以新安全格局保障新发展格局对国家安全工作提出新的要求，从冲击-反应的被动模式向主动布局防范化解重大风险转变。

斗争精神在不同的历史时期被赋予不同的内涵。革命时期的斗争精神是冲锋陷阵自我牺牲，社会主义建设时期的斗争精神是开拓进取努力拼搏，新时代的斗争精神是以中华民族伟大复兴为己任，将青春奋斗融入中国式现代化的历史进程。新时代大学生应学习贯彻落实总体国家安全观，在维护国家安全的道路上，形成行动自觉，不做局外人，发挥斗争精神，经受历练，能够识别危害国家安全的源头，采取措施维护国家安全。

三　凝练特色，发挥学科建设优势丰富教学内容、形式和体系

国家安全教育工作事关国家长治久安，事关党的事业后继有人，高校应对国家安全教育工作常抓不懈，持续发力，久久为功。[7] 吉林大学深刻认识国家安全教育工作的重大意义，充分发挥学科门类齐全、学术底蕴深厚的优势，担当作为，扎实

做好国家安全学科建设、人才培养、宣传教育工作，打造国家安全研究学术高地，涵养国家安全教育沃土。

（一）把握教育规律，以系统思维完整构建国家安全学学科框架

2020年12月，国务院学位委员会正式设立国家安全学学科。2021年10月，吉林大学获批全国首批国家安全学一级学科博士学位授权点，标志着学校国家安全学学科建设及其人才培养进入新的历史时期。作为新兴交叉学科，国家安全学学科建设既得益于学校人文社会科学深厚的研究底蕴，也贯通资源进一步优化双一流学科建设布局。学校将国家安全学学科建设纳入"三大工程"战略部署[1]和"文科振兴计划"，将总体国家安全观的要义落实到国家安全学学科建设全过程，形成自身的学科体系、学术体系和话语体系。

目前，吉林大学国家安全学学科建设和人才培养初具规模。专兼职师资队伍结构合理，研究方向聚焦国家重大战略需求，聚焦东北"五大安全"，在国家安全思想与理论、粮食安全等方向产出高水平研究成果，开展有组织科研教学，举办高水平学科论坛，承担国家重大项目，发表多篇论文，出版学科著作，做好咨政服务。

（二）配强教师队伍，以国家安全学学科建设反哺国家安全教育

五年来，吉林大学国家安全学学科在基础理论研究、前沿战略研究、政策科学研究方面不断取得新进展，以此为依托，国家安全教育工作扎实稳步推进。学科建设伊始，即注重平台机制建设，学校较早成立了专门机构落实党中央方针政策、教育部精神及相关部署，2020年9月成立了国家安全教育研究中心，中心负责机制化、常态化开展国家安全教育工作，包括开设相关课程、举办讲习班、主题讲座、组织筹划每年一度的415全民国家安全教育日宣传活动等。

2020年，国家安全教育研究中心面向全校本科生开设公共选修课"国家安全与大国兴衰"，成为全国率先将国家安全教育纳入通识教育体系的高校之一。经过4年多的教学实践，积累了宝贵的经验，教学体系逐渐完善。学校组织专家学者编写通识性教材，助推国家安全教育进课堂。国家安全学学科带头人肖晞教授参与教育部马克思主义理论研究和建设工程重点教材《读本》的撰写，并作为教育部教材建

1　三大工程，即引领工程，构建吉大特色的思政工作体系；平台工程，构建良性互动的学科生态体系；基础工程，构建现代科学的大学治理体系。

设和管理国家级培训班授课专家，于 2024 年 9 月对来自全国各省份的 200 多位任课教师进行培训授课，效果广受好评，反响热烈。培训结束后，吉林大学迅速召集组建了一支跨学科交叉、专兼结合的授课团队，开设虚拟教研室，由教务处统筹协调，教育技术中心协助录制慕课，超星平台进行发布并提供在线教学支持，国家发展与安全研究院书记牵头，副院长、院长助理、青年教师和学生志愿者组成课程运营团队，多部门协调合作，确保公共基础课"国家安全教育"顺利开设。

（三）建设智慧课程，探索数智化背景下的智慧教学新范式

"国家安全教育"课程线下授课结束、线上课程建设基本完成，同步建设配套教学资源库，包括课件、试题、学术论文、动画资源等，构建全面、系统、动态更新的数字化教学资源库，以图谱形式清晰展示并关联各类资源，方便学生高效获取所需学习材料。通过智慧课程建设，连通理论学习与实践创新，打造数智化背景下虚实结合、理实融通、底蕴丰厚的人才培养新模式。智慧课程结合当前国家安全形势和要求进行教学内容重构，确保教学内容的连贯性和逻辑性，提升课程的前沿性和实用性，以可视化的课程知识图谱为支撑，打破传统线性组织方式，探索多元化知识架构；以目标图谱为导向，链接目标与知识点，精准育人；以课程思政图谱为内隐，推进立德树人与课程内容双线并进。

四　课程示范，为全社会提供高质量国家安全教育教学服务

新形势下，高等院校肩负开展国家安全战略研究、解决各领域国家安全问题、培养国家安全人才、推动国家安全教育社会化的历史重任，应把握机遇、服务战略需求，形成专业教育、通识教育、职业教育、社会教育立体多维的国家安全教育体系，构建学校、家庭、社会共同参与的国家安全教育大格局。[7]

吉林大学坚持为党育人、为国育才，重视学科建设，以高质量国家安全学学科建设推进高水平人才培养，既重视专业教育，也履行社会责任，持续不断为社会提供国家安全知识产品，输送国家安全教育人才。具体举措包括：推进高水平的国家安全学术研究，打造国家安全领域研究高地，鼓励相关专家学者从事国家安全基础理论研究、参与重点教材编写等；支持高水平学术会议筹办，加强校际合作，推动

构建国家安全研究学术共同体，共同探索国家安全学自主知识体系建设和国家安全教育实践新范式。

（一）形成完整的人才培养体系，服务于国家安全的理论研究和实务工作

吉林大学于 2020 年开始招收、培养国家安全学相关方向博士、硕士研究生，2023 年，在国家安全学一级学科下招收全国第一批国家安全学专业研究生，同年，获批全国首批国家安全学博士后科研流动站，初步建成了硕士—博士—博士后贯通的专业人才培养体系。同时，建立了实习实践基地——吉林省总体国家安全观教育基地，基地作为吉林省开展全民国家安全教育的示范基地之一，在吉林省委国安办的指导下，积极开展实践教学，服务于国家安全的理论研究和实务工作。当前，绝大多数高校没有国家安全学一级学科，缺乏开设国家安全教育的师资队伍和力量，国家安全专业毕业生经过系统的理论学习和教师培训，可以有效补充国家安全教育师资队伍，提升国家安全教育课程的专业性和权威性。

（二）打造国家安全教育优质课程，做好课程示范和师资培训工作

抓好课程建设，同时积极参与教育部、国内高校举办的国家安全教育教学研讨等活动，组织教学团队参加国家安全教育教学能力提升计划，将优质教育资源向更广泛区域辐射输出，如通过参与"慕课西行计划"，将智慧课程的优质资源向全国，尤其是西部地区及欠发达区域输出。同时，将学校在国家安全研究和人才培养方面的优势及时转化，加强官产学研联合，通过经验交流、资源共享及联动合作，提升全省国家安全教育教学质量，发挥学校在国家安全教育课程设计、智能化教学方面的积极作用，推动跨校、跨区域的国家安全教育协作与创新。

（三）推进大中小学国家安全教育一体化，构建国家安全教育的社会网络

2018 年 4 月教育部出台的《大中小学国家安全教育指导纲要》是国家安全教育的指导性文件，明确了不同学段国家安全教育的目标、内容和实施路径。小学阶段强调启蒙国家安全意识和培育爱国主义情感，中学阶段要初步掌握国家安全知识，大学阶段应系统掌握并努力践行总体国家安全观。在全民国家安全教育的大背景下，要循序渐进地开展国家安全学学科教育，增强和提高各教学阶段的关联性和衔接度。当前，基础教育领域对国家安全理论的研究现状、热点问题等缺乏深入了解，在日

常教学中对国家安全知识的关注和讲解不足，强调力度不够，导致基础教育阶段的学生没有得到足够的引导，缺乏对国家安全的认知，[8]高等教育对基础教育阶段国家安全知识的供给情况缺乏了解，在教学中容易出现重复性内容和空白地带，教学效果大打折扣。高等教育和基础教育应加强沟通协作，做好分段教学，推进各学段国家安全教育有序衔接和大中小学国家安全教育一体化。

高等教育在推进国家安全教育工作中应起到引领作用。一方面，通过科研创新涵养学术氛围，推进国家安全理论和具体问题的研究，并在实践中检验技术应用，提升维护国家安全的能力，建设国家安全知识传播平台，运用数字技术和多媒体手段，实现国家安全知识传播常态化。另一方面，钻研国家安全教育教学，进行教学改革，更新教学方法体系，研讨教学案例，为职业教育和基础教育提供充足的支持，同时，可以适当调动社会资源，发挥专业机构和行业企业的优势，有效利用各类场馆、基地、设施等，开发实践课程，组织现场教学，增强国家安全教育的参与感、体验感和获得感，从情感上、意识上、行动上自觉践行总体国家安全观，维护国家安全。

国家安全，人人有责。从学校教育拓展到全社会的国家安全教育需要政策支持和加强法治宣传，除了自上而下的教育活动，还要特别重视自下而上的全民国家安全意识和主动性的培养。引导社会力量共同参与，构筑全方位的国家安全教育社会网络，推动国家安全教育的整体提升。

五　开拓创新，探索国家安全教育课程的"特色品牌"

十年来，国家安全教育的实践形式丰富、内容多元，国内高校进行了积极的探索并取得显著成效，十几所高校入选国家安全学一级学科硕、博士点建设单位，部分院校开设国家安全学本科专业，国家安全领域的人才培养工作扎实推进，分阶段、分步骤将国家安全教育元素纳入课程思政，从举办讲座或专题课到系统性开设公共基础课"国家安全教育"，这些措施对提高大学生国家安全意识起到积极作用，有助于激发学生的爱国热情和自觉维护国家安全的责任感。

与此同时，也应看到目前高校国家安全教育，特别是总体国家安全观教学处于探索阶段，存在一些短板和不足。例如，教育环节分散，不同课程之间涉及国家安全的内容需要做好教学衔接；教学内容深度、广度不足，学理性、阐释性内容少，存在照本宣科教学的现象；通识课面向全体本科生开设，不同专业背景学生对同样知识内容的接受程度差异大，需要根据学情调整教学内容和深度；课程教学内容与专业课和实践技能的结合有待加强。上述问题在一定程度上影响了国家安全教育的课堂实效，亟须相关院校探索实践新路径进行教学创新和教学改革。

国家安全形势是动态变化的，总体国家安全观的思想体系具有生命力，因此，面向全体国民的国家安全教育应既有理论的稳定性又与时俱进，常学常新。推进全员、全过程、全方位的国家安全教育体系需要全社会的共同努力，高等院校应立足自身学科优势及特色定位，探索国家安全教育的一般规律，同时打造特色品牌，互鉴交流，共同提升国家安全教育的效果，实现预期目标。

（一）以高质量的科学研究推进高质量的教育教学

党的二十大提出加快建设教育强国，《教育强国建设规划纲要（2024—2035年）》进行了具体部署，指出要正确处理支撑国家战略和满足民生需求、知识学习和全面发展、培养人才和满足社会需要、规范有序和激发活力、扎根中国大地和借鉴国际经验的关系，构建全方位的教育体系，实现教育由大到强的系统跃升。

建设教育强国，龙头是高等教育。全民国家安全教育近年来实现跨越式发展，民众国家安全意识的启蒙提升，维护国家安全氛围的形成，是总体国家安全观落地落实的缩影，得益于政策支持，也是国家安全学一级学科成立以来学界深耕科研推进安全教育的成果显现。在国家安全教育领域，高等院校将继续发挥一级学科建设单位的优势，以科研引领推进国家安全教育教学和宣传工作。

（二）推出标准化与个性化模式相结合的教学范式

国内外安全形势和国家政策要求高等院校积极开设相关课程，对大学生群体开展国家安全教育，目前，不同类型的高校在国家安全教育领域的积累和优势有明显的差异。已经开设国家安全学一级学科的院校在国家安全理论研究方面有了一定的积累，即将迎来首批国家安全学专业毕业生进入就业市场从事相关工作，这些院校应发挥引领作用，共同深入推进总体国家安全观理论研究，打磨优质课程，借助人工智能和 AI 技术建设数字课程，可以根据学生学情特点进行个性化教学，以适应数字化时代教育的不断发展，实现课程在更大范围的普及。编撰配套教辅书籍和知识产品，形成雁阵效应，为其他院校开设课程和进行师资培训提供数智支持。

（三）形成资源共享、全民共建的国家安全教育格局

国家安全需要全体公民的参与和维护。让社会所有成员都参与到国家安全教育工作中，正确认识国家安全形势，具有责任感和使命感，形成维护国家安全的行动自觉，需要多种方式和渠道进行国家安全宣传教育，筑牢国家安全的全民防线。国家安全教育的学校教育会在几年内显现成效，但在学校之外，难以集中、系统地进行国家安全相关教育，日常生活中对国家安全相关问题和信息关注度不够，缺乏一定的敏感性，往往容易被不法势力利用，成为国家安全的薄弱环节。因此，高等院校的国家安全教育应以科学研究教育教学为支点，面向社会公众提供知识产品和国家安全教学服务，同时支持社会力量参与，构建协作网络，使全民国家安全教育更具系统性、实践性、广泛性和可操作性。

六　小结

国家安全，人人有责。筑牢国家安全的人民防线根基在群众，关键在教育。高等学校应发挥基础性、战略性支撑作用，在构建国家安全教育体系、推进全民国家安全教育工作中挺膺担当，有所作为。

2025 年是贯彻全国教育大会精神、落实教育强国建设规划纲要的关键之年，4月 15 日将迎来第十个全民国家安全教育日。在高等院校推进大学生公共基础课"国家安全教育"建设，既是国家安全工作在教育领域的具体落实，也是教育系统深入践行大安全观，持续巩固教育系统安全稳定态势的重要举措。

吉林大学扎根东北大地，服务国家安全战略全局，深刻认识国家安全教育工作的重大意义，为党育人，为国育才。学校将国家安全的学术研究、教学实践与社会需求紧密结合，通过实体化平台建设、学科交叉融合、课程体系创新及多层次教育实践，构建了人才培养、社会服务与战略研究贯通的国家安全教育生态，以高水平的学术研究带动高质量的教育教学，重点突出、凝练特色，为国家安全理论研究和教育宣传贡献智慧和力量。

"国家安全教育"课程是覆盖全校本科生的公共基础课，备受各方关注。在课程前期调研和开设期间，学校党委和各部门给予大力支持，校长张希院士到课堂听课，对课程组织实施给予高度肯定，同时提出宝贵意见建议，鼓励授课教师采取多种形式与学生互动提高教学质效。本课程由权威专家领衔，组建高水平教学团队，基于在国家安全各领域的深入研究，严格按照教育部马工程教材建设，通过系统且全面的讲解，助力学生构建完善的国家安全知识体系；课程精选经典案例，结合学生日常生活实际，深入浅出剖析理论精髓；运用人工智能技术，构建智慧教学新模式，旨在进一步提升国家安全教育教学实效。

以课程开设为契机，学校将继续贯彻落实总体国家安全观，做好国家安全学学科建设、人才培养、建言献策、安全教育等工作，开拓创新，持续精进，不断优化教学内容与方式，推动教学模式的改革与升级，打造国家安全教育优质课程，推进大中小学国家安全教育一体化，为维护国家长治久安培养堪当民族复兴大任的时代新人。

参考文献

［1］《吉林大学〈国家安全教育〉公共基础课顺利结课》，人民网，http：//app. people. cn/h5/detail/normal/6128381062153216，2025 年 1 月 2 日。

［2］习近平：《高举中国特色社会主义伟大旗帜为全面建设社会主义现代化国家而团结奋斗——在中国共产党第二十次全国代表大会上的报告》，《求是》2022 年第 21 期，第4～35 页。

［3］吴瀚飞：《习近平总书记论底线思维》，陕西党建网，http：//www. sx-dj. gov. cn/ywsd/rdgc/1704311806684884993. html，2023 年 8 月 21 日。

［4］本书编写组：《国家安全教育大学生读本》，北京：高等教育出版社，2024，第 195 页。

［5］《2023 年我国高等教育在学总规模 4763. 19 万人》，教育部网站，http：//www. moe. gov. cn/fbh/live/2024/55831/mtbd/202403/t20240301_1117760. html，2024 年 3 月 1 日。

［6］肖晞、王一民：《中国共产党百年国家安全思想发展析论》，《太平洋学报》2021 年第 11期，第 14～25 页。

［7］姜治莹：《践行崇高使命厚植发展沃土为推动全民国家安全教育贡献智慧力量》，《平安校园》2024 年第 10 期，第 36～43 页。

［8］郭锐：《推进国家安全学学科内涵式发展》，中国社会科学网，https：//www. cssn. cn/skgz/bwyc/202208/t20220803_5459734. shtml。

Practice and Reflection on Public Basic Courses
National Security Education for College Students

Xiao Xi, *Qiao Rui*

Abstract：The year 2025 marks the concentrated implementation of public basic courses on national security education in colleges and universities. In accordance with the guidelines and directives from the Ministry of Education, Jilin University has successfully launched and completed this course for all its undergraduate students. The course emphasizes a blend of theoretical instruction and interactive teaching methods, aiming to cultivate students' national security awareness and firmly establish bottom-line thinking regarding national security. The course team conducted a systematic review to consolidate experiences and identify shortcomings, while refining distinctive features to further leverage disciplinary strengths in enriching the curriculum's content, pedagogical approaches, and structural framework. In addition to establishing exemplary course models, the team developed digital courseware to deliver high-quality national security education services to society at large. Through exchanges and mutual learning with partner institutions, the university continues to innovate and collaboratively explore ways to develop the course into a "signature program" in national security education.

Keywords：A Holistic Approach to National Security; College Student; National Security Education; National Security Awareness

新时代大学生国家安全课程教育的现实困境与优化路径

胡尔贵　李　瑶*

摘　要： 加强大学生国家安全课程教育是新时代全面加强国家安全教育的重要举措。总体国家安全观从理论上明确了新时代大学生国家安全课程教育的价值坐标、内容体系和教育目标。然而从实践来看，大学生群体对国家安全仍然存在价值认知偏差、知识碎片化以及知行分离等现实问题。究其原因，主要在于大学生国家安全课程教育的理念滞后、内容单薄、模式僵化、保障缺位等。为此，必须围绕理念重塑、课程完善、实践创新、协同保障等方面加强优化，更好地推动大学生国家安全课程教育提质增效。

关键词： 总体国家安全观　课程教育　大学生

党的二十大强调要"全面加强国家安全教育""增强全民国家安全意识和素养，筑牢国家安全人民防线"[1]。大学生是国家和社会的栋梁，是全民国家安全教育的重要对象。为此，教育部先后出台了《关于加强大中小学国家安全教育的实施意见》（以下简称《实施意见》）、《大中小学国家安全教育指导纲要》（以下简称《指导纲要》），明确了各地教育行政部门和学校要积极发挥课堂教学主渠道作用。《指导纲要》明确规定高等学校要开展国家安全课程教育，开设国家安全教育公共基础课不少于 1 学分，同时要结合本学科本专业特点，纳入课程思政教学体系。当

---

　*　胡尔贵：西南政法大学总体国家安全观研究院执行院长，教授、博士研究生导师，主要研究方向为国家安全学。李瑶：西南政法大学国家安全学院 2024 级博士研究生，主要研究方向为国家安全教育。

前，开展国家安全课程教育成为大学生国家安全教育最主要、最重要的方式。但从实践情况来看，各高校的大学生国家安全课程教育基本上仍处于探索阶段，教学效果较之课程目标仍存在明显差距。如何按照全面加强国家安全教育的要求，更好地开展大学生国家安全课程教育，成为一个亟待优化解决的现实问题。

一 新时代大学生国家安全课程教育的应然要求

在总体国家安全观提出之前，大学生国家安全教育主要是以爱国主义教育、德育教育、国防教育等形式出现的。随着世界进入百年未有之大变局，国家安全形势及其内涵外延发生了深刻的变化，对高等学校国家安全教育提出了新的要求。新时代大学生国家安全课程教育必须坚持以总体国家安全观为指导，在教育教学过程中紧扣总体国家安全观的理论内涵。

（一）大学生国家安全课程教育应以鲜明的人民性为价值坐标

习近平总书记明确指出："国家安全工作归根结底是保障人民利益。"[2] 以人民安全为宗旨是总体国家安全观的第一要义，是国家安全的核心价值所在。大学生国家安全课程教育不仅是中国特色国家安全教育体系中不可或缺的重要环节，也是落实立德树人任务的必然要求，关涉"培养什么人""怎样培养人""为谁培养人"这一教育的根本问题。大学生正处于世界观、人生观和价值观形成的关键期，极易成为"敌对势力思想渗透而策反拉拢的重要对象"[3]。故此，进行国家安全价值塑造应当是大学生国家安全教育的核心和关键。总体国家安全观以人民安全为宗旨的价值导向，为大学生国家安全课程教育确定了清晰的价值坐标。这一价值坐标要求国家安全课程教育的首要任务就是引导大学生形成教育者所期望的价值观念体系，认同总体国家安全观以人民安全为根本、人民利益至上的价值理念，在面对国家安全问题时作出正确的价值判断和价值选择，牢固树立维护国家安全的使命感和责任感。

（二）大学生国家安全课程教育应以大安全格局为内容体系

全面性是总体国家安全观的重要属性，构建大安全格局是总体国家安全观的必然要求。大安全格局强调国家安全是一个复杂的多领域、多层次、多类型的巨系统，在本体论层面体现为涵盖传统安全、非传统安全和新兴领域安全的科学系统，在认识论层面则体现为"用非传统的安全思维方式认识、解释和解决各种传统的和非传统的国家安全问题"[4]。落实到大学生国家安全课程教育层面，一方面，要拓展教育内容，传统安全与非传统安全均应覆盖，尤其要紧跟时代步伐，关注人工智能、外太空开发等新兴领域的安全问题，让大学生全面了解国家安全所面临的多元化、新型化挑战。另一方面，要创新教育方法，引导大学生坚持系统辩证思维，学会用多学科理论分析国家安全现象和问题，培养大学生的系统思维和全局思维能力。

（三）大学生国家安全课程教育应以提升国家安全能力为教育目标

"总体国家安全观提出十年来，在实践领域彰显出磅礴伟力"[5]，国家安全法治体系、战略体系、政策体系不断完善，体制机制不断健全，各类风险挑战得到有效化解，解决了许多长期想解决而没有解决的难题，办成了许多过去想办而没有办成的大事。总体国家安全观生动的实践性要求大学生国家安全课程教育落脚在提高大学生的国家安全意识和素养上。一是从"知识传递"向"能力建构"转变。所谓的国家安全能力，是"透过表象把握事物本质，发现国家安全隐患和风险，进而维护和增进国家安全状态的能力"[3]。意识和素养的提升不仅仅在于掌握国家安全知识，更重要的还在于锻造国家安全能力，让大学生成为国家安全的维护者和塑造者，将学习成效转化为坚决维护国家主权、安全和发展利益的生动实践。二是从"注重维护"向"强调塑造"转变。塑造国家安全是更高水平的维护国家安全，也应该是国家安全教育致力追求的方向。大学生国家安全课程教育要立足于"两个大局"的时代背景，注重培养大学生全球视野，鼓励他们结合自身专业探索新的安全理念、安全技术和安全管理模式，以应对日益复杂的国家安全挑战。

二　新时代大学生国家安全课程教育效果的实践反思

随着教育部先后出台了《实施意见》《指导纲要》等专门性政策文件，各地教育行政部门和各高校积极行动，大学生国家安全课程教育获得了快速发展，取得了前所未有的成绩。但从效果来看，大学生国家安全课程教育在价值认知、知识掌握、实践开展等方面尚存诸多问题，与党的二十大报告所要求的"全面加强国家安全教育"存在差距。

（一）认知国家安全理论存在偏差

总体国家安全观作为新时代国家安全理论的重大创新，具有深刻的理论内涵，在新时代国家安全实践中发挥着重要的理论指导作用。但是，总体来看，大学生对这一现象的关注不够，对国家安全的认识"虚化"屡见不鲜。一些大学生认为国家安全是国家的事，与自己无关，缺乏维护国家安全的责任意识。调研发现，"大部分受访者认为国家安全尤其是政治和军事安全与个人息息相关，但是对于其他几个安全比如科技安全、资源安全和核安全，了解比较少，认为与自己的生活距离比较远，关注度比较低"[6]。这就导致多数学生对国家安全常识认知不足。如对国家安全机关受理公民和组织的举报电话并不了解，"在受访高校学生群体中，选择'知道'国家安全委员会的占比 69.6%，另有高达 30.4% 的学生'不知道'国家安全委员会；只有 60.81% 的受访群体选择了正确的国家安全教育日，接近 40% 的受访群体选择了错误的日期"[7]。甚至还发生了少数大学生直接或间接参与危害国家安全的行为。

（二）掌握国家安全内容呈现碎片化

国家安全涵盖传统安全与非传统安全领域，但部分高校教师在教学时，一方面仍注重讲授政治安全、军事安全等传统安全，对非传统安全、新兴领域安全知识涉及较少，导致大学生对国家安全的认识不够全面和系统；另一方面只是简单地罗列国家安全的概念、法律法规和案例，没有对这些内容进行有机整合，导致学生形成零散认知。据调研，多数学生对国家安全概念的理解仍停留在传统安全领域，认为"国家安全＝军事安全"，对总体国家安全观以及文化安全、生态安全、网络安全等非传统安全领域的认知较为模糊。"大学生认为，经济安全、文化安全、社会安全属于非传统国家安全的占比较低，且有约 9.93% 的大学生认为，政治安全、国土安全、军事安全属于非传统国家安全。"[9]此外，高校在教学形式上也存在短板，多数高校仍以传统的课堂讲授为主，采用生动形象的案例或利用多媒体资源较少，缺乏互动性和实践性。"'运动式'和'短平快'式的教育模式存在，导致教育效果的短暂性和表面性"[10]，部分高校较为重视在国家安全教育日集中开展短期活动，忽视教育的常态化和连续性。这些因素导致大学生对国家安全知识掌握较为浅显、零散，难以全面、深入了解国家安全的深刻内涵。

（三）参与国家安全实践呈现知行分离

近年来，在大学生国家安全课程教育持续推进与深化的进程中，大学生群体对于国家安全的认知深度与广度不断拓展，国家安全意识呈现增强的态势，但在实践转化和主动参与方面仍面临诸多挑战。一是知行脱节现象较为突出。在国家安全实践场域中，在面对复杂多变的现实情境时，部分学生未能将所学的国家安全知识有效转化为实际行动，在网络信息传播、涉外交往、参与社会活动等场景中，缺乏应有的安全警觉与风险防范意识。许多大学生知晓网络安全的重要性，但在实际上网时，可能会因一时冲动或为追求关注度，在社交媒体、论坛等平台发表、转发一些未经证实的敏感信息。在面对一些可能涉及国家安全的复杂情境时，可能无法准确识别风险并采取有效措施。二是主动参与意识不强。高校虽已开展多种形式的国家安全课程教育实践活动，但学生参与的积极性不强，如国家安全主题讲座、参观活动等往往参与人数较少。这种现象不仅削弱了国家安全课程教育的实践效果，也反映出大学生在国家安全实践中主体意识的缺失。

三　新时代开展大学生国家安全课程教育的制约因素

近年来，教育部组织高等学校投入了大量的人财物力开展大学生国家安全课程教育，但效果却并不理想。这充分反映出当前高等学校开展国家安全课程教育还存在短板。一些深层次原因制约着大学生国家安全课程教育的有效开展。

（一）理念滞后：重"防范教育"轻"责任和能力培养"，忽视大学生主体性

《实施意见》明确大学生应"接受国家安全系统化学习训练，增强维护国家安全的责任感和能力"[11]，《指导纲要》也指出大学生要"树立国家安全底线思维，将国家安全意识转化为自觉行动，强化责任担当"[12]，这表明国家安全课程教育的

核心在于培养大学生的责任感和能力，使其能够承担起维护国家的重任。然而在实践过程中，大学生国家安全课程教育往往侧重于简单的防范教育，聚焦于让学生了解国家安全面临的各种威胁以及基本防范措施，如强调保密规定、让学生警惕外部势力渗透等，这种教育方式虽然能够在一定程度上增强学生的安全意识，但其局限性也显而易见。

在国际国内形势日益复杂多变的背景下，仅告知学生要防范的内容是远远不够的，无法有效应对不断涌现的新安全挑战，如网络信息战、生物安全危机等。新时代的发展对大学生国家安全素养提出了更高要求，不仅需要其具备国家安全意识，而且要具备应对国家安全问题的实际能力，包括信息甄别能力、批判性思维能力、危机应对能力等，更为重要的是要有坚决维护国家安全、人民利益的价值态度。然而，目前的教育模式在很大程度上忽视了大学生的主体性，多数大学生常常处于被动接受知识的状态，缺乏参与讨论、实践操作和自主探究的机会，使他们不仅难以具备维护国家安全的能力，更难深刻理解国家安全、人民利益与自身的关系。

（二）定位不准：课程性质不明，体系不完善

目前，各高校在落实教育部要求时，设置课程主要有两种做法：一是一部分设置了国家安全学一级学科，有志于发展国家安全专业的高校面向本科生开设了国家安全教育公共基础课，1 学分、16 学时；二是多数高校是在思想政治理论课或军事课中融入国家安全教育，"依托《大学生思想道德修养与法律基础》《马克思主义基本原理》《军事理论》以及《毛泽东思想与中国特色社会主义理论体系概论》等课程"[13]，或者在形势政策课中开设国家安全教育专题。

实践中呈现出来的问题有以下方面。一方面，课程定位与实施脱节。尽管教育部明确要求将国家安全教育设为公共基础课，但实际操作中多数高校仍将其归入思想政治理论课，有把国家安全教育完全"思政化"的倾向，"丧失了国家安全教育的独立教育教学地位"[14]，导致课程地位边缘化。即便是开设了国家安全教育公共基础课的高校，也普遍存在学时较短的问题，对大学生系统掌握总体国家安全观的丰富内涵和精神实质仍然不利。另一方面，国家安全课程融合较为生硬。部分教师只是简单地在课程中穿插国家安全相关案例，未能深入挖掘课程与国家安全的内在联系，无法有效传递总体国家安全观的核心要义。

（三）模式僵化：未能适配"Z世代"大学生特点，存在供需矛盾

当前，"Z世代"大学生已成为大学校园的主力军。这一群体思维活跃、个性鲜明，对新鲜事物充满好奇，追求自我表达和独特体验，更倾向于趣味性、互动性强的学习方式，并渴望参与其中。然而，当前大学生国家安全教育状况与"Z世代"大学生的特点越来越不适配。

首先，教育模式与"Z世代"大学生认知习惯的矛盾。"Z世代"大学生更倾向通过短视频、游戏等沉浸式媒介获取信息，但国家安全课程教育短视频数量与质量均明显滞后，难以吸引学生主动关注。其次，技术应用滞后与"数字原住民"需求的矛盾。"Z世代"大学生是典型的"数字原住民"，对人工智能、VR虚拟现实等技术提供的沉浸式体验有天然的需求，这些"数字技术带来的多元化体验契合了'Z世代'大学生注重个性化体验的特征"[15]。然而，当前国家安全课程教育的技术赋能仍处于初级阶段，大多数高校尚未普及数字化技术，未能利用虚拟仿真技术还原安全事件或安全危机等场景，导致学生缺乏情境化体验。最后，教育载体单一与多元化社交生态的矛盾。"Z世代"大学生的社交活动高度依赖微信、B站、小红书等平台，但国家安全课程教育的载体创新不足。部分教育活动仍局限于线下讲座或纸质载体，未能将知识转化为互动问答、角色扮演或在线竞赛等形式，这种单向输出与社交化传播的错位，导致教育难以形成"破圈效应"。

（四）保障缺位：师资队伍、部门协同、监督评价尚未健全，支撑乏力

一是师资队伍存在短板。师资力量是开展国家安全课程教育的重要保障。当前承担大学生国家安全课程教育的师资，不论是在数量上还是在质量上均离新时代国家安全教育的要求有较大差距。一方面，大多数高校缺乏专职的国家安全教育教师，从事国家安全教育的教师多为兼职，如辅导员、班主任及思政教师等，甚至不少高校是保卫部门的干部。另一方面，国家安全师资力量能力短板突出，"大多数教师并未接受过系统的国家安全知识培训，教师的国家安全教育意识、国家安全领域的知识储备以及相应的教学能力储备并不充分"[16]，这也影响了教师作用的发挥。

二是部门与高校协同不够。《实施意见》规定教育部在国家安全教育中起统筹协调作用，会同有关部门推动解决重点难点问题；各地教育行政部门会同相关部门研究制定大中小学国家安全教育规划。《指导纲要》规定高等学校党委负责本校国

家安全教育的组织实施。以上两个文件虽明确了教育部门在国家安全课程教育中的统筹协调角色，以及与相关部门的合作机制，但并未具体规定教育部门、国家安全机构等相关部门以及高校之间的协同机制。教育部门虽有政策引领，但在协调各方资源时缺乏细化的实施路径；国家安全机构与高校存在沟通不畅、信息共享机制不完善等问题，导致专业案例和实战知识难以有效融入高校课程。这种协同机制的不健全造成了各部门各自为政，无法形成教育合力。

三是评价模式单一，缺乏动态跟踪。《指导纲要》的"评价原则"强调自评与他评、过程评价与结果评价、定性评价与定量评价相结合的多维评价模式，且明确了杜绝随意打分、简单排名。然而在实际中，高校普遍存在"重分数、轻实效"的问题，"对教学成效缺乏行之有效的评价机制，评价主体单一，评价标准粗疏"[17]。首先，现有评价体系多采用课程考试、理论测验等传统方式，以分数量化学生对国家安全知识的掌握程度，但未覆盖学生的风险识别能力、危机应对意识等国家安全素养的多元维度。其次，缺乏对教育效果的动态跟踪机制，大多数高校仅在课程结束时进行一次性考核，未建立贯穿大学生成长全过程的评价档案，无法反映学生在不同阶段的安全素养成长轨迹。

四　新时代大学生国家安全教育的优化路径

历史经验证明，越是在国家安全形势紧迫的时候，国家越是需要全民提高国家安全意识，越要推动国家安全教育的创新发展。[18]大学生国家安全课程教育作为全民国家安全教育体系的重要组成部分，在世界百年未有之大变局加速演进的时代背景下呈现出前所未有的战略价值，必须坚持以总体国家安全观的科学内涵和系统思维，积极探索大学生国家安全课程教育的优化路径。

（一）目标重塑：构建"知识、价值、能力"一体化的国家安全素养培育目标

党的二十大报告相较于党的十九大报告，在"增强全民国家安全意识"的基础上增加了"素养"二字，标志着国家安全教育目标任务的深化和实化。这一转变强调了从单纯的意识提升到意识与素养并重的教育目标，体现了对大学生国家安全素养培养的全面要求。大学生国家安全素养是一个综合体系，既包含认知因素，也包

含非认知因素，不仅是国家安全知识与技能的融合，还是国家安全情感的升华，更应有机嵌入国家安全的基本理念，特别是总体国家安全观的价值理念。[19]基于此，大学生国家安全课程教育应确立以国家安全知识、国家安全价值观、国家安全能力为核心的"三位一体"教育目标，三者相互支撑，缺一不可。国家安全知识是大学生应当掌握的国家安全常识、国家安全理论、各领域安全知识、国家安全法律法规等。国家安全价值观是"国家、组织和个人在面对或处理各种安全矛盾、冲突、关系时应该坚持的价值立场、价值态度和价值取向"[3]，反映了其关于国家安全的基本信念和标准。国家安全能力是大学生在面对国家安全威胁、风险时能够有效应对的综合素质，包括风险辨别能力、风险防范能力等。在培育大学生国家安全素养的目标体系中，国家安全知识是认知基础，国家安全价值观是精神内核，国家安全能力是国家安全知识和国家安全价值观的实践体现，三者构成国家安全素养的三维支撑体系。

当前，人工智能技术的迅猛发展给国家安全以及大学生国家安全教育领域带来了前所未有的挑战。"具有不同国家立场的人工智能产品在敏感事件或国际关系等问题上容易生成具有预设倾向的内容，其传播将潜移默化地影响年轻一代的价值观，或将为西方国家向我国进行意识形态渗透及干涉提供便利，威胁社会意识形态安全。"[20]在此背景下，引导大学生识别和辨别虚假信息，培养其正确的国家安全价值观，更是成为国家安全课程教育的重中之重。

（二）课程健全：构建起公共基础课与跨学科课程相互交融、线上课程与线下课程有机结合的协同互补课程体系

国家安全课程教育是落实国家安全教育的主渠道，对于强化国家安全意识、提升自觉维护国家安全的责任感和能力具有重大意义。[21]

开好国家安全教育公共基础课。在课程地位上，各高校应认真落实《指导纲要》的要求，明确国家安全教育公共基础课的独立地位，将其纳入公共基础课程体系，面向大学本科一年级学生开课。在条件允许的情况下，建议将课程学时延长至32学时，以确保学生能够全面、系统地掌握总体国家安全观的理论体系。在教材选择上，应当以《国家安全教育大学生读本》为标准教材，确保读本在国家安全课程教育中发挥基础性和普及性作用。要正确处理国家安全教育公共基础课与思政课程的关系。虽然国家安全教育公共基础课能够产生良好的思政效果，但不能简单将国

家安全教育公共基础课等同于一般的思政课程，因为其教育目标是帮助学生构建"知识、价值、能力"一体化的国家安全素养，而不仅是价值观塑造。国家安全教育公共基础课是国家安全专业教育与思政教育高度融合的综合性课程，除了讲授国家安全专业知识外，还要引导大学生树立正确的国家安全价值观。

开设融入各专业教学的跨学科课程。总体国家安全观强调的是"大安全"理念，涵盖 20 个重点安全领域，与高校的众多学科密切相关，因此在各学科专业教学中融入国家安全知识是开展好大学生国家安全课程教育的重要工作。高校应当建立健全跨学科课程建设协同机制，积极组织各学科教师深入学习总体国家安全观，认真研讨国家安全基本理论，全面掌握国家安全政策法规等，在此基础上，明确各学科对应的国家安全领域，深入探寻国家安全知识与本学科的契合点、融入途径等，打造国家安全教育跨学科课程，引导大学生深刻理解所学专业与国家安全之间的内在联系，提升大学生运用专业知识维护国家安全的意识和能力，为维护和塑造国家安全培养更多具备专业素养和安全意识的复合型人才。

开发国家安全教育数字化课程。高校应立足当代大学生"数字原住民"的特点，打破传统教育模式的时空界限，在遵守保密要求的前提下积极开发国家安全教育数字化课程，借助大数据、云计算、人工智能以及虚拟现实等现代信息技术手段，将国家安全的理论知识、实践案例、前沿动态等内容进行深度数字化加工，编写国家安全课程教育配套案例或教材，实现国家安全知识的网络化传播与智能化推送，激发大学生的学习内生动力，实现课内教学与课外自学的有机结合。各地教育行政部门、各高校可结合本地、本校的资源优势、专业特色、人才优势等实际情况，积极研发推出一批具有地方特色、学校特色的国家安全教育数字化精品课程，从而更好地满足不同地区、不同学校学生的个性化学习需求。

（三）教学创新：探索参与性强、体验感高、互动性强的教学模式

学生能否将国家安全专业知识内化为信念，外化于行动，是衡量国家安全课程教育有效性的直观标准。在教育的过程中，学生是认识主体和价值主体，要把握学生的认知规律和接受特点，发挥学生的主体性作用，让学生从教学活动的客体变成教学活动的主体，激发学生学习的积极性、主动性和创造性。[22] 大学生国家安全课程教育必须对教学模式予以创新，增强实践性和体验感，实现师生、生生互动，促进大学生知行合一。

创新课堂教学方式。高校教师应精心设计课堂教学，改变传统的填鸭式灌输，采取情景模拟、案例教学等启发性强的教学方式，以便增强学生对国家安全知识的理解和应用能力。在情景模拟中，学生可以通过角色扮演和互动讨论，深入体验和分析国家安全的实际问题，如举办兵器推演活动等。案例教学法是指选取与国家安全相关的真实案例，向学生展示这些案例的具体背景、发展过程、涉及的问题以及解决方案，引导学生进行深入分析和讨论的教学方式。[23]例如，组织学生讨论"棱镜门"事件，引导其深入探究信息安全对国家安全的影响。启发性强的教学方式能够提升学生的思辨能力，将抽象的国家安全知识变得具体而生动，促进知识的内化和应用。

开展丰富的实践活动。实践活动能够为大学生提供丰富的感知与体验，推动学生达成知行合一。大学生国家安全课程教育需突破传统讲课模式，注重强化课堂教学中的实践体验，开展"场景化高、实战性强"的实践活动。如举办主题赛事，利用全民国家安全教育日等重要时间节点，举办演讲比赛、辩论比赛、战略推演、创意设计等针对性强的主题教育和实践活动。充分发挥各地总体国家安全观教育基地集宣传、展示和实践体验于一体的综合性教育功能，全面提升大学生国家安全意识和国家安全能力。依托数字化技术构建沉浸式安全演练平台，如社交媒体仿真平台，模拟境外势力网络渗透、谣言传播等事件，要求学生完成舆情监测、信息溯源、危机公关等任务，提升学生的实战应对能力；搭建虚拟生物安全实验室，开展生物安全应急演练，增强学生的实际操作能力和应急反应能力。加强高校与国家安全机关、关键领域企业的合作，通过校政联合、校企联合，增加大学生进入国家安全一线实践的机会。

（四）协同育人：完善制度、师资、评价多元保障机制

大学生国家安全课程教育保障机制是确保教育目标落地、教育资源优化、教育质量提升的核心支撑系统。其作用在于通过制度设计、资源调配与过程监控，构建国家安全课程教育的可持续发展生态。

完善国家安全教育立法，实现部门协同。出台位阶较高、靶向精准的"国家安全教育法"，明晰教育行政部门、高校、其他相关部门以及社会力量等的责任，受教育者的权利义务以及违法追责机制。在此基础上，教育部整合现有的《实施意见》和《指导纲要》，制定针对大学生国家安全教育的部门规章，对高校国家安

课程教育的课程设置、教学方法、考核体系等作出具体规范；各地、高校结合实际情况制定实施方案和细则。同时，推动各地成立跨部门的国家安全教育指导委员会，统筹教育行政部门、国安机构、高校等资源。

加快师资队伍建设，提供人才支撑。师资力量是开展国家安全课程教育的重要保障。第一，依托全国国家安全学硕博士授权点，推动国家安全专业人才培养，从国家安全学专业硕博士毕业生中选择优秀人才充实教师队伍。推动国家安全专业与师范教育专业联合开展国家安全教育专业，提升国家安全课程教育师资队伍的学术水平、专业素养，确保大学生国家安全教育的专业性、科学性。第二，加强大学教师的总体国家安全观教育培训，构建专兼结合的优质师资队伍，鼓励思想政治理论课教师、相关学科教师、党务干部、辅导员等充分发挥各自专业特长，踊跃投身国家安全课程教育，形成专兼职相结合的师资队伍，以多元视角丰富教育内容。第三，依托教育行政部门、重点高校、科研机构以及专业的国家安全教育培训基地，构建多层次、多类型的国家安全教育师资培训体系。针对不同层次、不同需求的教师，开展定制化培训，内容应涵盖国家安全理论知识、实践案例分析、教学方法创新等，持续更新知识储备，提升教学能力。

健全教育教学评价机制，实现激励约束。教育教学评价机制是确保国家安全课程教育质量和效果的重要举措，在教育工作中有着不可或缺的作用。宏观层面，各地教育行政部门应承担监督的重要职责。在对高校进行考核、评优评奖时，应将大学生国家安全课程教育的开展成效作为一项常规指标列入考核评价体系，明确具体、科学的评价方式；应强化评价结果的运用，将其与高校的资源分配、政策支持等挂钩，激励高校积极主动地提升国家安全教育水平。微观层面，从高校自身来讲，应把国家安全课程教育情况深度融入师生评价体系。在对教师开展国家安全课程教育情况进行评价时，应当建立多元主体评价机制，包括学生评价、教师自评与互评、专家评价等，评价结果作为教师评优评奖、职称评审的重要参考，推动教师不断提升国家安全课程教育质量。针对学生，应当建立数字化的评价档案，全面记录大学生参与国家安全教育的课程学习和实践活动情况；积极探索科学合理的大学生国家安全意识和能力评价指标体系，重点聚焦于学生对总体国家安全观的价值认知，即是否深刻理解国家安全的重要性；情感态度，即对国家安全的关注度与责任感等；行为表现，即在日常生活中是否具备维护国家安全的意识和行动等，从而实现对大学生全面、精准的评价。

参考文献

［1］习近平：《高举中国特色社会主义伟大旗帜　为全面建设社会主义现代化国家而团结奋斗——在中国共产党第二十次全国代表大会上的报告》，中国政府网，https：//www.gov.cn/xinwen/2022-10/25/content_5721685.htm，2022 年 10 月 25 日。

［2］《习近平主持召开国家安全工作座谈会》，新华网，http：//www.xinhuanet.com//politics/2017-02/17/c_1120486809.htm，2017 年 2 月 17 日。

［3］赵庆寺：《新时代高校国家安全教育的理念、逻辑与路径》，《思想理论教育》2019 年第 7 期，第 99~105 页。

［4］刘跃进、王啸、陈将：《总体国家安全观的基本特征》，《甘肃政法大学学报》2021 年第 2 期，第 5 页。

［5］傅小强：《总体国家安全观的理论建构、实践探索与世界意义》，《社会科学文摘》2024 年第 5 期，第 72 页。

［6］胡钰：《总体国家安全观视阈下高校大学生国家安全教育的实践探索》，《中州大学学报》2022 年第 6 期，第 111 页。

［7］郭春甫、黄晓玲、唐敬：《学生眼中的国家安全教育政策效果评价体系建构与检验——基于 C 市高校的调研》，《中国应急管理科学》2023 年第 5 期，第 24 页。

［8］王曙光：《价值、困境及路径：总体国家安全观视域下的大学生国家安全教育》，《新经济》2020 年第 4 期，第 99 页。

［9］佘杰新：《新时代高等院校国家安全教育之现状、困境和完善路径研究》，《江南社会学院学报》2022 年第 2 期，第 43 页。

［10］李丽华、张银州、滕学为：《新时代推进国家安全教育的几点思考》，中国社会科学网，https：//www.cssn.cn/gjaqx/202406/t20240613_5758450.shtml，2024 年 6 月 13 日。

［11］教育部：《教育部关于加强大中小学国家安全教育的实施意见》，中华人民共和国教育部网站，http：//www.moe.gov.cn/srcsite/A12/s7060/201804/t20180412_332965.html，2018 年 4 月 13 日。

［12］教育部：《教育部关于印发〈大中小学国家安全教育指导纲要〉的通知》，中华人民共和国教育部网站，http：//www.moe.gov.cn/srcsite/A26/s8001/202010/t20201027_496805.html，2020 年 10 月 20 日。

［13］王红星：《总体国家安全观视阈下大学生国家安全教育路径探究》，《中国多媒体与网络教学学报》2020 年第 9 期，第 210 页。

［14］赵豪迈：《高校国家安全教育切忌"蜻蜓点水"》，中国社会科学网，https：//www.cssn.cn/skgz/bwyc/202404/t20240417_5746665.shtml，2024 年 4 月 21 日。

［15］陈思楠：《数字赋能"Z 世代"大学生红色教育现实路径研究》，《重庆电子工程职业学院学报》2023 年第 6 期，第 71~72 页。

［16］徐蓉、杨满：《加强大中小学国家安全教育：价值目标、现实挑战、思路对策》，《思想理论教育》2024 年第 1 期，第 102 页。

［17］后文文、吴凯：《高校国家安全教育探析—基于总体国家安全观视域》，《江南社会学院学报》2022 年第 4 期，第 29 页。

［18］ 姬天雨、王凌皓：《新中国成立以来国家安全教育的历史演进及基本经验》，《学术探索》2023 年第 3 期，第 133 页。

［19］ 张昊、祁占勇：《总体国家安全观视域下大学生国家安全素养的内涵特质与基本结构》，《国家安全论坛》2024 年第 2 期，第 74 页。

［20］ 杨晓光、陈凯华：《国家安全视角下的人工智能风险与治理》，《国家治理》2024 年第 13 期，第 51 页。

［21］ 董新良、李丹妮、刘宇：《新时代国家安全教育：基本遵循与实现路径》，《中国教育学刊》2023 年第 3 期，第 4 页。

［22］ 吴家华：《"八个统一"：新时代思想政治理论课改革创新的根本遵循》，《红旗文稿》2019 年第 4 期，第 11~13 页。

［23］ 董新良、解兴秀：《准确把握新时代国家安全教育的主要着力点》，《中国德育》2024 年第 17 期，第 11~16 页。

The Realistic Dilemmas and Optimization Paths of National Security Curriculum Education for College Students in the New Era

Hu Ergui，*Li Yao*

Abstract：Strengthening the national security curriculum education for college students is an important measure to comprehensively enhance national security education in the new era. The holistic approach to national security theoretically clarifies the value, content system, and educational objectives of the national security curriculum education for college students in the new era. However, in practice, there are still realistic problems among college students regarding national security, such as value cognitive biases, fragmented knowledge, and the separation of knowledge and action. The main reasons for these problems lie in the lagging concepts, thin content, rigid teaching models, and lack of guarantees in the national security curriculum education for college students. Therefore, it is necessary to strengthen optimization in aspects such as concept reshaping, curriculum improvement, practical innovation, and coordinated guarantees, so as to better promote the improvement of the quality and effectiveness of the national security curriculum education for college students.

Keywords：A Holistic Approach to National Security；Curriculum Education；College Students

新时代国家安全教育教学实践创新探索

——以国际关系学院为例

李文良　刘晓颖*

摘　要： 2015 年，国家以法律形式把国家安全教育纳入国民教育体系，高等院校成为国家安全教育的主阵地，"增强全民国家安全意识"是高等院校义不容辞的使命担当。20 世纪 90 年代，国际关系学院在全国高校中率先开展国家安全学教学研究，成为探索国家安全教育实践的排头兵，主要表现在：以"慕课+线上线下"混合课程为国家安全教育创新主渠道；以思政课融入为国家安全教育注入思想灵魂；以国家安全学科建设为国家安全教育夯实学科支撑；以国家安全教育宣讲团为深化国家安全教育注入活力。

关键词： 高校　国家安全教育体系　总体国家安全观　国家安全学

目前，在世界百年未有之大变局中，世界格局演变过程愈加复杂，中国安全环境发生重大改变，中华民族伟大复兴伟业面临前所未有的挑战，正如习近平总书记所言："实现中华民族伟大复兴的中国梦，保证人民安居乐业，国家安全是头等大事。"[1] 因此，高等院校做好国家安全教育工作，事关培养担当民族复兴大任时代接班人，更事关中华民族伟大复兴战略全局。

一　高等院校：国家安全教育的主阵地

2014 年，习近平总书记明确指出，我国国家安全内涵和外延比历史上任何时候

* 李文良：国际关系学院国家安全学院公共管理系教授，主要研究方向为国家安全、国家安全治理。刘晓颖：国际关系学院教务处副研究员，主要研究方向为国家安全。

都要丰富，时空领域比历史上任何时候都要宽广，内外因素比历史上任何时候都要复杂，进而创新性提出"总体国家安全观"[2]，使国家安全工作有了根本遵循和行动指南。2015 年颁布实施的《中华人民共和国国家安全法》第七十六条规定："国家加强国家安全新闻宣传和舆论引导，通过多种形式开展国家安全宣传教育活动，将国家安全教育纳入国民教育体系和公务员教育培训体系，增强全民国家安全意识。"[3]至此，国家以法律形式把国家安全教育纳入国民教育体系，意味着高等院校成为国家安全教育的主阵地，"增强全民国家安全意识"是高等院校义不容辞的使命担当。2017 年，党的十九大报告要求，加强国家安全教育，增强全党全国人民国家安全意识，推动全社会形成维护国家安全的强大合力，[4]再次凸显增强全民国家安全意识的重要性。

2018 年，教育部颁布《关于加强大中小学国家安全教育的实施意见》，提出"把国家安全教育覆盖国民教育各学段，融入教育教学活动各层面"，强调高等院校推进国家安全教育的必要性。[5]根据该意见，高等院校主要承担以下国家安全教育工作：一是构建完善国家安全教育内容体系；二是研究开发国家安全教育教材；三是改进国家安全教育教学活动；四是丰富国家安全教育资源；五是加强国家安全教育师资队伍建设；六是建立健全国家安全教育教学评价机制；七是推动国家安全学学科建设；八是推进国家安全教育实践基地建设。[6]

2020 年，《大中小学国家安全教育指导纲要》出台，提出大学阶段的国家安全教育应该包括系统学习总体国家安全观的内涵、精神实质，理解中国特色国家安全体系，梳理国家安全底线思维，在此基础上将国家安全意识转化为保护国家安全的自觉行动。[7]明晰了高等院校从事国家安全教育的指导思想和基本内容。

2020 年，国务院学位委员会、教育部批准设置"国家安全学"一级学科，遴选一批有条件的高校建立国家安全教育研究专门机构，设立相关研究项目，为国家安全教育教学和相关学科建设奠定基础。[8]2021 年 1 月，国务院学位委员会、教育部印发通知，把国家安全学一级学科纳入交叉学科门类，专业代码设置为 1402，国家安全学一级学科建设正式启动。自此，高等院校依托国家安全学一级学科建设推动国家安全教育迈上新台阶。国家安全学科与国家安全人才培养和国家安全教育有机结合，不但为国家安全教育培养优质师资，丰富国家安全教育内容，而且实现了国家安全专业教育与通识教育相融合，凸显国家安全教育进入专业化、学术化阶段。

2022 年，党的二十大报告首次列专章论述"推进国家安全体系和能力现代化，坚决维护国家安全和社会稳定"，再次强调坚定不移地贯彻总体国家安全观，将维护国家安全贯穿党和国家工作各方面全过程，特别是党的二十大报告把"全面加强国家安全教育"作为"提高各级领导干部统筹发展和安全能力，增强全民国家安全意识和素养，筑牢国家安全人民防线"[9]的战略要求，既彰显了国家安全教育的重要性，也为高等院校明确了国家安全教育的目标，即高等院校要把"提高各级领导干部统筹发展和安全能力，增强全民国家安全意识和素养，筑牢国家安全人民防线"作为检验国家安全教育效果的标准。

新时代高校作为人才培养的重要阵地，近年来开展国家安全教育的理论基础及相关制度、政策已趋于成熟，教育推进也取得了显著成效，但面对新形势、新任务、新要求，如何挖掘高校国家安全教育的内在机制，加速构建国家安全教育体系，从顶层设计、整体部署、教学体系、师资力量、支持保障等方面，切实保障达到提高大学生国家安全素养，增强大学生自觉维护国家安全能力的目的，是当前需要重点关注的问题。2025 年 1 月，中共中央、国务院印发《教育强国建设规划纲要（2024—2035 年）》，面向到 2035 年建成教育强国目标，对加快建设教育强国作出全面系统部署。其中把"加强宪法法治教育、国家安全教育、国防教育"作为"培养担当民族复兴大任的时代新人"[10]的重要内容，要求高等院校站在培养担当民族复兴大任接班人的战略高度，做好国家安全教育工作。这是用习近平新时代中国特色社会主义思想铸魂育人的必然要求，是落实立德树人根本任务的重要抓手，也是国家安全建设的重要组成部分，是贯彻落实新时代国家安全战略的必然举措，是贯彻落实总体国家安全观的重要体现，是党和国家的一项基础性、长期性、战略性工程。

二　国际关系学院：探索国家安全教育实践的排头兵

20 世纪 90 年代，国际关系学院在全国高校中率先开展国家安全学教学研究，开设了本科生通识必修课"国家安全学基础"等 5 门相关课程，2004 年起正式开设本科生通识必修课"国家安全学"。特别是 2014 年总体国家安全观提出后，国际关系学院认真贯彻落实习近平总书记关于高等教育系列重要论述精神，坚持总体国家安全观，围绕立德树人根本任务积极推进国家安全教育，成为国内开展国家安全学教育教学的先行者。国际关系学院国家安全教育教学工作迈入新阶段，不断创新国家安全教育新路径，取得良好教学效果和社会效应。

（一）"慕课+线上线下"混合课程：为国家安全教育创新主渠道

伴随互联网技术的发展，一种新型教育形式、慕课出现，这种借助互联网展开的新型大规模在线开放课程集"互联网+教育"于一体，使模块化、主体化和专题化教学同时开展，且学习内容无时间和地点限制，克服了以往重传授知识、教学形式单一的传统教学模式的缺点，体现了以学为中心的教学理念。早在 2014 年下半年，国际关系学院勇于创新，发挥学校国家安全教学时间长、师资力量雄厚的优势，把国内外整合教育优质资源的创新教学形式引入国家安全教育，决定录制国家安全教育慕课"解码国家安全"。2015 年，整合提炼教学大纲、教学内容和教学方法，完成课程录制。2016 年"解码国家安全"慕课在智慧树平台上线，开始为全国高等院校提供国家安全教育公共课程。

2018 年，国际关系学院在"解码国家安全"慕课的基础上，又成功录制"大学生国家安全教育"慕课，在学堂在线、超星尔雅两个平台同时运行。同年，为国际关系学院本科生定制的线上线下混合课程"国家安全教育"也正式运行。无论是"大学生国家安全教育"慕课还是"国家安全教育"线上线下混合课程，对于推进国家安全教育都取得了良好成绩。"解码国家安全"2017 年被评为"国家精品在线课程"，2020 年被评为"国家级一流线上本科课程"。[11]"国家安全教育"2019 年获评主管部"优秀教学科研成果"奖和"北京高等学校优质本科重点课程"，2020 年获评"国家级一流线上线下混合式本科课程"。国际关系学院线上线下混合式国家安全教育课程的推出与教学实施，是国际关系学院在国家安全学领域具有鲜明特色和卓越质量的集中体现，有力落实了《中华人民共和国国家安全法》"将国家安全教育纳入国民教育体系"的要求，在全国范围内对普及大学生层面国家安全教育起到了引领示范作用。有助于学生系统领会总体国家安全观科学内涵、精神实质和思维方法，扎实掌握国家安全学基础理论，并牢固树立国家安全意识、强化维护国家安全责任担当；同时，有利于尚在起步阶段的国家安全学的学科专业建设，为国内兄弟院校开展相关教学研究工作提供借鉴参考。2021 年国际关系学院"以总体国家安全观为统领，构建高等学校国家安全教育体系的实践"获北京市高等教育教学成果二等奖。

（二）思政课融入：为国家安全教育注入思想灵魂

2018 年，教育部在《关于加强大中小学国家安全教育的实施意见》中明确把"国家安全教育覆盖国民教育各学段"与"培养德智体美全面发展的社会主义建设者和接班人，培养担当民族复兴大任的时代新人"[5] 有机结合起来，标志着国家安全教育与思政教育形成合力，为国家安全教育注入新活力、新路径。2020 年，教育部又在《关于印发〈大中小学国家安全教育指导纲要〉的通知》中要求普通高等学校"结合本学科本专业特点，明确国家安全教育相关内容和要求，纳入课程思政教学体系"[7]，助推国家安全教育与思政教育体系完美结合进入快车道。

国际关系学院坚持政治建校优良传统，突出政治忠诚和爱国主义教育，将行业特色融入课程建设中，强化红色基因和忠诚本色，根据自身的学科优势和资源条件，创新思政课堂教学方式，同时融入国家安全教育内容。例如，"形势与政策"系列课程采取思政教师"主导讲"、学校领导"亲自讲"、专家学者"巡回讲"的多元育人格局，增加思政课教学的国家安全教育内容，让其由"独唱"变"合唱"；组织校内国家安全领域知名专家学者制作"国家安全离你有多近——总体国家安全观系列公开课"，受到国内各类媒体平台高度关注和传播，在腾讯视频平台曝光量达810 万次。"平视世界系列讲座""坡上问道——新时代国关大讲堂"等高端品牌讲座课程，突出打造思政育人特色品牌。先后邀请校外教授、前任大使馆公使参赞、政协委员等多位在国家安全领域具有资深知识储备或实战经验的"大先生"，赴学校亲自面向师生授课，从世界之变、时代之变、历史之变等角度与其他和国家安全密切相关的专业领域，为在校师生打开了一扇了解世界、洞悉国家发展趋势的"深邃之窗"。使广大学生由"仰视""俯视"世界转向"平视世界"，涵养学生国际素养、国际视野、爱国情怀，不断提高国家安全意识和素养。

除将国家安全教育融入通识思政课外，国际关系学院还把国家安全专业课与思政课有机结合，探索创新课程思政新路径，实现国家安全教育和思政教育双动力，不断增强大学生的国家安全意识，使之忠诚党忠诚祖国忠诚人民，力争成为中华民族伟大复兴的时代接班人。"外国国家安全体制研究"和"国家安全法学"是国际关系学院重点打造的两门课程思政示范课程。前者被国际关系学院认定为校级课程思政示范课程，后者被教育部认定为国家级课程思政示范课程。这两门思政示范课程以习近平新时代中国特色社会主义思想为指导，以总体国家安全观为理论遵循，坚持"三全育人"理念，注重专业知识理论讲授与各国国家安全实践及中国国家安全法治建设解读的有机结合，引导学生深刻掌握理论联系实际这一马克思主义根本方法论，培树学生实事求是的思想品格。同时，深入挖掘"外国国家安全体制研究"和"国家安全法学"课程和教学方式中蕴含的思想政治教育资源，把课程思政融入课堂教学全过程，培树学生正确的价值观和方法论，不断提升四个自信，从而引导激励学生把个人的理想追求、人生发展自觉融入中华民族伟大复兴伟业。

另外，这两门思政示范课程创新课程思政建设模式和方法路径主要体现在以下几个方面。一是强化专业认同。作为职能部委直属院校的思政课程，课程紧紧围绕学校人才培养目标，通过带领学生学习中外安全体制和国家安全法治知识比较，不断强化学生的专业认同；通过对比分析，让学生不断认识总体国家安全观的先进性，增强自豪感和使命感。二是加强教学设计。强化教学设计和备课环节，除课程的整体教学目标外，采用项目化的方法，进一步精细教学设计，找准思政元素与专业知识的结合点，将思政元素精确分配至关键知识点，将价值塑造潜移默化地融入教学，实现思政教育润物无声，并与专业理论做到无缝对接。三是改革教学方法。打破传统老师讲授、学生听课的课堂规律，板书与多媒体相结合、讲授与研讨相结合、启发与自学相结合，塑造轻松活跃、教学相长的课堂氛围，充分激发学生的学习热情，促进思政内容从"要我学"向"我要学"转变，有效推动课程思政元素入脑入心。四是扩充授课内容。时刻注重将课程内容与习近平新时代中国特色社会主义思想与其他党的最新理论成果相结合、与重大国家安全实践相结合、与国家安全学学科建设相结合，以此丰富课堂教学内容、保证思政教育元素的新鲜度与时效性，不断提升课程思政的吸引力。五是多元化授课团队。结合课程学习进度，择机邀请国家安全工作实践一线的不同岗位专家走进课堂、参与授课，实现课堂教学与一线工作的"双向奔赴"。目的是用一线经历打动人、教育人，强化巩固课程思政说理效果。六是强化全员参与。结合知识讲授，引导学生自愿组成学习小组，自由选题、查找文献、分析总结、撰写研究报告，营造全员参与的良好氛围，在提升专业知识学习效果的同时，培养学生的科研能力与创新精神，使其掌握分工协作的工作方法，培树集体主义精神。

（三）国家安全学科建设：为国家安全教育夯实学科支撑

国家安全教育事关全民国家安全教育意识和素养的提高，事关中国式现代化和中华民族伟大复兴的时代接班人的培养和缔造。然而，国家安全教育不是单一、片面的教育活动，而是复杂系统的教育工程。其中，国家安全教育与国家安全学学科建设之间相互影响、相互支撑。国家安全教育呼唤和助推国家安全学学科产生和发展，国家安全学学科为国家安全教育夯实学科支撑。2018年，《教育部关于加强大中小学国家安全教育的实施意见》将"推动国家安全学学科建设"纳入第二部分"重点工作"，并明确提出"设立国家安全学一级学科"，这是官方首次提出建设国家安全学学科战略部署，首次把"设立国家安全学一级学科"确定为国家安全学学科建设目标，开启了国家安全学学科建设新纪元。该意见要求"依托普通高校和职业院校现有相关学科专业开展国家安全专业人才培养"，其目的是"为国家安全教育教学和相关学科建设奠定基础"[5]。可见，国家安全教育助推国家安全学学科建设，国家安全学学科建设反哺国家安全教育。

国际关系学院是我国高等教育在国家安全教育和研究领域开展的人才培养最早、研究成果成就丰富、国内外社会影响力大的特色高校，在国家安全学学科建设方面成绩斐然。2018年，经教育部批准，在政治学一级学科下增设"国家安全学"专业，开启全国高校首次国家安全学专业尝试。同年8月，成立"国家安全学学科建设与协同创新中心"，联合北京外国语大学、上海政法学院、外交学院、国防大学国家安全学院、中共中央党校国际战略研究院、中国人民大学国家安全研究院共同组建，以"文理—军地—校所—校校—校内协同"为路径，开展国家安全学学科理论研究。2019年，国际关系学院被教育部确定为全国10所（后扩大到14所）国家安全人才培养试点单位高校之一，成为国家安全学学科建设的先行者。同年，国家安全学获批北京高校"高精尖"学科（即北京市一流学科）建设项目。2021年，获得国家安全学一级学科硕士授权点。2014年，获得国家安全学一级学科硕士授权点。国际关系学院以"国家安全学专业+北京市一流学科建设项目+国家安全学一级学科硕博授权点"为契机，为践行国家安全学学科建设贡献国关力量。夯实的国家安全学学科建设为国家安全教育提供了教师和教材的有力支撑。

就国家安全教育师资支撑而言，良好的师资队伍是做好国家安全教育的基础。国际关系学院遴选品德高尚、学术卓越、教学优秀的师资参与教学，组成了由国务院特殊政府津贴专家、全国优秀教师、北京市教学名师、北京市社科基金青年学术带头人构成的一支政治素质高、热爱国家安全教育事业、业务能力强、年龄结构合理的国家安全教育授课团队。同时，聘用政法部门领导和一线工作人员作为实践导师共同参与授课，开展协同育人，常态化组织国家安全教育教学能力评估和集中理论研讨，不断精进专业能力和授课技能，解决了国家安全教育"没人教""不会教"的问题，为国家安全教育质量提高提供保障。目前，国际关系学院打造了"北京市高校优秀本科育人团队"、主管部"政治安全与治理专门人才培养优秀教学团队"和"教育部思政课程示范教学团队"等三支一流国家安全团队，其大部分成员从事国家安全教育工作，教学成果显著。

就国家安全教育教材而言，作为部属高校，20 世纪 90 年代，国际关系学院在全国高校中率先开展国家安全学教材编写工作，伴随本科生通识必修课"国家安全学基础"等 5 门相关课程教学的开始，《国家安全学基础》《国家安全行政管理》等 5 本教材撰写工作先后完成，成为国内高校首批国家安全类教材。2004 年伴随本科生通识必修课"国家安全学"正式落地，特别是总体国家安全观提出以后，国家关系学院教材建设进入新阶段，先后编写了《国家安全学》《国家安全管理学》《国外主要国家和区域组织安全体制研究》《国家安全法学》《国际能源安全与能源外交》《〈国家安全教育〉读本（大中小学生版）》等 10 余部教材，为国家安全教育教学提供了坚强支撑。

（四）国家安全教育宣讲团：为深化国家安全教育注入活力

2019 年 4 月，由"在校大学生+教师"组成的国际关系学院全民国家安全教育宣讲团成立，为国际关系学院国家安全教育注入了新活力。国家安全教育宣讲团充分发挥自身在全民国家安全教育领域的特长优势，依托学校国家安全特色资源，重点就党的二十大精神、总体国家安全观、习近平法治思想、政治安全、文化安全、网络安全、隐蔽战线斗争史等内容，锤炼打造"我们眼中的国家安全""我们身边的总体国家安全观""党的二十大精神和青年使命"三大特色品牌，推动国家安全教育机关、进乡村、进社区、进学校、进企业、进军营、进网络。2019 年，宣讲团员组成"寻访龙潭三杰的足迹"大学生暑期调研团，以隐蔽战线的忠诚和坚守作为调研方向，前往山东、浙江开展实践；2021 年，宣讲团成员组成"深学新思想·笃行新时代"总体国家安全观宣讲团，在北京市、长春市、衡水市、曲靖市、无锡市等地先后开展国家安全教育社会实践活动；2023 年，宣讲团成员组成"学习二十大　笃行新时代"总体国家安全观宣讲团参加"挑战杯"首都大学生课外学术科技作品竞赛，以学术的形式，宣传总体国家安全观的伟大意义和实践意蕴；2024 年，在院党委支持及宣教处带领下，宣讲团前往内蒙古自治区敖汉旗开展暑期国家安全教育实践，进一步拓展校外宣讲足迹，形成了 3 篇精品宣讲稿件和 1 份精品视频，相关浏览量超 2000 人次，宣讲直接覆盖人数超 1000 人次，为社会了解敖汉地区乡村振兴与粮食安全打开了一扇"明亮之窗"。

近几年，国家安全教育宣讲团跨越山海，于祖国大地之上播撒下了国家安全的星星之火，将宣讲足迹踏遍北京、山东、浙江、吉林、河北、云南、江苏、四川、江西、黑龙江、福建等地，在近 20 所大中小学开展宣讲活动，直接覆盖听众近 30000 人次。国家安全教育宣讲团的有关活动事迹被中央广播电视总台、北京电视台、《中国青年报》、中青网、北京学联微信公众平台、腾讯网、北京广播电视台、中央广播电视总台、北京学联微信公众平台等媒体报道。另外，国家安全教育宣讲团特色活动和成员个人硕果累累，成绩满满。2019 年获首都大中专学生暑期社会实践优秀团队；2021 年获北京市践行总体国家安全观宣讲比赛二等奖及优秀奖；2022 年获北京市教委"学宪法　讲宪法"演讲比赛高校组一等奖，入选北京教育系统青少年党史学习教育创新案例百强；2023 年获评北京高校师生服务新时代首都发展"双百行动计划"优秀示范项目及首都高校国家安全暨校园安全宣传教育活动二等奖。

三　国际关系学院国家安全教育工作成果显著

作为新时代部属院校，国际关系学院重点发挥国家安全教育主阵地作用，以培养突出政治意识和国家安全意识的高素质人才为宗旨，以总体国家安全观为统领，依托国家安全学等优势特色专业，构建以国家安全为纲、以学生为本的国家安全教育培养体系和实践模式，科学制定培养目标和教学方案，组建一流师资团队，以课堂教学探索和改革为突破口，开展国家安全教育，取得良好效果。

（一）国家安全教育受众对象多，覆盖面广，教学效果好

国际关系学院"解码国家安全""大学生国家安全教育""国家安全教育"利用慕课和线上线下混合课程形式，有效拓展了国家安全教育的时空维度，补充了传

统课堂内容，扩大了受众对象面，教育教学成果斐然。截至 2024 年秋季学期，三门课程累计选课 298.5 万人次，涉及近 1520 所高校。"解码国家安全"课程在智慧树平台迄今已开放 17 轮，累计选课学校 785 所，累计选课 81 万人次。"大学生国家安全教育"课程在学堂在线平台累计选课学校 55 所，累计选课 14.5 万人次；在超星尔雅平台累计选课 680 所，累计选课人数 201 万人次。"国家安全教育"课程累计选课人数近 2 万人。另外，2022 年国际关系学院在全国第 7 个国家安全教育日录制的"中华民族伟大复兴既是发展问题也是安全问题"专题课程，在黑龙江省委教工委、黑龙江省高校网络思想政治工作中心承办的"全省大中小学同上一堂'国家安全教育课'"活动上进行了线上播放，覆盖全省大中小学近 160 万师生。

国家安全教育覆盖全国高校，如"解码国家安全"课程在选课的 785 所高校中，包括华东 199 个、华南 84 个、华北 116 个、华中 117 个、西南 107 个、西北 77 个和东北 68 个。

国家安全教育实践证明，国际关系学院为全国高校提供的国家安全教育课程取得了良好成绩。如"解码国家安全"课程，学生成绩呈现向好态势。成绩合格率由 2016 年的 85.7%提高到 2024 年 94.3%，提高 8.6 个百分点；成绩优秀率由 2016 年的 18.8%提高到 2024 年的 55.7%。学生对课程内容、教学设计等认可度高，达到优秀程度。最重要的是教学效果即学生的国家安全意识得到了显著提高。学生在反馈一栏中写道："'解码国家安全'这门课程，让我充分了解了跟国家安全相关的各种问题，同时也让我认识到保卫国家安全的重要性和作为一个国家的公民应履行的义务和承担的责任。"

（二）国家安全教育教学不断得到创新，责任不断得到压实

在国际关系学院开展国家安全教育的实践中，国家安全教育教学不断得到创新，国家安全教育责任不断得到强化。

就国家安全教育教学创新而言，主要体现在以下方面。一是教学理念创新，创造性地提出了强化居安思危、提升国家安全意识的新教学理念。这种全新的教育理念探索了国家安全教育"培养什么人""怎样培养人""为谁培养人"的核心问题，为本校和其他高校开展国家安全教育提供了新理念。二是教学内容创新，由以情报反间谍为主的"小安全"教育扩展到覆盖政治、经济、军事、国土、金融、资源、国民、文化、社会、信息、科技、生态、核安全、海外利益、生物、

外层空间、国际海底区域和极地等的安全的"大安全"教育。三是教学方式创新，聘请党政机关，尤其是政法部门领导和一线工作人员为实践导师，利用学院VR实验室，采取"浸入式"教学，让学生充分体验国家安全实践的复杂性，树立总体国家安全观，培养国家安全意识。四是国家安全教育体系创新，构建了通识课和专业课融合课程建设体系，本硕国家安全教育人才培养体系，国家安全通识和专业教材相结合的教材体系，校校协同、校企合作、走进社区、面向社会的融合体系。

就压实国家安全教育责任而言，主要表现在以下方面。一是强化教学改革，压实推力。为了提高"50分钟课堂"的效果，在形成以主讲教师为核心、助教组织研讨和答疑的研讨式教学模式的同时，把国家安全前沿问题讲座机制化，强化传统与现代化教学手段相结合、问题导向与结构式研讨相结合，达到培养学生的政治敏锐性和国家安全意识的目的。二是强化实践教学，压实抓手。聚焦中华民族伟大复兴战略全局和世界百年未有之大变局这一重大主题，坚持总体国家安全观，强调国家安全理论与国家安全实践紧密结合，坚持"走出去"。带领学生参观西山无名英雄纪念广场、李大钊烈士陵园、相关部门模拟现场、国家安全教育展览会等，切实增强学生"国家安全、人人有责"的意识。三是强化教书育人，压实保障。组成由国务院特殊政府津贴专家、全国优秀教师、北京市教学名师、北京市社科基金青年学术带头人构成的国家安全教育授课团队，引导广大教师热爱教育、淡泊名利，执着于教书育人，师德问题一票否决，升等晋级、评奖评优重点关注教学。四是强化教学投入，夯实基础。我校国家级一流本科课程"国家安全教育"是线上线下混合式课程，教室技术要素要求高，学校投入150万元建立VR实验室，为国家安全教育课堂提供坚强保障。学校从2019年开始先后投入700万元，强化国家安全学学科建设。图书馆增加中外文国家安全图书数千册，以及国家安全专业数据库19个和国家安全主题馆。

参考文献

［1］《国家安全，习近平总书记心中的"头等大事"》，求是网，http：//www.qstheory.cn/zhuanqu/2024-04/15/c_1130109410.htm，2024年4月15日。

［2］《中央国家安全委员会第一次会议召开 习近平发表重要讲话》，中国政府网，https：//

www. gov. cn/xinwen/2014−04/15/content_2659641. htm，2014 年 4 月 15 日。

［3］《中华人民共和国国家安全法》，中国政府网，https：//www. gov. cn/zhengce/2015−07/ 01/content_2893902. htm，2015 年 7 月 1 日。

［4］《习近平：决胜全面建成小康社会   夺取新时代中国特色社会主义伟大胜利——在中国共产党第十九次全国代表大会上的报告》，中国政府网，https：//www. gov. cn/xinwen/ 2017−10/27/content_5234876. htm？eqid=c50f872000003602000000003645999e1，2017 年 10 月 29 日。

［5］《教育部关于加强大中小学国家安全教育的实施意见》，中华人民共和国教育部网站，http：//www. moe. gov. cn/srcsite/A12/s7060/201804/t20180412_332965. html，2018 年 4 月 9 日。

［6］李文良：《国家安全：问题、逻辑及其学科建设》，《国际安全研究》2020 年第 4 期，第 3~23、157 页。

［7］《教育部关于印发〈大中小学国家安全教育指导纲要〉的通知》，中华人民共和国教育部网站，http：//www. moe. gov. cn/srcsite/A26/s8001/202010/t20201027496805. html，2020 年 10 月 20 日。

［8］《关于设置"交叉学科"门类、"集成电路科学与工程"和"国家安全学"一级学科的通知》，中华人民共和国教育部网站，http：//www. moe. gov. cn/srcsite/A22/yjss_xwgl/ xwgl_xwsy/202101/t20210113_509633. html，2020 年 12 月 30 日。

［9］习近平：《高举中国特色社会主义伟大旗帜   为全面建设社会主义现代化国家而团结奋斗——在中国共产党第二十次全国代表大会上的报告》，《人民日报》2022 年 10 月 17 日。

［10］《中共中央、国务院印发〈教育强国建设规划纲要（2024—2035 年）〉》，中国政府网，https：//www. gov. cn/zhengce/202501/content_6999913. htm，2025 年 1 月 19 日。

［11］窦可阳、徐璐：《新文科建设背景下混合式双语课程教学策略改革探析——以双语课程〈西方文论原典导读〉为例》，《长春教育学院学报》2022 年第 6 期，第 51~57 页。

Innovative Exploration of National Security Education Teaching Practice in the New Era
—A Case Study of the University of International Relations

Li Wenliang，*Liu Xiaoying*

Abstract：In 2015，the Chinese government formally incorporated national security education into the national education system through legislation，establishing higher education institutions as the primary platform for such education. Enhancing national security awareness among all citizens' has become an indisputable mission for universities. In the 1990s，the University of International Relations took the lead in initiating teaching and research in national security studies，pioneering practical exploration of national security education. Its innovative approaches include: adopting MOOC+blended learning as the main channel for national security education innovation; integrating ideological and political education to instill core values into national security education; strengthening disciplinary foundations through the development of national security studies as an academic discipline; and invigorating educational outreach through a national security education lecture corps.

Keywords: Universities; National Security Education System; A Holistic Approach to National Security; National Security Studies

国家安全教育十年发展的回顾与思考

张亚泽　周达鋭*

摘　要： 本文回顾了近十年来我国国家安全教育的发展进程，剖析了新时代国家安全教育在政策支持、法治保障、内容拓展、学科建制以及工作格局等方面取得的显著成就。新时代的国家安全教育呈现时代性、整体性、人民性和创新性特征，这既是对国家安全形态变化的积极应对，也是国家安全战略需求的体现。随着时代发展和安全形势的变化，国家安全教育也面临新的挑战。推进国家安全教育高质量发展，需从"制度—资源—主体—策略"四个维度入手，进一步加强制度整合、优化资源配置，推动主体协同、创新教育策略，切实推动国家安全教育的高质量发展，筑牢国家安全人民防线，为实现中国梦提供坚实的安全保障。

关键词： 国家安全教育　总体国家安全观　教育发展

自 2014 年习近平总书记创造性提出总体国家安全观这一重大战略思想以来，我国国家安全教育事业实现了历史性跨越，步入了创新发展的新阶段。2015 年 7 月颁布实施的《中华人民共和国国家安全法》首次以立法形式确立每年 4 月 15 日为"全民国家安全教育日"。十年来，党中央持续深化对国家安全教育基础性、长期性、战略性的规律性认识，将其作为固本培元的基础性工程纳入国家安全治理体系统筹推进。系统梳理国家安全教育的发展脉络与内在逻辑，科学分析新时代国家安全教育面临的问题和挑战，前瞻性探索国家安全教育的路径创新，对于构建具有中国特色的国家安全教育体系，筑牢国家安全的社会根基，具有巨大理论价值与重大实践意义。

---

* 张亚泽：陕西师范大学国家安全学院院长，教授、博士研究生导师，主要研究方向为国家安全思想与理论。
周达鋭：陕西师范大学国家安全学院博士研究生，主要研究方向为国家安全教育、国家安全风险治理。

一　国家安全教育事业十年发展的回顾

国家安全教育是以系统知识传授、意识塑造和能力培养为路径，旨在提升国民国家安全意识和素养的社会化教育实践。作为国家安全体系的重要组成部分，国家安全教育在国家安全能力建设的历史进程中始终拥有特殊的功能价值。新中国成立以后，我国构建起了以维护国家政权和主权安全为核心的国家安全教育框架。与当时的国家安全观相契合，我国的国家安全教育主要分布于国防教育、爱国主义教育、思想政治教育等领域，尚未形成独立完整的体系架构。改革开放以后，随着国际格局的深刻演变、科技革命的持续推进以及国内经济社会的快速变革，国家安全的内涵、外延以及维护方式发生深刻变化，国家安全教育体系随之进行着适应性调整。进入新时代，特别是总体国家安全观提出后，国家安全教育开启了体系化发展的新篇章。

（一）政策框架不断完善

作为国家安全教育的战略指引，政策体系构建呈现持续深化态势。2014 年 4 月，习近平总书记创造性提出了总体国家安全观，并在主持第十八届中央政治局第十四次集体学习时明确指出，"要加强对人民群众的国家安全教育，提高全民国家安全意识"[1]，标志着新时代国家安全教育战略部署正式启动。为推进政策实施，2015 年，中共中央办公厅、国务院办公厅联合印发《关于进一步加强和改进新形势下高校宣传思想工作的意见》，将国家安全教育纳入高校宣传思想工作体系。2016 年，中央政治局会议通过的《关于加强国家安全工作的意见》着重强调"必须开展国家安全宣传教育，增强全社会国家安全意识"[2]，从国家战略层面确立了国家安全教育的政策框架。2016 年 4 月，习近平总书记强调"要以设立全民国家安全教育日为契机，以总体国家安全观为指导，全面实施国家安全法，深入开展国家安全宣传教育，切实增强全民国家安全意识"[3]。这一重要论述为国家安全教育实践提供了方法论指导。

2017 年 10 月，党的十九大报告进一步将"加强国家安全教育"纳入国家安全体系，强调要"增强全党全国人民国家安全意识，推动全社会形成维护国家安全的强大合力"[4]，凸显了国家安全教育在凝聚国家安全共识方面的基础性作用。至 2022 年 10 月，党的二十大对国家安全教育作出深化部署，提出"全面加强国家安全教育，着力提升各级领导干部统筹发展和安全能力，切实增强全民国家安全意识和素养，巩固国家安全人民防线"[5]，确立了新时代国家安全教育的重点任务。2023 年 5 月，二十届中央国家安全委员会第一次会议审议通过《关于全面加强国家安全教育的意见》，从战略和全局高度构建了新时代国家安全教育的"四梁八柱"实施体系，形成了涵盖教育目标、实施主体、方法路径和保障机制的系统方案。政策演进的历史性分析表明，新时代的国家安全教育已形成战略性推进的发展格局，为构建新时代国家安全教育体系提供了政治保障和方向指引。

（二）法治保障持续跟进

国家法律法规体系为国家安全教育提供了权威性依据。2015 年 7 月颁布实施的《中华人民共和国国家安全法》在新时代国家安全教育法治化进程中具有里程碑意义。该法首创全民国家安全教育日制度，构建起了国家安全教育常态化开展的法定载体。该法第 76 条规定，"将国家安全教育纳入国民教育体系和公务员教育培训体系，着力增强全民国家安全意识"[6]，从法律层面实现了国家安全教育从政策倡导向法治保障的跨越，为国家安全教育的规范化开展确立了法律基准。

十年来，我国通过立法实践持续完善国家安全教育的法治保障体系，相继颁布实施《中华人民共和国生物安全法》《中华人民共和国数据安全法》等领域法律，形成了覆盖军事、科技、生物、数据等领域的法律框架。统计表明，新增国家安全教育相关领域的法律条款 20 余项，立法呈现专业化、精细化特征。例如，《中华人民共和国反间谍法》第四章专门规定"宣传教育"条款，明确要求机关、团体、企业事业组织和其他社会组织对本单位人员进行反间谍安全防范教育。《中华人民共和国网络安全法》第 19 条系统构建网络安全人才培养体系，要求各级人民政府及有关部门定期开展网络安全宣传教育。《中华人民共和国生物安全法》第 63 条提出，建立重大新发突发传染病防控的常态化教育机制，形成覆盖科研机构、医疗机构和社区单元的教育网络。这些法律通过"总则+专章"的立法模式，对具体领域国家安全教育的目标任务、实施对象和途径等进行了明确的规定。

（三）学科体系取得突破

新时代国家安全教育的学科支撑主要体现在学科建制及国家安全专门人才培养

上的突破。总体国家安全观提出后，国内相关高校、研究机构积极开展理论研究和人才培养探索。例如，国际关系学院依托政治学学科优势，开设国家安全研究核心课程群，为学生提供专业、系统的国家安全类课程；西南政法大学创新"法学+国家安全"跨学科培养方案，将法学专业知识与国家安全领域的实践需求相结合，培养具有跨学科知识背景的复合型人才；陕西师范大学依托马克思主义理论、教育学、民族学等学科，招收总体国家安全观专项计划博士研究生，为国家安全领域培养高层次研究人才。还有一些高校在政治学、公共管理学等学科下自主设置国家安全学学科，培养复合应用型人才。这些高校的实践探索为国家安全学学科体系的构建积累了宝贵经验，提供了有益借鉴。

2018 年教育部印发《关于加强大中小学国家安全教育的实施意见》，提出要推动国家安全学学科建设，"设立国家安全学一级学科。依托普通高校和职业院校现有相关学科专业开展国家安全专业人才培养"[7]。2020 年 12 月，国务院学位委员会颁布《关于设置"交叉学科"门类、"国家安全学"一级学科的通知》（学位〔2020〕30 号），该文件正式确立国家安全学作为交叉学科门类下的一级学科地位。这一举措具有重大的历史意义，为国家安全学学科的发展提供了制度保障与发展空间，标志着我国国家安全学学科建设开启规范化建设的新阶段。2021 年，首批 11 个博士学位授权点（北京大学、清华大学、国防大学等）及中央党校、外交学院、国际关系学院、陕西师范大学 4 个硕士学位授权点完成审批，开始招收国家安全学博士、硕士研究生。截至 2024 年，全国又新增 9 个博士学位授权点和 10 个硕士学位授权点。从分布来看，这些学位授权点覆盖东部、西部区域，以及政治安全、经济安全、海洋安全、科技安全等多个领域，形成"东西联动、领域互补"的布局。在国务院国家安全学科组指导下，国家安全学学术共同体开展了卓有成效的工作，国家安全学建设工程系列丛书陆续出版，为专业人才的培养提供了重要的学术支撑。

（四）教育布局初步形成

近十年来，我国国家安全教育体系在覆盖范围、重点领域和结构层次上持续完善，逐步形成了以学校教育为主体、干部教育和社会教育相结合的"大教育"体系。各子系统相互支撑，推动全民国家安全教育向体系化、纵深化发展。

第一，国家安全教育正式纳入国民教育体系，形成了贯通大中小学的教育机制。教育部 2018 年印发《关于加强大中小学国家安全教育的实施意见》，明确提出"把国家安全教育覆盖国民教育各学段，融入教育教学活动各层面，贯穿人才培养全过程"[7]。2020 年出台的《大中小学国家安全教育指导纲要》系统规划了各教育阶段的国家安全教育目标、知识模块以及多元化实施路径，并针对不同学段的认知特点为国家安全教育的差异化教学提供了详细指导。2022 年，《义务教育课程方案和课程标准（2022 年版）》将国家安全素养培育确立为学生核心素养培育的重要组成部分，实现了国家安全教育与国家课程体系的深度融合。2024 年，教育部发布《关于在高等学校开设国家安全教育公共基础课的通知》，要求全国高校自 2024 年秋季学期起全面开设国家安全教育公共基础课，这标志着高等教育阶段国家安全教育进入制度化实施阶段。[1] 大中学国家安全教育教材建设、线上课程建设及不同层面的教师培训等展开。这一系列政策安排和举措完成了大中小学开展国家安全教育的基本要素供给。

第二，领导干部及公务员群体成为国家安全教育的重点教育培训对象。自 2016 年起，中央有关部门组织编写《总体国家安全观干部读本》《习近平关于总体国家安全观论述摘编》《总体国家安全观学习纲要》等系列权威教材读物，系统阐释总体国家安全观的理论体系、核心要义与实践要求，有效提升了干部队伍的国家安全意识和能力水平。2023 年 10 月，中共中央印发的《干部教育培训工作条例》明确规定，在干部中开展总体国家安全观教育，以增强干部的国家安全意识，并提升其统筹发展与安全的能力。[8] 目前，各级党政培训机构均将国家安全专题列为干部培训的必修课程，通过体系化培训提升公职人员的国家安全专业素养，增强领导干部的风险隐患防范意识和能力。

第三，面向社会的国家安全教育形成了常态化的推进机制。以"全民国家安全教育日""全民国防教育日""国家网络安全宣传周"等为载体的常态化宣传教育产生了显著社会成效。各地通过新媒体、社区嵌入、主题展览多种方式，增强了国家安全教育的普及性。"国家安全教育主题宣讲""总体国家安全观主题公园""国家安全知识竞赛"等创新实践，将国家安全教育延伸到基层社区、企事业单位及网络空间等，提升了社会公众对国家安全的知晓度，强化了公民的国家安全意识。一些地方和单位还尝试通过案例宣讲、情景模拟、数字呈现等方式，提升受教育者的安全风险辨识能力和应对水平。通过多维立体的社会宣传教育活

1　从 2020 年起，教育部持续组织了面向全国 32 个省区市和新疆生产建设兵团的国家安全教育教师国家级培训，帮助他们系统把握总体国家安全观和提高国家安全教育教学能力。2024 年，面向高校学生的马克思主义理论研究和建设工程重点教材《国家安全教育大学生读本》正式出版。

动，全民维护国家安全的感知度得到大幅提升，形成了关心国家安全，共筑全民国家安全防线的新态势。

二　国家安全教育事业面临的现实问题及挑战

回顾过去十年的历史，新时代国家安全教育在政策引领、法规保障、学科支撑、教育布局等维度均取得重大进展，基本构建起与国家战略需求相适配的国家安全教育体系。从演进逻辑来看，新时代国家安全教育主要是依靠政府的"高位推动"，这种"高位推动"是否取得良好效果，还需要对微观教育场域进行观察。从经验观察来看，当前国家安全教育的微观场域还存在诸多问题。例如，学校作为国家安全教育的主体，在推进政策落地过程中受教师、经费等资源约束，仍存在选择性、变通化执行倾向；社会教育的区域实施水平存在梯度落差，不少地方仍停留于简单的口号化、标语式宣传阶段；干部教育体系存在"重理论、轻实战"的问题，从理论知识向解决复杂问题的能力转化不够充分。总体来看，尽管过去十年我国国家安全教育已获得宏观的政策性、制度性保障，但在微观场域仍存在激励不足、效力衰减乃至局部失灵的风险。基于这种情况，需要对影响制约国家安全教育事业高质量发展的因素进行系统分析。

（一）基于"大安全"观的国家安全教育政策整合协调性不够

总体国家安全观引领下的国家安全教育既包括传统国家安全，也包括新型国家安全的"大安全"观教育。然而，从国家安全教育推行实施的情况来看，不同类型、领域、层面的国家安全教育还缺乏整合协调。例如，面向政治安全、军事安全和国土安全等领域的国防教育、爱国主义教育以及思想政治教育与现有国家安全教育体系之间的关系尚未理顺；以反间防谍教育为主要内容的国家安全宣传教育和基于"大安全"观的国家安全教育也常常被混淆；网络安全、生物安全、数据安全、资源安全等新兴领域各自的安全教育，与作为整体的国家安全教育统筹不够；生活中的安全教育与国家安全教育的边界也不够清晰。在国家安全教育实践过程中，基层实施主体普遍面临国家安全教育、国防教育、爱国主义教育、反间防谍教育与日常生活安全教育各有所属、多头落实的问题。一方面，传统的国防教育、思想政治理论教育与独立的国家安全教育存在部分功能重叠和重复供给；另一方面，数据安全、生物安全等新兴安全领域的教育内容更新滞后或存在缺位，这种矛盾在非传统安全风险指数级增长的背景下尤为凸显。如何从政策层面加强统筹，形成涵盖面向各个领域的"大安全"教育体系，以应对复合型安全威胁的动态演变是当前面临的重要课题。

（二）开展国家安全教育的资源供给体系不健全和分配不平衡

国家安全教育的师资建设、资金配置及技术支持等物质性与非物质性资源直接影响教育效果的普及性和深入性。近年来，深入国家安全教育的资金配置、专业人才供给等还存在一系列需要突破的难点。其一，高质量开展国家安全教育需要一批高素质的专业人才。现有从事国家安全教育的队伍还存在专业岗位缺乏、专业素养不足等现实困境，制约教育实施成效。尽管国家安全学一级学科的设立填补了学科建制空白，但受人才培养周期、未来职业发展空间等限制，专业化人才的培养激励机制仍然不够。特别是边疆地区等特殊地区或领域，面临独特的安全挑战。教育工作者缺乏针对这些特殊安全问题的专业培训，无法提供高质量的国家安全教育。其二，高质量开展国家安全教育需要经费的合理配置。教材编写、课程开发和开设、教育宣传活动等都需要大量经费保障。由于经费的缺乏，部分地方政府在资源分配时更倾向于"窗口工程"，如优先支持示范性项目，而忽视普遍性需求。还有些部门、单位受资源约束，仅在全民国家安全教育日当天开展一些宣传教育活动，常态化工作机制未能形成。

（三）多元主体参与国家安全教育的工作运行和协同机制不健全

国家安全教育是由多元要素构成的系统性工程，只有多元主体协同参与才能有效利用各种资源，激发多元动能，提升国家安全教育的品质。进入新时代后，国家构建起国家安全顶层设计和统一指导体系，但具体到国家安全教育领域，其计划、任务的实施离不开诸多政府部门协同，也离不开学校、社会以及受教育者等社会主体的参与。现行政策框架虽已确立政府、社会以及受教育者等多主体共同参与国家安全教育的工作格局，但各主体参与程度存在显著差异，协同配合效能尚未充分发挥。从政府部门来看，各部门各层级开展国家安全教育的体系化、联动性还不足，制约和影响教育的效果。从社会力量来看，现存的国家安全教育资源未能实现充分有效利用，且相关社会主体的参与动能尚未被完全激活。从学校内部来看，国家安全教育管理责任主体不明确，存在职责交叉、责任模糊的问题，具有被边缘化的倾向。从受教育者角度来看，因为国家安全教育的内容离自身实际、切身利益有一定的距离，基于自我提升需求的参与积极性不高。

（四）国家安全教育策略存在从意识强化向能力素养提升的转化效能不足问题

作为衔接政策目标与资源转化的操作性框架，国家安全教育策略不应局限于知识传递层面，其终极目标在于实现从安全意识强化、风险认知深化到核心能力培育的层级递进。在数字化转型与人工智能深度渗透的教育生态中，由教育主体、学习对象、智能工具、数据资源及交互场景构成的人机协同模式，正引发传统教育范式的系统性变革。当前，国家安全教育领域有三重结构性矛盾比较凸显：一是以课堂讲授与理论宣贯为主导的传统范式仍占据主流地位，呈现显性知识灌输特征，而基于核心素养培育的启发式、沉浸式教学实践尚未形成规模化应用；二是智能教学工具在国家安全教育场景的应用渗透率不足，与"Z世代"学习者数字化生存方式形成显著代际鸿沟，具体表现为适配国家安全教育主题的数字化教学资源库建设滞后、智能化教学平台功能模块不完善等现实困境；三是教育资源配置存在空间非均衡特征，尽管情景模拟教学已显现出较传统模式更优的知识转化效能，但智能化教学平台仍面临总体性供给不足与区域性配置失衡的双重挑战。

三 全力推进国家安全教育事业的高质量发展

当前，国家安全形势呈现主体多元化、风险传导复杂化等特征，特定群体的认知图式、情感结构及行为选择经由数字媒介的放大效应，正在重构安全风险的生成与传导机制。习近平总书记在二十届中央国家安全委员会第一次会议上强调："要全面贯彻党的二十大精神，深刻认识国家安全面临的复杂严峻形势，正确把握重大国家安全问题，加快推进国家安全体系和能力现代化。"[9]国家安全教育体系和能力的现代化是国家安全体系和能力现代化的重要组成部分。在中国式现代化全面推进强国建设的战略背景下，需要从政策供给、资源优化、主体赋能及策略提升等方面协同推进国家安全教育的高质量发展。

（一）强化政策整合与协调，构建"大安全"教育体系

基于"大安全"观的系统性要求，国家安全教育制度保障体系的健全至关重要。这需要立足国家安全教育的本质属性、要素构成与功能定位，构建起纵向贯通、横向衔接的制度架构。一是在国家层面设立跨部门的国家安全教育政策协同平台，由多部门联合参与，负责统筹不同类型、领域、层面的国家安全教育政策。对现有的国防教育、爱国主义教育、思想政治理论教育等相关政策进行梳理，明确与国家安全教育的边界与衔接点，制定统一的政策实施指南，消除功能重叠与重复供给问题。二是建立跨部门、跨领域的政策协同机制，针对新兴领域，如网络安全、生物安全等，及时制定配套教育政策，并推动其与整体国家安全教育政策的融合。在遵循统一政策框架下，可灵活整合各类安全教育资源，增强政策实施的针对性。三是构建科学的国家安全教育政策评估体系，定期对政策实施效果进行评估，关注政策在不同地区、不同教育主体中的落实情况，以及对复杂安全威胁的应对能力。建立健全面向各级各类学校的国家安全教育指导委员会，统筹修订《大中小学国家安全教育指导纲要》，构建覆盖政治、军事、科技等 20 个领域的课程标准体系。可探索实施"国家安全教育标准化工程"，组织专家团队，依据总体国家安全观的要求，制定符合不同学段学生认知水平的课程标准。

（二）健全资源供给体系，优化资源分配机制

师资、经费、技术等资源体系是国家安全教育工作的"基层基础"问题，是决定国家安全教育效能的关键要素。高质量推进国家安全教育，需要进一步健全资源供给体系。一是在国家安全学一级学科的基础上，完善人才培养体系。在有条件的地方，可探索实施国家安全教育强师计划，设立融合国家安全各领域的国家安全教育本科专业或特色方向，打通国家安全教育人才的就业通道。针对边疆地区等特殊区域的安全问题，可建立教师定期培训机制，开展专门培训项目，提升教师专业素养。二是多方筹集国家安全教育专项经费，明确经费来源与使用范围。制定经费分配标准，优先保障学校、社会教育等基础领域的需求，避免资源过度集中于"窗口工程"。鼓励地方政府与社会资本合作，拓宽资金筹集渠道，为教材编写、课程开发、教育宣传活动等提供充足资金支持。三是加大对国家安全教育领域技术研发的投入力度，建立国家安全教育数字化教学资源库，整合各类优质教学资源，实现资源跨区域共享。

（三）完善多元主体协同机制，提升工作运行的效能

国家安全教育体系建设的关键在于突破壁垒，促进多元教育主体协同运转与教育资源高效供给，实现国家安全教育实践与全民国家安全意识提升目标的有效衔接。在多元主体协同参与的架构中，政府在发挥统筹、保障作用的同时，需要有效调动社会主体主动参与、协同合作的积极性和创造性。一是建立政府部门间的国家安全教育协调联动机制，明确各部门在国家安全教育中的职责分工。加强部门间信息共享与协作，提升教育体系化、联动性水平，避免各自为政。二是制定社会力量参与国家安全教育的激励政策，鼓励社会组织、企业等主体参与教育资源开发、教育活动开展等工作。搭建社会资源共享平台，整合现有国家安全教育资源，提高资源利用效率。三是将国家安全教育纳入学校整体发展规划，提升其在学校教育中的地位，明确学校内部国家安全教育的管理责任主体，避免职责交叉与责任模糊。四是创新国家安全教育内容与形式，将教育内容与受教育者的实际生活、切身利益相结合。通过开展实践活动、案例教学等方式，增强受教育者的参与感与体验感，激发其基于自我提升需求的参与积极性。

（四）创新教育策略，构建全链条的立体化教育模式

当前，国家安全形态正从物理空间防御向虚实融合的复杂巨系统演变，社会心理安全、算法伦理安全等新型变量持续凸显。在这一背景下，社会行为主体已成为安全风险传导的关键介质，其认知图式与行为选择直接影响国家安全状态。而人工智能驱动的社会变革深刻改变着人们的认知形成、能力培养、价值建构路径。为此，需要深入推进"全链条贯通"的教育模式。一是要推动教育范式转变，构建"认知—能力—价值"贯通的立体化国家安全教育模式。针对基础教育、干部教育及社会教育不同群体形成适用性的教育场景，在认知层面侧重意识培养，在能力层面侧重决策能力和战略思维提升，在价值导向层面培养人民为中心和国家利益至上的安全观。二是提升智能教学工具应用水平，建设"数智技术+场景教育"融合的教育培训体系。建设一批数字虚拟演练实训基地，构建网络安全攻防、生物安全危机等多模态交互场景。完善数字化教学资源库建设，丰富教学资源类型，提高资源质量。优化智能化教学平台功能，增强平台的交互性与便捷性，缩小与"Z 世代"学习者数字化生存方式的代际鸿沟。三是推进国家安全教育大数据平台建设，开发个性化

学习路径推荐系统，通过动态行为数据分析实现精准内容推送，通过数据驱动的方式，满足不同学习者的需求，不断优化教育资源配置。

四　结语

十年来，国家安全教育的发展与中国共产党领导的国家安全工作实践相伴相随。在总体国家安全观的创新引领下，我国国家安全教育不断适应国际国内环境变化的需求，进入了体系化发展的新时代，逐渐形成了一套具有中国特色的国家安全教育体系。国家安全教育的发展不仅是对国家安全形势变化的积极回应，也是国家发展战略需求的重要体现。然而，在国家安全形态发生深刻变革的时代背景下，面向全民开展国家安全教育是一项极为复杂的系统工程。在未来发展中，我国的国家安全教育应进一步加强顶层设计，优化教育资源配置，创新教育方式方法，以适应不断变化的安全形势。同时，要持续强化国家安全教育的学科建设，培养更多高素质的专业人才，为国家安全教育的深入开展提供坚实的理论支撑与人才保障。此外，还需充分调动社会各界力量，形成政府、学校、社会协同推进的良好局面，不断强化国家安全教育的实效性，使国家安全理念深入人心，真正筑牢国家安全人民防线，为实现中华民族伟大复兴的中国梦提供强有力的安全保障。

参考文献

[1]《习近平：切实维护国家安全和社会安定　为实现奋斗目标营造良好社会环境》，中国政府网，https：//www.gov.cn/xinwen/2014-04/26/content_2667147.htm，2014 年 4 月 26 日。

[2]《习近平主持中央政治局会议分析研究 2017 年经济工作》，中国政府网，https：//www.gov.cn/xinwen/2016-12/09/content_5145862.htm，2016 年 12 月 09 日。

[3]《习近平在首个全民国家安全教育日之际作出重要指示》，中国共产党新闻网，http：//cpc.people.com.cn/n1/2016/0415/c64094-28278100.html，2016 年 04 月 15 日。

[4] 习近平：《决胜全面建成小康社会　夺取新时代中国特色社会主义伟大胜利——在中国共产党第十九次全国代表大会上的报告》，北京：人民出版社，2017，第 49 页。

[5] 习近平：《高举中国特色社会主义伟大旗帜　为全面建设社会主义现代化国家而团结奋斗——在中国共产党第二十次全国代表大会上的报告》，北京：人民出版社，2022，第 53 页。

［6］《中华人民共和国国家安全法：附草案说明》，北京：法律出版社，2015，第 17 页。

［7］《教育部关于加强大中小学国家安全教育的实施意见》，中华人民共和国教育部政府门户网站，http：//www. moe. gov. cn/srcsite/A12/s7060/201804/t20180412 _ 332965. html，2018 年 4 月 9 日。

［8］《中共中央印发〈干部教育培训工作条例〉》，中国政府网，https：//www. gov. cn/zhengce/202310/content_6909281. htm，2023 年 10 月 15 日。

［9］《习近平主持召开二十届中央国家安全委员会第一次会议》，中国政府网，https：//www. gov. cn/yaowen/liebiao/202305/content_6883803. htm，2023 年 5 月 30 日。

A Decade in Review: The Development of National Security Education in China

Zhang Yaze, *Zhou Darui*

Abstract: This paper examines the evolution of China's national security education over the past decade, analyzing its notable achievements in the new era, including policy support, legal safeguards, content expansion, disciplinary development, and operational frameworks. Characterized by epochal, holistic, people-centric, and innovative features, this educational paradigm not only responds to shifts in national security paradigms but also aligns with strategic national security imperatives. Amid evolving times and a changing security landscape, however, new challenges have emerged. To advance quality-driven development, we propose a four-dimensional approach ("systems-resources-stakeholders-strategies") to strengthen institutional integration, optimize resource allocation, foster multi-stakeholder collaboration, and innovate pedagogical strategies. These measures will enhance the efficacy of national security education, consolidate national security defenses, and ultimately contribute to safeguarding the realization of the Chinese Dream.

Keywords: National Security Education; Overall National Security Concept; Educational Development

高校国家安全教育的实践历史、现实困境及发展路径

摘　要： 高校作为国家安全教育的重要基地，其教育体系的构建水平直接决定着国家安全理念的跨代传递能力。我国国家安全教育是一个动态发展的过程，逐步从单一领域向多维度拓展，从被动防御向主动塑造转变，从精英化向全民化发展，成为确保国家长期稳定的关键战略支撑。虽然高校国家安全教育已形成"学科引领—课程支撑—师资保障—意识内化"的闭环体系，但仍然需要在学科建设、教育标准化、能力培养和教学实践上持续发力。为了推进新时代国家安全教育的优化与发展，应从构建完善的国家安全教育整体架构、夯实高校国家安全教育工作机制、细化高校国家安全教育的内容及标准、提升高校国家安全教育的法治护航能力等多个维度入手。

关键词： 高校　国家安全教育　国家安全学

随着全球化进程加速和信息技术革命深化，国家安全面临传统与非传统安全交织的复杂态势。高校作为国家人才培养的主要阵地，开展国家安全教育对提升青年学生国家安全意识、培养战略思维、筑牢国家安全人民防线具有重大战略意义。2020年9月，由教育部会同中央国家安全委员会办公室联合修订并印发的《大中小学国家安全教育指导纲要》强调将"国家安全素养"纳入学生综合素质评价体

* 韩娜：中国人民公安大学网络空间国际治理研究基地执行主任，中国人民公安大学国家安全学院副教授，主要研究方向为国家安全、网络治理。

系。[1] 2024 年 1 月，全国教育工作会议明确将国家安全教育列为重点任务，要求各级学校深化国家安全教育体系化建设，推动国家安全教育融入思政课程和专业课程。[2] 近年来，国家对国家安全教育高度重视并在政策实践上持续推进。在总体国家安全观提出十周年之际，本文立足历史、现状、困境、路径的四维分析框架，系统探讨高校国家安全教育的三个核心问题：第一，通过历史溯源梳理我国高校国家安全教育从传统安全观到体系化建设的演进脉络，揭示其与国家安全战略的互动逻辑；第二，系统梳理当前教育实践中存在的现实困境，以及大学生国家安全认知存在知行脱节的现象特征；第三，主张构建多方协同机制建设为保障的教育生态系统，为新时代高校国家安全教育提质增效提供理论参照与实践指引。

一　国家安全教育的历史发展进程

中国国家安全教育的历史演进是一个动态发展的过程，在内涵上，经历了从传统安全观主导下的国防教育到总体国家安全观引领下的全民国家安全教育体系的构建，再到新时代背景下总体国家安全观的全面贯彻与落实。在这一过程中，国家安全教育逐步从单一领域向多维度拓展，从被动防御向主动塑造转变，从精英化向全民化发展，成为维护国家长治久安的重要战略支撑。新时代背景下，国家安全教育在理论与实践层面不断创新，为筑牢国家安全屏障、提升全民国家安全意识提供了有力保障，并在国家治理体系和治理能力现代化进程中持续发挥重要作用。

（一）传统安全观主导下的国家安全教育：以国防军事与反间防谍为核心（1949~2012 年）

1. 内忧外患背景下的国防教育体系建设（1949~1978 年）

新中国成立之初，我国遭遇了极为错综复杂的国家安全挑战。从国际环境来看，西方国家对新中国政权采取敌视态度，通过军事威胁、意识形态渗透等多种手段实施遏制政策。在美苏冷战格局下，世界局势持续紧张，大规模战争风险居高不下。就国内形势而言，新生政权面临巩固执政基础与推进国家建设的双重任务。在这一背景下，党中央将加强军事力量建设定为保障国家安全的关键支撑，并将国防教育视为国家安全教育体系中的关键部分。这一时期的国防教育具有鲜明的时代特征：以广大人民群众为基础、以青少年学生为重点，主要聚焦于抵御外部军事威胁、揭露帝国主义战争阴谋以及防范特务破坏活动等核心议题。这种以国防军事为核心的国家安全教育模式，有效应对了新中国成立初期面临的严峻安全挑战，为维护政权稳定和国家安全提供了重要保障。

2. 改革开放之后的反间防谍教育（1978~2012 年）

自党的十一届三中全会以来，我国的经济实力快速增长，国家整体实力得到显著提升，"和平与发展"逐渐成为时代的主旋律。同时，国家安全的定义也得到了扩展，不再局限于传统的政治和军事安全，而是进一步涵盖经济、文化、意识形态等非传统安全领域。[3] 1993 年《国家安全法》的颁布成为此阶段教育的核心依据，强调通过"反颠覆、反间谍和保密"维护国家安全。[4] 随着 21 世纪的到来，国际矛盾发生转变，全球化也得到深入发展，这使国际与国内的安全环境变得日益复杂。传统的军事威胁和领土争端已不再是威胁世界和平的主要因素，取而代之的是经济壁垒、文化渗透、生态环境恶化以及网络犯罪等非传统安全问题。其间的反间防谍教育，积累了"党的领导是根本保证""分类治理""群众参与"[5] 等历史经验，但也面临路径依赖、教育边缘化等问题，它既继承了传统安全观中对政治、军事威胁的警惕，又适应全球化趋势拓展了非传统安全领域的内容，通过法律规范、分类教育和技术防范相结合的方式，为维护国家安全奠定了社会基础，也为新时代总体国家安全观的提出积累了实践经验。

（二）总体国家安全观下的国家安全教育：以总体的全民教育为主（2012 年至今）

1. 总体国家安全观指导下的总体国家安全教育

在全球战略格局发生深刻变化的背景下，中国在推进"和平与发展"这一时代主题的同时，正面临传统安全威胁与非传统安全问题相互交织的复杂安全挑战。国际安全环境的主要特征表现为：一方面，单边主义与霸权政治持续抬头，主要西方国家基于结构性矛盾的遏制战略不断升级，通过政治遏制、经贸脱钩、科技封锁、外交围堵等全方位手段，试图阻滞中国的发展进程；另一方面，非传统安全威胁呈现跨国性、关联性和非对称性特征，[6] 其影响范围已从传统国家安全领域扩展至国民安全、经济安全、社会安全等"低级政治"层面，[7]形成对社会治理体系和风险防控能力的系统性考验。

自 20 世纪 90 年代后期开始，我国安全理念已实现从"新安全观"到"总体国家安全观"的理论跃升。[8]党的十八大以来，以习近平同志为核心的党中央在建设中国特色社会主义事业的过程中，面对国内外安全形势的新情况、新问题，坚持和发展马克思主义国家安全思想的基本观点，继承和发展新中国成立以来党关于国家安全的基本主张与成功经验。2014 年 4 月提出总体国家安全观，2015 年 1 月制定《国家安全战略纲要》，2015 年 7 月颁布实施新《国家安全法》，确立了集国家安全的领导体制、战略规划、指导思想和法律法规于一体的国家安全战略框架。此时国家安全教育的指导思想和内容是总体国家安全观，因此也可称这一时期是"总体国家安全教育"。

2. 全社会维稳促安推动下的全民国家安全教育

面对复合型安全威胁的升级态势，国家安全教育体系的制度化建设已显现战略紧迫性，强化公民国家安全教育既是维护国家主权、安全、发展利益的战略基石，亦是推进国家治理能力现代化的关键路径。[9]党的十九大报告明确提出，"必须坚持国家利益至上，以人民安全为宗旨"[10]，这一论述深刻揭示出国家安全教育的双重属性：既是国家意志的制度化表达，也是公民政治社会化的重要载体。党和国家领导人在重要文件和会议中多次明确提出并强调要加强国家安全教育，提高全民国家安全意识。2015 年 7 月颁布并实施的新《国家安全法》规定 4 月 15 日为"全民国家安全教育日"。习近平总书记在党的十九大上明确要求"加强国家安全教育，增强全党全国人民国家安全意识，推动全社会形成维护国家安全的强大合力"。

（三）从聚焦领域走向总体系统：新时代国家安全教育的新飞跃

1. 聚焦领域式教育：专业特色凸显

在传统国家安全观框架下，国家安全教育呈现动态演进的阶段性特征。其核心在于根据不同历史阶段的安全威胁类型，调整教育内容的侧重点与实践路径。在以传统安全威胁为主的时期，国家安全教育主要是为了抵御国外意识形态渗透和国内反动势力捣乱；在非传统安全威胁出现后，党和国家将国家安全教育内容导向逐渐转移到诸如经济、社会、文化、科技、网络等各领域，主要是为了让人们认识和理解不同领域的国家安全现状，在此基础上更好地维护国家在各个领域的安全。

2. 总体系统式教育：整体统筹谋划

新时代国家安全教育以总体国家安全观为统领，构建了集公共安全、国家安全和国际安全教育于一体的综合教育体系。这一体系以维护国家安全和社会稳定为核心宗旨，以提升全民安全素养为根本目标，以各级各类学校为主要阵地，统筹整合各类资源和力量，深入开展全民教育活动。通过将个体利益、群体利益和国家利益有机统一，系统把握危害国家安全的问题表象与深层成因，着力培养全民掌握、标本兼治、多维联动的国家安全维护与塑造能力，实现"全过程""全方位"的国家安全维护与塑造。党的二十大报告明确指出："全面加强国家安全教育，提高各级领导干部统筹发展和安全能力，增强全民国家安全意识和素养，筑牢国家安全人民防线。"[11]此核心论述着重指出，保障国家安全需全面融入党和国家的各项工作及整个流程中，为新时代有效维护和构建国家安全明确了路径，奠定了基本原则。

二 当前高校国家安全教育现状

经过十年的国家安全教育推广，全民对总体国家安全观有了更深入的理解，大中小学的国家安全教育也得到了有序的实施。同时，社会公众对国家安全议题的关注度不断上升，这导致公众的国家安全意识显著增强。高校国家安全教育已形成"学科引领—课程支撑—师资保障—意识内化"的闭环体系，但仍需在非传统安全认知深化、实践资源整合、师资专业化等领域持续发力，以应对复杂安全形势的挑战。

（一）国家安全学学科建设取得显著成效

学界关于国家安全学的研究自 20 世纪 90 年代就开始了，但 2014 年总体国家安全观提出以后，学界有了基本的研究遵循，掀起了国家安全学研究热潮，特别是 2018 年教育部提出设立国家安全学一级学科以后，学界围绕学科建设进行了卓有成效的探索。

2021 年"国家安全学"被正式列为"交叉学科"门类下的一级学科，这标志着其学术地位获得了官方认可。我国国家安全学在总体思维和交叉思维的指导下，在学科体系建设上提高站位、科学错位，在学术体系建设上立足国情、注重内涵。[12]2021 年，教育部先后确定了 10 家国家安全学博士学位点培养单位，[13]2024 年又新增 9 所，并且构建了"本硕博"贯通的人才培养体系。学界围绕基础理论研究、工具研究、领域研究等国家安全学的三个基础问题，产出了大量研究成果，极大地丰富了国家安全学知识体系，对开展全民国家安全教育也起到了积极的支撑作用。近年来，国家安全学学科体系逐步完善，形成了包括国家安全学理论、国家安全战略与政策、国家安全法治等在内的六大二级学科方向，[14]并探索构建理论体系—战略研究—治理实践的学科架构，学科研究视野兼顾本土实践与全球安全，既服务国家治理现代化，[15]又承担全球安全治理责任。总体国家安全观提出的十年，也是中国特色国家安全学蓬勃发展的十年。这些研究成果不仅对推动建立中国特色国家安全学学术体系具有重大意义，也是深入开展国家安全专业教育、培养国家安全专门人才的丰富支撑。

（二）国家安全教育课程体系全面覆盖

国家安全教育课程体系是高校在总体国家安全观指导下，构建通识课程筑基、专业课程深化、实践教学赋能的多层次教育框架。在高校教育体系中，国家安全教育课程体系正逐步走向成熟，从基础通识课到专业融合课程全覆盖，搭建了多维度、多元化的课程体系，逐步形成"通识必修—专业渗透—实践强化"的三层结构。一方面，高校开设专门的国家安全教育通识课和公共必修课作为课程体系的基底，通过结构化知识模块实现国家安全观的普及教育。2024 年由教育部和中央有关部门组织编写的马克思主义理论研究和建设工程重点教材《国家安全教育大学生读本》，作为全国大学生"国家安全教育"通识课教材，对于引导新时代大学生系统把握总体国家安全观、增强维护国家安全的意识和能力具有重大意义。同时，一些院校也开设了国家安全通识课，中国人民公安大学自 2022 年以来向全校学生开设"国家安全教育"通识课，清华大学开设"国家安全概论"作为公共必修课，中国人民大学开设"总体国家安全观专题研究"，北京航空航天大学面向理工科学生开设"国家安全与科技伦理"通识课。另一方面，各专业课程积极融入国家安全教育内容，将专业课程与国家安全教育深度融合，打破学科壁垒。中国人民公安大学开设"国家安全学"核心课程，北京邮电大学开设"网络空间安全技术"必修课，中国政法大学法学专业开设"国家安全法学"核心课程等。另外，国家安全教育课程体系通过整合线上线下资源形成协同育人效应，教育部依托国家智慧教育平台建成"国家安全教育专题资源库"，集成慕课、微课、虚拟仿真实验等数字化资源。线下实践体系通过实体化教学场景强化学生的沉浸式体验，通过举办专题讲座、知识竞赛、主题展览等活动，营造浓厚教育氛围。

（三）高校国家安全教育师资队伍建设持续优化

习近平总书记在清华大学考察时强调，教师是教育工作的中坚力量，"大学教师对学生承担着传授知识、培养能力、塑造正确人生观的职责"[16]。不同于传统思政课程，国家安全教育的复合性特征对教师的能力提出了更高要求，需兼具理论功底、实践经验和跨学科视野。国家安全教育教师队伍建设的三大维度具有内在耦合性：学科交叉化为知识创新奠定基础，校内外融合化为资源整合创造条件，理论与实践协同化为能力跃迁构筑路径。

学科的跨域性、复杂性要求教师打破单一学科边界，构建复合型知识体系。传统国家安全教育依赖高校教师"单兵作战"的格局正在改变，多主体协同育人机制逐步成型，通过构建"核心学科+领域模块"的课程体系，推动教师从"单一学科纵深"向"多学科交叉融合"转型。学科交叉培养机制的制度化设计，要求教师在政治学、法学、信息科学等领域建立知识关联，依托跨学科研究院、虚拟教研室等新型组织形式，促进教师参与交叉课题研究，从而推动国家安全学理论范式的创新性重构，将交叉课程开发、跨领域学术产出等纳入考核指标，同时完善学科交叉资源的配置机制，破解学科组织壁垒导致的资源碎片化问题。

国家安全教育的战略性、实践性特征驱动校内外主体形成深度协同关系，政府—高校—行业的制度性联动机制逐步成形，通过联合实验室等载体，实现人才、数据、技术的跨域流动。国家安全部门人员与行业专家的深度介入，不仅弥补了高校教师实务经验短板，而且通过"理论—实践—理论"的螺旋上升路径，推动教学内容动态更新。

（四）高校系统国家安全意识显著增强

自 2016 年全民国家安全教育日创设以来，我国高等教育系统开始系统性推进国家安全教育制度化建设，通过教育体系重构、实践载体创新与认知范式转型，推动国家安全意识从政策宣贯向主体性自觉转化。高校系统国家安全意识的增强，本质上是国家治理能力在教育领域的具象化体现。

国家安全教育通过立法保障与政策驱动，深度融入国民教育体系的层级化架构。高等教育系统率先将国家安全学纳入学科专业目录，并依托课程思政建设，构建起"必修课程+专业渗透+实践拓展"的三维教育矩阵。以国家安全战略需求为导向，统筹各领域各学段教育内容，推进大中小学国家安全教育一体化衔接，健全教育制度和机制、夯实人才基础，[17]使国家安全教育从阶段性活动升格为持续性制度实践。教育策略方面采用"显隐结合、虚实交融"的多模态传播矩阵，在显性维度，通过课程体系改革强化知识传授的系统性；在隐性维度，依托校园文化营造与数字媒体传播，实现意识形态安全的浸润式引导。线上线下融合的教育场景，既拓展了理论学习的时空边界，又通过虚拟仿真、情景模拟等技术手段，提升受教育者的风险处置能力。这种教育方法的创新，推动国家安全意识从"知识积累"向"能力生成"进阶，使主体性国家安全实践能力得到显著提升。

三　开展大学生国家安全教育的问题

在当今全球化深入发展、国际形势复杂多变的时代，国家安全的内涵与外延不断拓展，国家安全教育的重要性越发凸显。然而，不可忽视的是，国家安全教育正面临诸多严峻的困境。在世界百年未有之大变局加速演进、非传统安全威胁叠加的全球化时代，国家安全教育面临双重变革压力：一方面，国家安全外延拓展至科技、数据、生物等新兴领域，要求教育内容持续迭代更新；另一方面，"Z世代"大学生获取信息渠道多元化，传统灌输式教学难以满足认知建构需求。当前的国家安全教育体系在教育供给与战略需求的动态适配中仍存在矛盾。

（一）学科建制化需求与学术共同体培育滞后的矛盾

国家安全学虽已纳入一级学科目录，但学科知识生产机制不完善，学科范式建构仍处于探索阶段，其综合属性与二级学科内部的交叉属性并存，学科制度化进程中"知识生产自主性"与"学术场域依附性"[18]的结构性矛盾突出。

新兴学科在制度合法性获取的过程中，往往通过依附成熟学科的知识体系来降低制度成本，[19]国家安全学作为后发学科，其课程体系构建受制于既有的"硬核理论"保护，部分高校的国家安全学课程体系沿用传统国际关系或公共管理学科框架。基于此的课程体系难以符合与满足国家安全学的学科特点和时代需求，在新兴领域（如生物安全治理、数据主权博弈）的专门课程覆盖率不足，学生难以系统掌握国家安全学的前沿知识和技能，也影响了学科的创新能力和实践应用价值，导致学科在应对复杂多变的国家安全挑战时缺乏足够的理论支撑和实践指导。另外，国家安全学作为一门跨学科的综合性学科，需要整合多学科的知识和方法，但现有的评价体系未能充分认可跨学科研究的价值，[20]国家安全学的创新概念在传统学科语境中存在理解偏差，学科评价体系尚未突破既有学科壁垒，导致跨学科研究成果在职称评审、项目申报过程中面临制度性排斥，这种张力直接弱化了学科知识生产的创新动能。

（二）教育标准化诉求与校本化实践的张力失衡

当前，国家安全教育领域存在国家标准与校本特色间的结构性矛盾。教育部《大中小学国家安全教育指导纲要》虽明确要"坚持统一规划。强化顶层设计，明确大中小学各学段国家安全教育目标，落实相关法律法规要求，统筹各领域国家安全教育内容，形成纵向衔接、横向配合、有机融入的教育格局"[21]，但缺乏可操作的课程质量标准，导致不同区域高校课程设置标准化缺失，国家安全教育在实施过程中难以实现统一的教育目标和质量要求，影响了国家安全教育的整体效果和质量提升。

首先，课程设置的不规范导致教育内容的不均衡。例如，一些高校在国家安全教育中过于侧重传统安全领域，如军事安全和政治安全，而忽视了新兴领域的安全教育，如生物安全、数据安全等。不均衡的课程设置使学生在面对复杂多变的安全威胁时，缺乏全面的知识储备和应对能力。其次，缺乏统一的课程质量标准也导致人才培养质量参差不齐。不同高校在国家安全教育的课程设计、教学方法和评估标准上存在较大差异，使学生在国家安全教育方面的学习成果难以进行有效的比较和评价。最后，教育成效的跨区域可比性受到严重影响。由于缺乏统一的课程质量标准，不同区域的高校在国家安全教育的实施过程中难以进行有效的交流和合作。

（三）能力培养的复合性要求与师资结构单一化的冲突

国家安全教育的交叉属性对教师"理论素养+实务认知+跨学科视野"的三维能力结构提出了较高要求，但现状是教师能力存在结构性落差。具体而言，国家安教育涉及多个学科领域，如政治学、法学、军事学、社会学等，教师需要具备扎实的理论素养，深入理解总体国家安全观的基本精神、基本内容、基本方法和基本要求。同时，教师还需要具备实务认知，了解国家安全工作的实际操作和实践经验，能够将理论知识与实际案例相结合，增强教学的针对性和实效性。此外，教师还需要具备跨学科视野，能够从多学科角度分析和解决国家安全问题，培养学生的综合思维能力。然而，现状是许多高校的国家安全教育教师主要由思政课教师团队担任，往往缺乏针对国家安全的专门培训，师资培训机制的碎片化进一步加剧能力短板，导致教学针对性、实效性较差。例如，一些高校虽然举办了国家安全教育专题网络培训，但培训内容和形式较为单一，难以满足教师的多样化需求。地方高校教师的专业发展多依赖自发研修，缺乏有效的支持和保障，这在一定程度上限制了教师能力的提升。

（四）实践教学的战略地位与资源供给不足的效能制约

在国家安全教育中，实践教学占据着举足轻重的战略地位。然而，当前资源配置的失衡严重制约了实践教学的效能发挥。一方面，虚拟仿真、情景模拟等实践教学模式已被证明能够显著提升知识留存率。然而，拥有独立国家安全教育实验平台的高校占比低，西部高校实践教学经费投入强度低。以西部高校为例，经费来源主要依赖于政府拨款，缺乏多元化的经费筹集渠道，在获取资源补充方面与东部发达地区高校相比存在显著差距，直接影响了学科建设、科研创新和人才培养方面的竞争力。[22]另一方面，涉密教学资源的开放边界模糊，导致案例分析局限于公开信息。例如，在国家安全教育的教学实践中，案例教学法是一种行之有效的教学方法，通过分析真实的国家安全案例，学生能够更直观地了解国家安全的实际情况和挑战。但是由于涉密教学资源的开放边界模糊，教师在选择案例时往往只能依赖公开信息，难以深入涉密领域的案例分析。因此，尽管情景模拟等实践教学法能够通过创设高仿真场景提高学生的实践能力和职业技能，但在实际应用中，由于可用案例资源的限制，其效果受到了一定的制约。

四　推进高校国家安全教育的路径

国家安全教育是国家安全工作的基础性、长期性、战略性工程，开展好全民国家安全教育是提升国家安全能力的重要方面。我们要从国家生死存亡的高度，认识国家安全教育、重视国家安全教育、反思国家安全教育，吸取历史经验教训，借鉴国外成功经验，不断丰富提升我国全民国家安全教育实效。

（一）健全整体国家安全教育工作格局

国家安全教育的战略性、系统性与复杂性特征，要求突破传统教育治理的行政壁垒，建立"全要素整合、全过程贯通、全主体协同"的新型工作格局。需以总体国家安全观为统领，强化顶层设计的系统性规划。

一方面，需要强化主管部门的统筹规划能力，制定国家安全教育短期规划、中期规划、长期规划，持续推动国家安全教育稳步向前，同时统筹建立国家安全教育"调查—评估—督导"机制，定期开展全民国家安全意识调查，评估国家安全教育效果，动态把握全民国家安全意识现状，督促各地各部门切实履行国家安全教育主体责任，确保各项教育举措落地见效。此外，主管部门要搭建平台、畅通渠道，为各地各部门交流互鉴提供机会，营造"比学赶帮超"良好氛围。

另一方面，需要进一步压实成员单位主体责任，集聚整合各方专业优势。国家安全协调机制的每一个成员单位都对国家安全教育负有直接责任，是开展国家安全教育的具体实施者和直接责任者。与此同时，不同单位也具有各自不同的专业优势。因此，要鼓励每一个单位紧密结合本系统业务特点，组建宣传队伍、搭建宣传平台、推出宣传作品，通过各自渠道面向系统内外开展总体国家安全观宣传和本领域国家安全教育，通过定期会商、联合攻关机制，实现政策制定与教育实践的深度耦合。

（二）健全高校国家安全教育工作体系

国家安全教育作为国民教育体系的重要构成，其专业化建设需以系统性思维重构学科架构、师资结构与课程体系，形成学科支撑—师资保障—课程创新的协同发展路径。国家安全学的学科建制化是教育体系专业化建设的根基。需以一级学科建设为契机，突破传统学科的知识生产樊篱，基础理论层聚焦总体国家安全观的方法论体系，领域知识层围绕国家安全的不同维度，形成模块化的知识集群，实践应用层则强化危机决策、风险研判等能力培养，建立与实务部门的联合培养机制，逐步推动形成具有中国特色的学科话语体系。教师专业能力的现代化转型是教育体系升级的核心动能，明确政治素养、学科交叉能力、实践经历等准入维度。课程是知识传递的核心载体，构建"基础通识—专业深化—实践创新"的课程模块。高校国家安全教育要融入学科教学中，利用学科教学向大学生多维度讲授国家安全意识。[23]专业深化层对接学科特色，开发与专业结合度高的方向性课程，强化专业教育与安全教育的知识融合；实践创新层则通过虚拟仿真实验、危机决策推演等情境化教学，提升复杂安全问题的处置能力。以国家安全能力需求为导向，确保教学内容的系统性和前瞻性。推动高校国家安全教育从碎片化实施转向系统化建构，从经验式探索转向科学化发展。

（三）规范高校国家安全的内容和标准

国家安全教育内容体系需突破传统政治教育的路径依赖，推动国家安全教育从"量"的普及向"质"的跃升转型。有效开展国家安全教育，首先要解决"教什么"的问题，构建国家安全教育的内容体系。在核心价值层面，强化总体国家安全观的价值统摄作用，将"统筹发展与安全""维护和塑造国家安全"等战略思想贯穿教育全过程；在知识体系层面，依据《大中小学国家安全教育指导纲要》，细化政治安全、国土安全、军事安全等重点领域的知识图谱，明确各领域的概念范畴、理论逻辑与现实关联；在能力素养层面，聚焦风险识别、危机研判、战略思维等核心能力，设计递进式培养目标。内容更新机制需强化动态适应性，建立国家安全重大事件、典型案例的快速响应机制，确保教学内容与国家安全形势同频共振。

教育体系的专业化离不开质量保障机制的支撑。需建立"标准制定—过程监控—效果评估"的闭环管理系统：研制《高校国家安全教育质量标准》，明确学科建设、师资发展、课程实施的量化指标；构建智能监测平台，通过教育数据挖掘实时追踪教学动态，预警资源配置失衡风险；设计"认知测试+实践考核+价值评估"的多元评价体系，开发具有诊断功能的评估工具，实现教育成效的科学化测量。质量保障机制需强化持续改进功能，建立年度教育质量白皮书制度，通过循证决策推动教育体系的迭代优化。

（四）提升高校国家安全教育法治保障

法治化是国家安全教育可持续发展的保障，法治实践载体创新是提升教育效能的重要路径。立法层面应推动"国家安全教育法"专项立法，明确高校主体责任、资源保障与监督机制。制定"国家安全教育法"，要坚持问题导向、实践导向，坚持实事求是、回应现实，着眼当前国家安全的严峻形势，紧紧围绕制约国家安全教育的突出问题，坚持正确教育方向，健全相关体制机制，明确教育任务和内容，完善权利义务和支持保障体系，发挥法治保障国家安全教育顺利开展的重要作用。

"国家安全教育法"是推进国家安全教育法治化、以法治保障全民国家安全教育的专门法、骨干法，[24]但"国家安全教育法"并不能满足国家安全教育法治化的全部需要。因此，"国家安全教育法"在提纲挈领地为不同地区、不同部门细化制定法规规章及为其他规范性文件提供上位指导的同时，也要为各地各部门在其总体框架下细化立法预留拓展接口。这种自上而下的立法模式既能为下级提供工作依据和实践遵循，又能激发和调动各地各部门积极性，鼓励各地各部门结合实际制定规范，逐步形成立体化的国家安全教育法律规范体系，进而更有效地通过国家安全教育体系的法制化来确保国家安全教育能力的法治化，最终达成国家安全教育的现代化，以支持国家安全治理体系和治理能力的现代化。

五　结语

新时代高校国家安全教育承载着筑牢国家安全根基、培养具有战略眼光的人才队伍的双重历史责任。高等学府是国家安全教育的核心区域，其教育体系建构水平直接关乎国家安全的代际传承能力，其国家安全意识的培养不仅关系国家的长治久安，也直接影响社会的稳定与发展。这既是高等教育服务国家重大战略需求的责任担当，也是构建中国特色国家安全学的必然途径。高校国家安全教育是一项长期且繁重的任务，需要国家、高校及社会各界共同推进。唯有通过教育理念更新、资源整合创新、制度供给更新的协同推进，方能培养出兼具战略思维、专业素养、家国情怀的新时代国家安全人才，为维护国家主权、安全、发展利益提供坚实的人才保障和智力支撑。

参考文献

[1] 中华人民共和国教育部、中央国家安全委员会办公室：《大中小学国家安全教育指导纲要》，中华人民共和国教育部网站，http：//www.moe.gov.cn/srcsite/A26/s8001/202010/

t20201027_496805. html，2020 年 10 月 27 日。

［2］《2024 年全国教育工作会议召开》，中国青年网，https：//edu. youth. cn/wzlb/202401/
　　　 t20240111_15017303. htm，2024 年 1 月 12 日。

［3］ 马振超：《国家安全观念的内涵分析》，《中国人民公安大学学报》2000 年第 6 期，第
　　　 31~33 页。

［4］ 赵越、延晋芬：《改革开放以来我国国家安全教育政策变迁研究——基于历史制度主义
　　　 分析范式》，《教育理论与实践》2024 年第 1 期，第 24~30 页。

［5］ 谢贵平：《我国反间防谍的历史经验》，《人民论坛》2023 年第 16 期，第 50~53 页。

［6］ 傅勇：《非传统安全研究与中国》，硕士学位论文，复旦大学，2005。

［7］ 张明明：《论非传统安全》，《中共中央党校学报》2005 年第 4 期，第 111~116 页。

［8］ 刘跃进：《中国官方非传统安全观的历史演进与逻辑构成》，《国际安全研究》2014 年第
　　　 2 期，第 117~129 页。

［9］ 解松、辛宏东：《新时代加强国家安全教育的若干思考》，《江南社会学院学报》2018 年
　　　 第 2 期：第 19~24 页。

［10］ 习近平：《决胜全面建成小康社会　夺取新时代中国特色社会主义伟大胜利——在中国
　　　 共产党第十九次全国代表大会上的报告》，北京：人民出版社，2017。

［11］ 习近平：《高举中国特色社会主义伟大旗帜　为全面建设社会主义现代化国家而团结奋
　　　 斗——在中国共产党第二十次全国代表大会上的报告》，中国政府网，https：//www.
　　　 gov. cn/xinwen/2022-10/25/content_5721685. htm，2022 年 10 月 25 日。

［12］ 肖晞、刘治辰：《中国国家安全学：生成逻辑、体系创新与未来展望》，《国际安全研
　　　 究》2024 年第 2 期，第 71~95、164~165 页。

［13］ 韩娜：《基于行动者网络的高校国家安全教育课程协同建设》，《黑龙江高教研究》
　　　 2023 年第 6 期，第 145~150 页。

［14］ 李文良：《国家安全：问题、逻辑及其学科建设》，《国际安全研究》2020 年第 4 期，
　　　 第 3~23 页。

［15］ 余潇枫、章雅荻：《广义安全论视域下国家安全学"再定位"》，《国际安全研究》
　　　 2022 年第 4 期，第 3~31 页。

［16］《习近平在清华大学考察时强调坚持中国特色世界一流大学建设目标方向为服务国家富
　　　 强民族复兴人民幸福贡献力量》，《思想政治工作研究》2021 年第 5 期，第 14~16 页。

［17］ 张丽：《总体国家安全观视域下加强高校国家安全教育的多维思考》，《思想理论教育》
　　　 2021 年第 11 期，第 99~104 页。

［18］ R. Whitley, *The Intellectual and Social Organization of the Sciences*, Oxford University
　　　 Press, 2000.

［19］ T. Becher, P. R. Trowler, *Academic Tribes and Territories*, Open University Press, 2001.

［20］ 肖晞、刘治辰：《中国国家安全学：生成逻辑、体系创新与未来展望》，《国际安全研
　　　 究》2024 年第 2 期，第 71~95 页。

［21］ 中华人民共和国教育部：《大中小学国家安全教育指导纲要》，北京：北京师范大学出
　　　 版社，2020，第 5 页。

［22］ 彭志科：《西部高校深化综合改革的逻辑进路》，《中国高等教育》2025 年第 2 期，第
　　　 20~25 页。

［23］ 董晓辉：《国家安全教育融入高校思想政治理论课的新思考》，《思想理论教育导刊》

2019 年第 8 期，第 100~104 页。

［24］刘跃进、宋希艳：《在总体国家安全观指导下健全国家安全体系》，《行政论坛》2018 年第 4 期，第 11~17 页。

The Practical History, Realistic Challenges, and Future Development of National Security Education in Colleges and Universities

Han Na

Abstract：As a critical foundation for national security education, the development level of the educational system of the colleges and universities significantly influences the intergenerational transmission of national security awareness. The evolution of national security education in China has been dynamic, expanding from a single domain to multidimensional coverage, transitioning from passive defense to proactive shaping, and progressing from elitism to universalization, which has established national security education as a pivotal strategic support for ensuring the long-term stability of the nation. While a comprehensive closed-loop system encompassing "disciplinary leadership-course support-faculty assurance-internalization of awareness" has been established, continuous efforts are required in the disciplinary establishment, standardization of education, capability cultivation, and teaching practice. To optimize and advance national security education in the new era, it is essential to focus on multiple dimensions, including constructing a robust overall framework for national security education, reinforcing the operational mechanisms and refining the content and standards of national security education in colleges and universities, as well as enhancing the legal protection for it.

Keywords：National Security Education; Colleges and Universities; National Security Discipline

数字时代大学生国家安全教育的范式转型与路径选择[*]

数字时代大学生国家安全教育的范式
转型与路径选择[*]

李　明[**]

摘　要： 数字时代的来临深刻重塑了社会生态，也驱动着大学生国家安全教育的范式转型，对这一议题进行深入探讨对于推动大学生国家安全教育高质量发展具有重大意义。在厘清数字时代大学生国家安全教育内涵与特征的基础上，进一步对传统范式下大学生国家安全教育面临的困境进行深入剖析，进而重点从理念转变、教学模式革新、资源整合与共享等方面揭示数字时代大学生国家安全教育的范式转型。数字时代，为适应大学生国家安全教育的范式转型，需要强化顶层设计，提供政策支持与制度保障；提升教师数字素养，探索专业发展的新方向；激发大学生参与积极性，开展自主学习与实践锻炼。

关键词： 数字时代　大学生　国家安全教育

数字时代，以人工智能、区块链、大数据等为代表的新兴技术迅速发展并广泛应用于社会诸多领域，变革了人们的生产生活方式。[1]在此背景下，信息的传播呈现即时性、多样性、广泛性等鲜明特征，"物理—社会"二元空间逐渐向"物理—社会—数字"三元空间转变，虚拟与现实深度融合，这在驱动社会发展的同时也使国家安全面临前所未有的挑战。[2]大学生群体是国家建设和发展的生力军，对大学生开展国家安全教育具有重大现实意义。而数字技术的发展在给大学生国家安全教

　*　本文为吉林省教育厅社会科学研究项目"数智赋能背景下吉林省网络舆情风险识别及治理路径研究"（项目编号：JJKH20241217SK）的研究成果。
　**　李明：吉林大学国家发展与安全研究院副教授，主要研究方向为国家安全教育。

育带来诸多机遇的同时也带来多重挑战。首先，数字技术能够丰富国家安全教育的素材来源和展现形式，满足大学生的个性化学习需求，使学生在场景式学习和沉浸式体验中掌握国家安全知识和技能。其次，数字时代的信息繁杂，失真信息、网络谣言屡见不鲜，不良思潮极易传播，对大学生正确价值观的树立和国家安全观的塑造构成严重冲击，给当代大学生国家安全教育方式和教育质量带来了较大挑战。

　　数字时代的到来使传统的大学生国家安全教育方法与范式难以契合当前大学生国家安全教育需求，因而深入探讨数字时代背景下大学生国家安全教育的范式转型，进一步提出优化路径对于推动大学生国家安全教育高质量发展意义重大。一方面，相关研究能够丰富和完善国家安全学学科理论体系，国家安全学作为一门承载着大学生国家安全教育重要使命的新兴学科，亟须推动学科理论创新。同时，相关研究能够从跨学科视角深入剖析数字技术赋能国家安全教育的内在机制，深化对新时代国家安全教育的理解。另一方面，相关研究能够从实践层面为高校、教育部门提供探索经验与优化策略，不断增强大学生国家安全教育的针对性及有效性，切实增强大学生维护国家安全的责任感，为国家培养具有爱国主义情怀的高素质人才，保障国家长治久安，进而实现中华民族伟大复兴。

一　数字时代大学生国家安全教育的内涵与特征

（一）数字技术的发展及其对教育环境的重塑

　　数字时代的显著特征包括数据的海量增长、信息的即时传播以及技术的迅速迭代，这些特征改变了传统教育的教学理念、教学资源、教学方式等多个维度，从而深刻重塑了教育环境。首先，数据的海量增长是数字时代最突出的标志。大数据、人工智能技术迅速革新及广泛应用，国家诸多领域的数据呈爆炸式产生和积累，在教育领域体现得也较为明显。一方面，网络平台已经成为知识信息汇聚及传播的重要载体和场域，通过网络平台，大学生可以获取大量学习素材，一些在线课程平台如中国大学慕课提供了诸多学科的上千门课程，大学生可自行通过这些课程拓展自己的知识面。另一方面，网络平台能够较为精准地记录大学生的学习内容、学习时长、学习偏好等，这为具有不同学习需求的大学生制定个性化教育提供了科学依据，而且可根据大学生学习的薄弱环节针对性地进行强化推送和练习等。其次，信息的即时传播重塑了知识的获取方式及其时效性。数字时代，社交平台、移动互联网等工具的广泛使用使信息的传播瞬间可达全球，突破了传统信息传播的时空限制。[3]通过这些工具，大学生能够第一时间获得相关的资讯推送，从而为他们及时了解国际政治、科技前沿、社会态势等提供了条件。与此同时，这些来源广泛的信息中充斥着虚假信息，甚至一些不良思潮会借助互联网平台隐蔽传播，对大学生的历史观和人生观造成了较大冲击，对其信息素养也提出了更高要求。最后，技术的迅速迭代为教育革新提供了有力支撑。数字时代，相伴而来的虚拟现实、增强现实、生成式人工智能等前沿技术不断升级迭代，有效融入教育场景。[4]虚拟现实技术推动了沉浸式教学的发展，使大学生身临其境，有利于知识的掌握与吸收。生成式人工智能能够通过文本、图像、音视频等多种形式实时答疑，对大学生的学习状况进行精准分析，辅助教师提升教学效果。与此同时，教师可以借助这些技术手段开展智慧教学、线上授课、远程研讨等。总之，数字技术的发展从多个维度重塑了教育环境，既丰富了教育资源，实现了教育模式的创新发展，又在很大程度上突破了时空的限制，强化了师生间的有效互动。数字技术的发展给大学生国家安全教育带来了新机遇，驱动教育范式的变革与发展。

（二）数字时代大学生国家安全教育的内涵拓展

数字时代，大学生国家安全教育的重要性不言而喻，其内涵与传统时期相比得以显著拓展。大学生国家安全教育的主要内容、知识范畴与培养目标均发生了较大的变化。传统视角下，大学生国家安全教育是依附于大学生思想政治教育而存在的，并没有专门开设相关的机构及课程，而数字时代，国家安全学正式成为一级学科，且多所高校针对全校大学生相继开设了国家安全教育必修课程。传统视角下，大学生国家安全教育主要针对国防安全、政治安全、军事安全等传统安全，并且通过大学生军训、国防教育、党史学习教育等方式普及国防建设、军队政策、党的奋斗征程等基础理论知识，目的在于让大学生具备国家安全常识，提升他们保家卫国的爱国意识，强化对国家主权的尊崇与维护，使其初步具备爱国主义和担当精神。数字时代，在世界百年未有之大变局背景下，国家安全的内涵和外延不断丰富，大学生国家安全教育的内涵也随之极大丰富。一方面，当前国家安全的领域范畴不仅包括政治安全、国土安全、军事安全等传统安全，也包括经济安全、文化安全、社会安全、科技安全、网络安全、生态安全、核安全等非传统安全。[5]其中，一些新兴非传统安全领域在数字技术的加持下成为国家安全的重要领域，如网络安全，在互联网普遍应用的社会中，网络安全在国家安全中的地位日益凸显。网络安全包含网络攻击防御、数据隐私保护、网络舆情引导，这和网络平台具有的隐匿性、交互性、即时性、去中心化等特征紧密相关。[6]而积极应对网络攻击风险、数据隐私泄露风险，可通过为大学生开设专门的网络安全技术课程，使之掌握相关技能，有效提升个人信息素养实现。另一方面，国家安全价值观塑造愈加重要，需强化意识认同与主体自觉。不断引导大学生培养较强的辨别能力，自觉遵守网络规范，做到不信谣不传谣，提升其对数字技术更加全面客观的认识，既能克服网络社会带来的不利影响，又能利用网络进行正能量的宣传活动，自觉投身网络安全志愿服务，从意识和行动两个维度切实夯实国家安全根基。

（三）数字时代大学生国家安全教育的新特征

数字时代的到来推动了大学生国家安全教育一系列新特征的呈现。首先，教育资源的数字化。针对国家安全教育，大学生借助数字技术能够便捷地获取与国家安全相关的海量资讯、现实案例以及研究成果，这些素材能够将国家安全知识形象生动地传递给学生，在提升学生学习兴趣的同时将国家安全重要领域的知识传递给他们，从而达到事半功倍的效果。其次，教育方式的个性化。借助数字化手段，能够对大学生学情进行较为精准的判断，对他们的关注焦点、知识掌握情况、价值取向等进行具体分析，除了教师在课堂上讲授的知识外，对于关注政治安全的学生，可以推送国际、国内政治局势的分析文章，对于军事安全感兴趣的学生，可以推送深度解读军事战略的资料，对科技安全感兴趣的学生，可以推送数字技术的学习工具，体会技术对国家安全的重要性，从而实现对不同学生的个性化教育。再次，教育场景的多元化。教育的场景不再局限于教室，虚拟课堂、沉浸式体验馆等成为大学生国家安全教育的新阵地。大学生可以在仿真环境中理解各类国家安全的相关知识，并能够随时随地进行学习，模糊了学习和生活的边界。最后，教育主体的协同化。高校是大学生国家安全教育的核心主体但并不是唯一主体，政府、企业与社会组织等多个主体均可深度参与，政府可通过线上政策介绍、案例分享的方式参与进来，企业可以凭借技术优势为大学生国家安全教育提供实践平台，社会组织可与高校合作，共同开展国家安全教育公益活动。多主体有效协同，共同构建全方位、多层次的国家安全教育生态系统。

二　传统范式下大学生国家安全教育的困境剖析

（一）传统教育理念滞后

传统范式下大学生国家安全教育理念具有较为明显的滞后特征，主要体现在重理论而轻实践、忽视学生自主性、教育评估体系落后上。一方面，高校在开展大学生国家安全教育方面往往只重视理论知识讲授，如从本体论、认识论层面对国家安全的相关概念、理论、法律条文进行讲解，忽视了从方法论层面分析解决国家安全存在的现实问题。这使得学生虽能背诵基本的概念及内涵，但在面临实际的国家安全问题时没有思路，导致理论与实践存在明显脱节。另一方面，高校在大学生国家安全教育中存在较为突出的"满堂灌"现象，即教师完全主导教学过程，单方面地进行知识输出，师生之间缺乏交流互动，这往往会使教师陷入"自说自话"的境地，而学生的学习积极性难以被激发，难以将维护国家安全内化为自身的使命，削弱了大学生国家安全教育的感染力及影响力。此外，传统的国家安全教育评估以理论知识的记忆和理解为考核内容。数字时代，传统的评估方式难以有效衡量大学生对国家安全知识的实际掌握及应用能力，传统的教育评估较少关注学生在实践活动中的表现，而国家安全从学科特征来说具有交叉性和实践性，传统的教育评估方式难以准确衡量国家安全教育对于大学生维护国家安全能力的培养成效。

（二）教学模式与数字技术脱节

传统大学生国家安全教育在教学模式上与数字技术脱节较为严重，集中体现在两个关键维度：一是教学内容未能与时俱进，二是线上线下融合不畅。首先，传统的大学生国家安全教育难以适应时代的发展要求，数字时代产生了许多新的安全问题，如人工智能数据伦理、政务数据共享安全、数据主权与跨境流动等，但对于高校课程设置而言往往具有滞后性，教材内容更新周期较长，未能及时纳入前沿内容和知识，如国际政治与经济形势纷繁复杂，地缘政治冲突引发的能源安全、科技安全等问题相继涌现，而教学内容难以及时反映。这样会导致学生所学落后于现实需求，在应对新兴国家安全挑战时表现出力不从心，难以为维护国家安全贡献自身力量，降低了大学生国家安全教育的成效。其次，数字技术的发展与应用虽然丰富了线上教学资源，但在大学生国家安全教育中，线上与线下教学未能有机融合，线上教学往往只是线下课堂的简单复制，未能进行针对性的教学设计，如线上讨论、个性化指导等环节相对缺失，线上教学效果有待提高。而线下教学未能充分结合线上的反馈数据，无法更好地了解学情，开展个性化教学和精准教学也就无从谈起。此外，实践教学与数字技术结合不够紧密，基于不同国家安全领域开展的模拟演练、沉浸式体验等活动较为缺乏，难以有效满足大学生对国家安全教育实践教学的需求。

（三）教育资源整合不足

传统范式下的大学生国家安全教育资源整合仍存在较大短板，主要体现在两个方面：一是高校内部资源整合不够，二是高校与外部资源协同较为欠缺。一方面，当前高校在设置大学生国家安全教育相关课程时较为分散，往往分布在不同的院系，如思政课中涉及的部分国家安全理论往往由马克思主义学院负责，经济安全往往由经济学院负责，网络安全往往由信息学院负责，等等。各课程的规划与设置缺乏统一的设计和衔接，讲授的知识呈碎片化状态，难以使学生构建整体的国家安全知识体系。尽管部分高校设置了国家安全学院（研究院），在大学生国家安全教育中承担主要任务，但课程设置分散问题仍未能很好地解决。同时，由于师资队伍较为分散，专业教师间缺乏协作交流，不同部门间调配困难，相关教学协同难以开展，对给大学生提供连贯、深入的学习体验和提升教育资源整体效益构成了挑战。另一方面，高校与政府、企业间的协同联动相对不足，国家安全教育具有特殊性，国家安全相关部门掌握着前沿信息和实践案例，但这些前沿知识与实践往往由于对接渠道不畅而无法较好地用于优化教学，使高校国家安全教育与现实国家安全工作脱节。与此同时，校企之间的合作浮于表面，高校与涉及国家安全的企业、相关科研机构的合作多停留在走访、讲座层面，未能实现深层次的课程共建、人才联合培养等，大学生实践实习机会较少，国家安全实践技能锤炼不足，难以有效满足数字时代国家安全产业对于人才的需求，同时也不利于国家安全教育生态良性循环构建。

三　数字时代大学生国家安全教育的范式转型

（一）理念转变：从传统到数字化与智能化融合

数字时代的来临给大学生国家安全教育提供了新的机遇，传统的国家安全教育理念从传统逐渐向数字化与智能化转变。[7]这一转变主要涵盖数据驱动、个性化、终身学习三大理念革新。其中，数据驱动理念冲击了传统经验式教学，传统的大学生国家安全教育主要依赖于授课教师的主观经验判断教学的重点内容，而数字时代，借助大数据、人工智能技术能够较为精准地洞察学生学习状态，如可以收集学生线上课程学习内容、学习时长、作业完成状况、讨论参与度等多维数据，深挖学生的薄弱点与兴趣点，并在此基础上针对性地优化课程设计，提高大学生国家安全教育效果。个性化理念打破了传统教育上的无差异化模式，迎合了数字时代的个性化教学，即根据学生个体差异借助技术手段实现因材施教，当学生在某些知识点上表现较为出色时可为其推送更具挑战性的拓展性内容，增加其知识储备。而对于接受知识较慢的同学，可以为其提供更多的基础知识和相关案例，从而帮助他们巩固基础。终身学习理念较好地迎合了数字时代的快速发展。当前，国家安全形势较为复杂，知识更新迭代速度加快，只有不断学习，才能与时俱进，不断提升自身维护国家安全的能力，而数字时代的教育资源给当代大学生创造了良好的条件，如在线开放课程、虚拟研讨等形式为国家安全教育提供了便利，为个人成长与维护国家安全持续赋能。

（二）教学模式革新：线上线下混合式教学日益深化

数字时代，信息技术的发展为大学生国家安全教育提供了强大的技术支撑，为其线上线下的混合式教学提供了条件。[8]当前，许多高校都借助在线课程平台同步上线国家安全教育相关课程。这一方面有利于教师进行教学反馈提升自己的教学水平及教学质量，另一方面有利于学生便捷、反复获取并观看相关课程，学习相关理论知识，如中国大学慕课、超星学习通等都是常用的在线课程平台。当前，线上线下混合式教学已成为越来越多高校选择的有效模式，并且这种模式在实践中持续优化，线上学生预习、线下教师重点难点讲解、线上学生进行复习巩固，形成有机闭环。在大学生国家安全教育中，教师课前可提前推送国家安全前沿资讯供学生了解，在课堂上聚焦关键理论知识进行深度剖析，课后布置具有实践性的作业，鼓励学生以多种形式宣传国家安全意识。同时可进一步提升师生间的有效互动。一方面，可利用在线课程平台鼓励学生分享学习心得，提出疑问，教师则及时进行答疑，还可通过线上合作，制作国家安全教育主题视频等。另一方面，可通过线下课堂以角色扮演、模拟国家安全执法场景等多种形式，让学生在实践中更好地理解国家安全，从而自觉维护国家安全。此外，通过建立多元评价体系，综合考量线上线下教学质量，根据线上具体表现，如课程观看时长、作业完成情况进行评分，线下则通过理论考核与参与实践情况进行综合评价，从而使线上线下混合式教学更好地服务于大学生国家安全教育。

（三）资源整合与共享：构建数字化教育生态系统

数字时代呼唤教育方式的数字化转型，积极构建大学生国家安全教育数字化教育生态系统正当其时。[9]通过数字技术赋能有效整合多元资源，实现教育资源的共享协同，推动大学生国家安全教育的全面革新。首先，打造集课程、教材、案例等资源于一体的数字化平台是基础条件。通过构建学术共同体，联合多所高校共同搭建大学生国家安全教育的数字资源库，集结国家安全教育优质课程，包含传统安全与非传统安全诸多领域，关注科技安全、生态安全、海外利益安全等新兴领域安全。同时，针对多领域安全编写高质量教材，为教师课堂教学与学生学习国家安全理论知识提供基础；注重收纳新的典型案例，采用案例分析的方式提升国家安全教育质量，如根据俄乌冲突解析军事安全、根据日本核废水排放分析生态安全等，并可以结合相关图片、视频、分析报告等素材使教学更加生动与具象化。其次，深挖校内潜在资源，推动大学生国家安全教育内涵式发展。国家安全学具有突出的跨学科特征，基于某个具体国家安全问题，往往需要不同学科、不同专业间的理论与方法的交叉融合。[10]通过整合高校内部不同学科专业的师资，形成国家安全教育教师团队，思政教师从国家安全角度剖析相关理论、经济学教师分析国内外经济形势、信息学教师从技术视角解读信息安全，教师团队协同备课，有组织进行分工授课，为大学生提供多元视角。目前，吉林大学由国家发展与安全研究院牵头，已经初步形成了由政治学、经济学、管理学等诸多学科交叉融合的教师团队，并面向全校本科生开设"国家安全教育"限选课，使之成为全国最早面向全校本科生开设国家安全教育基础课的高校之一。此外，数字时代背景下高校应立足时代前沿，构筑数字化教育生态，为提升大学生国家安全教育注入磅礴动力。

四 数字时代大学生国家安全教育的路径选择

（一）强化顶层设计：政策支持与制度保障

数字时代，提升大学生国家安全教育成效离不开国家的顶层设计。近年来，教育部持续加大对大学生国家安全教育的重视力度，一系列政策文件的出台为高校开展大学生国家安全教育指明了方向。例如，《大中小学国家安全教育指导纲要》《关于加强大中小学国家安全教育的实施意见》等政策文件明确要求高校将国家安全教育纳入大学生培养体系，制定系统有效的教学计划，开设国家安全教育相关课程，提供标准化、规范化的教学大纲，并积极组织和推动相关教材编写工作，开发贴合数字时代特征、涵盖诸多安全领域的精品教材。同时，以国家安全学科发展和科研创新推进与反哺国家安全教育。不断更新教学内容，优化课程设计，确保学生掌握最前沿的国家安全知识。可通过设置专项科研基金，鼓励高校教师围绕国家安全开展创新性研究，进而使科研成果反哺国家安全教育，增强国家安全教育的科学性与前瞻性。就高校层面而言，需不断完善课程体系与激励机制。高校应切实响应和落实教育部的相关政策，通过设立国家安全教育课程，规定必修学分，细化课程分类，促进学生系统掌握诸多领域安全的知识，拓宽大学生的知识视野，切实提升大学生维护国家安全的意识和能力。在教师激励措施上，可对国家安全教育成果较为突出的教师给予奖励，如在职称评定、薪资待遇上进行倾斜，从而激发教师的教学热情。同时，积极鼓励学生参与国家安全相关竞赛、科研项目等，并给予学分奖励或奖学金补助，以提升大学生国家安全教育学习积极性。

（二）提升教师数字素养：专业发展的新方向

数字时代，技术的飞速发展在赋能大学生国家安全教育的同时也对相关教师的数字素养提出了新的要求。从事大学生国家安全教育的教师不仅要具备相关的理论知识，还要与时俱进，具备数字思维，以更好地引导学生学习和掌握国家安全知识。

而数字素养涵盖数字化意识、数字技术知识、数字化应用、数字伦理等多维内涵。其中，数字化意识层面要求教师摒弃传统的教学思维，深入了解数字技术在教育中的潜力，主动探索将数字技术融入国家安全教育，更好地激发学生的探索欲。数字技术知识层面要求教师掌握和应用数字化教学平台，熟练操作和应用多媒体系统，并掌握直播授课、视频录制与剪辑等多种技能。同时，能够运用数字技术优化教学设计和根据学生的学习数据灵活调整教学方式和教学内容，并持续学习和把握前沿数字技术和国家安全动态，更新自身的知识体系，更好地融入国家安全教学工作。与此同时，大学生国家安全教育的授课教师还应从以下多种路径提升其数字素养。一是可针对性开展相关培训，如定期组织数字素养专题讲座，对其进行数字技术教学应用的相关培训。二是鼓励相关教师开展教学创新实践，数字技术如何更好地赋能国家安全教育需要持续进行探索，对于数字技术创新应用行为可进行表彰和在校内推广。三是强化校际、校企之间的有效合作，通过这些合作让授课教师了解现实状况和需求，将其转化为教学案例，为实现大学生国家安全教育的高质量发展服务。

（三）激发大学生参与积极性：自主学习与实践锻炼

数字时代为提升大学生在国家安全教育中的学习积极性提供了诸多创新路径，如新媒体平台的运用、沉浸式游戏体验、知识竞赛及实践活动等。首先，在新媒体平台的运用方面，诸多高校纷纷采用微博、微信公众号、抖音等新媒体，积极打造国家安全知识的传播矩阵。这些与国家安全相关的图文、视频等内容往往深入浅出地介绍了国家安全的核心要义与重要领域，能够较好地拉近师生间的距离，学生往往会自发进行学习和转发，取得了良好的传播效果。其次，沉浸式游戏体验是国家安全教学中的创新探索。国家安全内涵和外延十分宽泛，许多内容和我们每个人的生活息息相关，采用数字技术开发国家安全主题游戏蕴含着巨大潜力。采取游戏这种大学生喜闻乐见的形式容易吸引学生的注意力，引导学生从战略高度和社会现实认识维护国家安全的重要性和紧迫性，增强学生国家安全意识和责任感，培养学生识别和应对国家安全风险的能力。再次，通过知识竞赛及实践活动能够有效激发大学生的学习热情。高校可通过开展与国家安全紧密相关的知识竞赛、征文比赛、演讲比赛等，以个人参赛和集体参赛的形式，让学生为荣誉深入钻研，调动他们的积极性。最后，高校可与相关政府机构、社会组织合作搭建国家安全教育基地或实践平台，组织学生接触真实工作和强化自身认知，增强他们的知识运用和责任担当意识，为国家培养高素质的国家安全人才。

五 结论与讨论

本文在数字时代背景下对大学生国家安全教育议题进行探讨。通过对数字时代特征及其对教育环境的影响进行分析，明确数字时代教学理念、教学资源、教学方式等多个维度的变革。揭示了大学生国家安全教育从政治安全、国土安全、军事安全等传统安全向经济安全、文化安全、社会安全、科技安全、网络安全、生态安全、核安全等诸多非传统安全领域转变。旨在更加精准地把握大学生国家安全战略与人才培养新诉求。针对当前传统教育理念滞后、教学模式与数字技术脱节、教育资源整合不足等现实问题，数字时代给出了新的出路。数字时代，大学生国家安全教育实现了范式转型，包括从传统到数字化与智能化融合、线上线下混合式教学日益深化、构建数字化教育生态系统等。在路径选择上，需要强化顶层设计，实施相关政策，保障教育落地；提升教师数字素养，多维内涵赋能；激发大学生参与积极性，提升其自主学习与实践锻炼成效。

展望未来，数字时代为大学生国家安全教育提供了新的机遇，数字技术的融合发展将成为关键驱动力。运用数字技术不仅能精准解答知识疑问，还能够根据学生的差异化特性提供个性化学习策略，为优化国家安全教育、调整资源配置提供依据。此外，国家安全教育应强化国际交流合作。一方面，国内外协同合作，共同优化相关课程，共享优质教育资源；另一方面，学生可通过参与国际学术会议，深刻理解全球国家安全格局。与此同时，国家安全形势瞬息万变，数字技术不断发展和完善，这要求大学生针对国家安全问题能够及时响应，以及高校在国家安全教育课程设置上能够与时俱进。教学方法需要持续改进，以增强大学生国家安全教育的时效性。此外，在大学生国家安全教育中要及时注入鲜活知识养分，保持教育的前瞻性，为大学生国家安全教育的长远发展筑牢根基。

参考文献

［1］ 和军、李江涛：《人工智能数据风险及其治理》，《中国特色社会主义研究》2024 年第 6 期，第 42~43 页。

［2］ 李纲、刘学太、巴志超：《三元世界理论再认知及其与国家安全情报空间》，《图书与情报》2022 年第 1 期，第 14~16 页。

［3］ 束开荣：《跨介质的数字交往如何可能？——论数字技术语境下的人-物联结》，《当代传播》2024 年第 1 期，第 77~81 页。

［4］ 秦在东、王艳：《数字技术赋能思想政治教育空间的应然图景及其实践遵循》，《思想教育研究》2025 年第 1 期，第 19~20 页。

［5］ 鲁传颖：《数字时代的国家安全治理：理念变迁与政策调整》，《世界社会科学》2025 年第 1 期，第 77~80 页。

［6］ 谢新洲、张静怡：《全球化背景下的网络内容安全风险升级与治理》，《编辑之友》2024 年第 7 期，第 60~66 页。

［7］ 王秉、赵桉：《数智赋能国家安全教育现代化的概念、内涵与机制》，《现代教育技术》2024 年第 5 期，第 45~46 页。

［8］ 谢波、李玉菁：《数字化时代大学生国家安全教育实践路径》，《辽宁警察学院学报》2024 年第 5 期，第 36~37 页。

［9］ 史利平：《国家安全教育数字化转型的内涵、挑战与优化路径》，《教育评论》2024 年第 3 期，第 3~5 页。

［10］ 杨华锋、沈绎州：《复杂性时代国家安全学的总体性、现代性与自反性》，《国家安全研究》2024 年第 3 期，第 41~43 页。

The Paradigm Transformation and Path Selection of National Security Education for College Students in the Digital Age

Li Ming

Abstract：The advent of the digital age has profoundly reshaped the social ecology and driven the paradigm shift of national security education for college students. In depth exploration of this issue is of great significance for promoting the high-quality development of national security education for college students. On the basis of clarifying the connotation and characteristics of national security education for college students in the digital age，this paper further analyzes the difficulties faced by national security education for college students under the traditional paradigm，and focuses on revealing the paradigm transformation of national security education for college students in the digital age from the aspects of concept transformation，teaching mode innovation，resource integration and sharing. In the digital age, in order to adapt to the paradigm shift of national security education for college students, it is necessary to strengthen top-level design, provide policy support and institutional guarantees; enhance teachers' digital literacy and explore new directions for professional development; inspire college students to actively participate and consciously engage in learning and practice.

Keywords：Digital Age；College Student；National Security Education

新时代高校国家安全教育内在逻辑与实现路径[*]

张淑艳^{**}

摘　要： 新时代对高校推进国家安全教育提出了更高的要求。作为新时代人才培养的摇篮和高素质人才的聚集地，高校在落实立德树人根本任务的过程中，应当着力推进大学生国家安全教育，引导学生增强忧患意识和风险防范能力。本文梳理了现阶段高等学校国家安全教育的四种模式，即通识教育、专业教育、再教育和融合教育，阐述了高校国家安全多元课程协同互促的内在逻辑，针对国家安全教育的现实困境，如通识教育师资不足、高校顶层学科体系建设缺位、缺乏实践环节和专业特色、缺少教学资源投入、缺少考评机制等问题，并结合高校国家安全教育工作实践经验，提出了切实可行的路径建议，如构建师资共享及激励机制、设立校级统筹协调机构、强化实践教学体系、优化经费与资源配置、构建多元主体参与的考评体系等，以全面推动高校国家安全教育高质量发展。

关键词： 新时代　国家安全教育　总体国家安全观

　　国家安全教育是提升国家安全能力的一项基础性、长期性、系统性、战略性工程。2014 年 4 月 15 日，在中央国家安全委员会第一次会议上，习近平总书记首次提出"总体国家安全观"[1]这一概念。2015 年，新《国家安全法》进一步以立法的形式规范了国家安全教育的实施。2018 年 4 月，教育部印发《关于加强大中小学国家安全教育的实施意见》[2]，明确了今后开展国家安全教育的总体要求和目标任务。

---

　* 本文为 2023 年度教育部人文社会科学研究专项任务项目（高校辅导员研究）"总体国家安全观视域下高校国家安全教育有效策略研究"（项目编号：23JDSZ3180）的研究成果。

　** 张淑艳：吉林大学公共外交学院辅导员、讲师，主要研究方向为国家安全教育、思想政治教育。

随后在 2020 年，教育部制定《大中小学国家安全教育指导纲要》，提出"将国家安全教育纳入国民教育体系"[3] 的要求，明确了国家安全教育的主要内容。近年来，面对错综复杂的国际、国内形势，中国国家安全已被上升至战略高度。党的二十大报告强调，"必须坚定不移贯彻总体国家安全观，把维护国家安全贯穿党和国家工作各方面全过程，确保国家安全和社会稳定""全面加强国家安全教育""增强全民国家安全意识和素养，筑牢国家安全人民防线"[4]。进入新时代以来，国家安全的内涵与外延不断丰富，时空领域日益宽广，传统安全领域与非传统安全领域的问题相互交织、渗透和传导，内外因素日益复杂，威胁与挑战的联动效应明显。高校学生是新时代青年的重要组成群体，肩负着中华民族伟大复兴之大任，其安全意识和素质直接关系国家的长治久安与繁荣发展。作为意识形态工作的前沿阵地，在高校开展系统化、持续性的国家安全教育，是高校落实"立德树人"根本任务的关键一环，更是全民国家安全教育的重要内容。在此背景下，如何根据新时代国家安全的理论创新和实践需求，在总体国家安全观的统领下，推动高校国家安全教育往深处走、往实处去、往细处落，成为亟待解决的重大课题。

一　高校国家安全教育的内在逻辑

（一）国家安全教育的重要性

党的二十大报告指出"全党要把青年工作作为战略性工作来抓"，青年工作的战略性要求必须高度重视对青少年的教育引导。大学生作为党和国家事业发展的后备人才，其国家安全意识与维护国家安全能力关乎党的事业与国家的繁荣稳定。[5]作为青年群体的中坚力量，只有从底线上树立大学生国家安全意识，从思想上重视国家安全建设，从行动上践行维护国家安全的实践，才能担得起历史的重托、时代的使命、人民的厚望。大学阶段是青年世界观、人生观、价值观的重要形成期，这一阶段养成维护国家安全的意识和能力，关系党和国家的未来发展。《大中小学国家安全教育指导纲要》中明确指出要全面增强大中小学生的国家安全意识，提升维护国家安全能力，为培养社会主义建设者和接班人打下坚实基础。[6]在新的历史条件下，加强大学生总体国家安全观教育是维护国家安全的现实之需，是落实立德树人根本任务的题中应有之义，是培育时代新人的必由之路。为此，高校需着重培养大学生国家安全观，发挥课堂教学主渠道作用，把国家安全教育纳入课程教学体系，增强高校学生对国家安全的责任感和使命感，为维护和塑造国家安全提供源源不断的智力支持和青年力量。

（二）高校国家安全教育模式

党的二十大作出全面加强国家安全教育的重大决策部署。在复杂严峻的国家安全形势下，加强青年国家安全教育既是维护和塑造国家安全的重要基础，也是培养和造就新时代好青年的题中应有之义。目前来看，高校国家安全教育主要存在通识教育、专业教育、再教育和融合教育四种模式。

1. 通识教育

面对深刻复杂变化的国际国内环境，在不断扩大开放的发展过程中，系统掌握总体国家安全观，增强维护国家安全的意识，提高维护和塑造国家安全的能力，是时代赋予大学生的使命要求。新时代大学生必须认真学习和践行总体国家安全观，为以中国式现代化全面推进强国建设、民族复兴伟业贡献青春力量。为贯彻落实教育部《关于加强大中小学国家安全教育的实施意见》等文件精神，各高校开设"国家安全导论""国家安全教育"等通识教育课程，课程组织形式多为通识教育公共基础课、选修课或专题讲座等，发挥课堂教学主渠道作用，把国家安全教育纳入课程教学体系，旨在增强高校学生对国家安全的责任感和使命感，为维护和塑造国家安全提供源源不断的智力支持和青年力量。

2. 专业教育

为全面贯彻习近平总书记的总体国家安全观，深入落实教育部《关于加强大中小学国家安全教育的实施意见》，我国高校国家安全学科建设已初具规模，目前已有 10 余家单位获批国家安全学一级学科博士学位授权点，同时多家单位获批国家安全学一级学科硕士学位授权点，国家安全学科走上标准化发展之路。在现有研究的基础上，我国涌现出一批在国家安全学领域具有较深学术造诣的专家学者，成为国家安全学学科建设的重要力量。这些专家学者也成为培养国家安全学人才的重要师资，并从不同层次、不同方向开展对国家安全理论和现实问题的研究及教学探索。在总体国家安全观的指引下，许多院校已形成较为系统的国家安全学课程体系，先后成立国家安全学相关教研室以及国家安全战略研究中心等。我国高校国家安全学科建设始终坚持系统思维，注重把握学科建设的整体性、系统性、协同性，着眼于国家安全各领域间的联系和系统的演化，同时聚焦于解释和解决国家安全重大问题，扎根维护和塑造国家安全的具体实践，力争从统筹发展和安全的视角进行理论探索，运用系统思维实现对传统国家安全认识论、方法论的超越，形成具有中国特色的国家安全理论和话语，构建起自主的国家安全学知识体系。

3. 再教育

高校国家安全再教育是指做好高校的国家安全教育，要抓住领导干部这个"关键少数"，以高校机关与学院领导干部为重点，以更高标准、更严要求、更实举措开展国家安全宣传教育，充分发挥带学促学作用，以上率下、率先垂范，一级抓一级，层层抓落实，推动总体国家安全观学习贯彻走深、走实、走心。[7] 同时，协同各方推动将国家安全教育纳入高校领导干部教育培训体系，推动国家安全机关各级领导干部深入高校宣讲辅导。

4. 融合教育

高校国家安全教育中的融合教育体现在守正创新，在总结经验的基础上进一步完善和创新宣教内容、宣教形式、宣教渠道，持续提升高校国家安全教育的吸引力和感染力。在日常的通识教育与专业教育基础上，统筹开展富有特色的国家安全知识讲座，充分动员、引导和协助高校大学生进行国家安全相关调研与实践，广泛发动硕士研究生与博士研究生积极参与国家安全宣传教育工作，将国家安全教育做新、做深，营造国家安全教育人人参与、人人有责的浓厚氛围。

（三）高校国家安全多元课程协同互促机制

当前，高校国家安全教育多元课程主体不同、模式不同，但彼此间可形成协同互促的良好机制。在高校国家安全教育中，通识教育的教授对象为全体大学生，授课主体是由国家安全方面的专业教师、职能部门管理干部、辅导员等组成的专兼结合团队；专业教育的教授对象为国家安全学专业的硕士研究生和博士研究生，授课主体是国家安全交叉领域的专家与教师；再教育的教授对象为党政部门、大中小学的关键人员，授课主体为国家安全机关各级领导或国家安全教育专家；融合教育的教授对象为大学生，授课主体为辅导员、班主任、高校硕士研究生和博士研究生等。这种多元课程协同互促机制如下。

首先，在高校国家安全再教育的推进进程中，聚焦院校领导干部群体展开深入教育具有引领意义。鉴于高校大学生数量颇为庞大这一现实状况，依靠院校领导直接推动力不从心。通过"以上率下"策略，可以充分激活辅导员、班主任等群体的辐射效能。当院校领导干部率先完成学习、深刻领悟国家安全要义后，便能以"带学促学"的先锋姿态带动学工队伍等，尤其是辅导员群体要积极投身于国家安全教育。辅导员具有教师和管理人员的双重身份，是开展大学生思想政治教育、价值引领的主要力量。且辅导员扎根于学生日常管理工作一线，熟悉学生各类情况，借助他们的桥梁纽带作用，可以有针对性地依据不同专业、不同年级大学生的特点，在国家安全教育社会实践教学中量身定制国家安全学习方案，实现精准施教。同时，依托辅导员广泛的覆盖面，确保国家安全教育实践动员能够全方位、无死角地深入校园各个角落，让每一位大学生都能被纳入教育体系中，真正做到教育的全覆盖。

其次，在院校领导充分发挥引领作用，带动学院辅导员踊跃投身国家安全知识学习后，辅导员这支队伍便能顺势融入教育前沿，充当起国家安全教育通识课授课教师，极大地充实了国家安全教育的师资力量，为通识教育注入活力。

最后，高校专业教育精心培育出的国家安全学专业硕博学生群体，同样是推动国家安全教育深化发展的关键力量。硕博学生以其扎实深厚的专业知识为根基，结合辅导员对学生思想动态的精准把握，两者相互合作，全方位、多角度地丰富大学生所接受的融合教育内涵。国家安全学专业博士毕业后，将成为国家安全学专业骨干教师的储备力量，反哺国家安全通识教育与专业教育，全方位提升高校国家安全教育的质量水准，最终形成一种良性循环发展态势，为高校国家安全再教育的持续繁荣筑牢根基，源源不断地为国家培养出具备卓越国家安全素养的栋梁之材。

像这样层层递进、协同发力，最终将有利于高校大学生国家安全融合教育的圆满完成，从而筑牢高校国家安全防线，为国家的长治久安培育具备强烈国家安全意识的时代新人。

二　高校国家安全教育的现实困境

（一）通识教育师资不足

首先，国家安全专业教育的师资队伍主要源自与国家安全领域紧密相关的交叉学科学院的教授团队。这一师资构成具备较高的专业水准，教授队伍具备深厚的学术积淀，在教学中展现出诸多亮点。然而，其跨学科的特性显著，引发了一些问题。在实际授课过程中，教授们往往会不自觉地侧重于自身原本所擅长的专业领域方向进行知识传授，使国家安全专业课缺乏完整、系统的专业教育体系架构。学生接收到的知识相对零散，难以构建起全面且连贯的国家安全专业知识框架，不利于学生从宏观角度把握国家安全专业的全貌，进而在一定程度上影响了教学质量的提升以及学生专业素养的培育。其次，国家安全通识教育的师资主力来源于国家安全、政法以及马克思主义等相关学院。虽然部分学校别具匠心地将高校辅导员、相关职能部门管理干部纳入师资队伍，在一定程度上拓展了师资力量，丰富了教学视角，但采取此做法的高校数量较少。因此，现实困境也随之凸显，仅依靠单个学院的师资力量难以撑起整个学校繁重的通识课教学任务。从长远发展和整体需求来看，师资短缺的问题依旧严峻。面对日益增长的学生数量、多元复杂的国家安全通识教育内容，现有的师资规模与结构尚无法满足教学的全方位、深层次需要，亟待进一步优化扩充，以保障国家安全通识教育的高质量开展。

（二）高校顶层学科体系建设缺位

现阶段，各高校在国家安全专业课程设置上普遍由国家安全相关学院承担教学重任。然而，国家安全教育通识课程的教学安排在高校间却呈现出缺乏条理的状态。部分高校把国家安全教育通识课程纳入国家安全学院或者政法学院的教学体系，部分高校选择依托马克思主义学院或军事理论教研室开展教学。但问题在于，目前缺少一个强有力的牵头单位来统筹全局。仅依靠单一的二级学院负责整个学校的通识课程教育，在资源整合方面困难重重。一方面，二级学院本身缺乏通识教育的深厚积淀与成熟经验，无论是科学合理地排课还是组建优质的师资队伍，都面临诸多棘手难题，难以保障教学质量。另一方面，对于那些已然肩负全校其他通识教育任务的学院而言，若再额外承接国家安全教育通识课，无异于雪上加霜，毕竟师资精力有限，课程编排极易陷入捉襟见肘的窘迫局面，教学成效必然大打折扣。因而，当下迫切需要高校从顶层设计的战略高度出发，对国家安全通识教育的教学安排予以优化完善。

（三）缺乏实践环节和专业特色

一方面，现阶段国家安全教育通识课大多局限于理论教学环节，涉及第二课堂、社会实践和课题研究的实践内容较少，忽视了在实践过程中对教育成效进行评价；另一方面，多数高校没有针对公共课程、专业基础课程、专业课程所蕴含的国家安全元素进行综合把握，课程内容与总体国家安全观中不同领域的安全内容协同匹配程度低。目前，我国高等学校国家安全教育通识课授课内容较为单一，主要聚焦教材中的政治安全、军事安全、国土安全、经济安全、文化安全、核安全等领域。对于大学生日常生活中耳熟能详、与社会安全紧密相连的鲜活案例，在课堂上却鲜有出现，反映出课程内容在贴合学生实际需求、增强针对性方面的欠缺，急需高校从课程设计、教学方法、案例选取等多个维度进行优化。

（四）缺少教学资源投入

尽管部分高校已经开设国家安全教育通识课，但由于课程开设时间较短、经验不足，有关部门对课程的重视度还不够，在师资、经费、平台等教学资源上投入有限，缺少固定的专项经费支持、场地设备条件，在课程研发、教学设计、宣传报道等方面仍需充分挖掘协同潜力。

（五）缺少考评机制

国家安全教育通识课的重要地位越发凸显，它肩负着向广大学生普及国家安全知识、筑牢国家安全意识防线的重任。但这门课程目前缺少科学、系统且行之有效的考评机制。缺少完善的考评机制会导致学校难以对课程质量进行精准把控，无法通过量化的数据、客观的评价标准来衡量教师的教学成效，也难以判断课程设置是否合理、教学内容是否与时俱进。这不仅阻碍了学校对国家安全教育通识课的优化升级，而且使学校在资源分配上缺乏科学依据，无法有的放矢地为这门课程投入更多的师资、经费、场地等教学资源，进一步制约了课程的发展。由于缺少考评机制，难以收集到关于学生学习成效、知识掌握水平等方面的精准数据，无法深入开展实证研究。这就导致在国家安全教育通识课的教学方法创新、课程内容优化等诸多关键问题上难以形成具有广泛指导意义的理论成果，从而使整个国家安全教育通识课的学科建设进展缓慢。

三　完善高校国家安全教育的实现路径

（一）优化师资资源配置，强化师资培训与引进，构建师资共享及激励机制

第一，组建跨学科教研联合体，以国家安全专业课程体系为核心，组建跨学院联合教研团队。集结各学科学院、国家安全各领域的教师，定期进行联合备课和教学研讨，共同梳理国家安全知识体系，制定系统性教学大纲，确保教师授课时既发挥专业优势，又紧密围绕教育体系整体架构，向学生呈现全面、连贯的知识体系，助力学生形成宏观专业视野。在国家安全通识教育课程层面，建立协同教学模式。由各学院讲师依据各自专长，分工负责不同板块教学内容解析。如国家安全学院侧重总体国家安全观、地缘政治、军事国防等知识讲解；政法学院聚焦国家安全法律法规阐释；马克思主义学院从意识形态、国家发展战略高度升华主题；辅导员、相关职能管理干部则结合学生日常管理，融入案例分析，强化知识落地。通过团队协作，整合各方优势，提升通识课教学质量，缓解单个学院师资压力。

第二，对于现有师资，制定系统的国家安全专业培训计划。一方面，选派教师参加国内外高水平的国家安全学术研讨会、专题培训课程，使其紧跟学科前沿动态，及时更新知识储备；另一方面，邀请国安部门实战专家、资深学者入校开展针对性培训，内容涵盖国家安全热点问题深度剖析、教学方法创新实践、实战案例教学应用等，提升教师教学实践能力，使其能更好地应对多元复杂的教学内容需求。依据学校发展定位与师资缺口，加大国家安全专业人才的引进力度。不仅可以关注即将毕业的首批国家安全学博士等高层次人才，积极为其提供优厚的入职条件，吸引他们投身教育事业；还可拓宽视野，从国安机关、科研院所等引进具有丰富实战经验或卓越科研成果的专业人才，充实师资队伍，优化师资结构，满足日益增长的教学需求。

第三，搭建校际师资共享网络课程平台。考虑到部分高校师资短缺而一些高校可能存在师资闲置情况，应构建区域或全国性的国家安全教育通识课共享网课平台。推动各高校将国家安全教育通识课程录制成网课上传共享平台，定期邀请国家安全知名专家学者开展系列讲习班、公开课等普及国家安全教育的活动并录制网课上传平台。通过线上线下相结合的授课方式，实现优质名师跨校流动。设立国家安全课

程师资激励机制，从教学成果、科研创新、学生反馈等多维度考核教师工作表现。对教学成效显著、积极参与课程建设、学生评价高的教师给予物质与精神激励，激发教师投身国家安全教育的积极性与创造性，稳定并扩充师资队伍。

（二）设立校级统筹协调机构

第一，成立国家安全教育领导小组。由高校校级领导担任组长，成员涵盖国家安全相关学院、宣传部、教务处、学生处、保卫处、团委等多部门负责人。该小组负责制定学校国家安全教育的整体规划、发展战略及年度工作重点，打破部门壁垒，统筹各方资源，确保国家安全教育在全校层面得到足够重视与协同推进。定期召开联席会议，研讨解决课程建设、师资调配、教学实践等关键问题，使国家安全教育各环节紧密衔接、有序运行。

第二，设立专门的国家安全通识教育教研室。作为领导小组的执行机构，配备专业管理人员，负责日常教学管理事务。包括制定统一的课程标准、教学大纲，监督教学质量，协调各学院之间的教学任务分配，以及与校外机构联络合作等事宜。通过专业化、精细化管理，提升国家安全通识教育的规范化水平，弥补当前教学安排缺乏条理的问题。

（三）强化实践教学体系，深化课程内容整合协同，创新教学方法与案例选取

第一，全国高校携手联动，共同组建国家安全教育实践团。实践团一方面开展总体国家安全观宣讲活动，另一方面在实践过程中整理形成实践报告。高校联合实践团队共同探讨实践过程中的经验得失，全方位总结经验，形成全国高校国家安全教育实践合力，为后续优化国家安全教育实践活动筑牢根基。设立专门针对实践教学成效的评价指标，将学生在第二课堂、社会实践和课题研究中的表现纳入考核范畴。同时，成立以学生为主体的实践团或社团可以增强学生在国家安全教育中的主体性作用，提高国家安全教育的实际效果。

第二，跨学科课程融合设计，组建由不同学科专业教师构成的课程研发团队，打破学科界限，深度挖掘公共课程、专业基础课程及专业课程中的国家安全元素。例如，将环境科学专业课程中的生态保护知识与国家安全中的生态安全领域相融合，开发出具有特色的跨学科课程模块；把计算机专业的网络技术知识与网络安全紧密结合，使学生明白专业知识在国家安全维护中的应用。将国家安全教育融入专业课

程，通过系统性整合，提升课程内容与总体国家安全观的协同匹配度。建立案例库动态更新机制，成立案例收集与编辑小组，专门负责收集大学生日常生活、社会热点以及新兴行业领域中的国家安全案例。如"校园贷"背后隐藏的金融安全风险、社交媒体信息泄露引发的隐私安全问题等，并将这些鲜活案例及时更新到案例库中。教师根据课程教学目标，灵活选取案例融入通识课课堂教学，增强课程内容的现实感与针对性，让学生真切感受到国家安全与自身息息相关。

第三，推广问题导向式教学，教师在课堂教学中以问题为导向，设置一系列与国家安全实际问题紧密相关的议题，引导学生自主探究。例如，提出"新兴技术发展给传统国家安全领域带来哪些挑战"等问题，激发学生的思考热情，促使他们主动查阅资料、分析讨论，培养其独立思考与解决问题的能力，改变传统单一的理论灌输模式。挖掘本土特色案例，结合学校所在地区的地域特点、产业特色，挖掘具有本土风味的国家安全案例。位于沿海地区的高校可选取海洋渔业资源保护与海洋安全相关案例；处于科技产业园区附近的高校则可聚焦高新技术企业面临的知识产权保护、技术泄密等安全问题案例。通过这些身边案例，拉近国家安全教育与学生之间的距离，提升学生对课程的关注度与参与度，塑造具有专业特色的国家安全通识教育。

（四）加大政策保障与重视力度，优化经费与资源配置

第一，教育主管部门推动政策倾斜，应出台针对高校国家安全教育的扶持政策，明确规定各高校需将该课程纳入重点建设范畴，在资源分配、考核评估等方面给予优先考量。制定详细的课程建设标准，要求高校按照标准配置师资、经费等资源，定期对高校落实情况进行检查，确保政策落地有声。高校自身要从战略高度认识国家安全教育通识课的重要性，统筹协调校内各方资源，定期向学校决策层汇报课程建设进展，争取更多校内支持。

第二，高校应设立国家安全教育专项经费，确保资金来源稳定。经费主要用于教学设备购置、课程研发、实践教学活动开展等关键环节。每年按照一定比例从学校教育经费中切块，专款专用，并建立严格的经费使用监督机制，保证经费使用效益最大化。设立专项研究基金，资助教师探索创新教学模式，如基于大数据分析的个性化教学、AI 赋能教学、情景模拟实战教学等，将研究成果反哺教学实践，加速学科建设进程。整合校内现有与国家安全相关的场地、设备等资源，在校内建立国

家安全模拟实验室，模拟网络攻击与防御、应急突发事件处理等场景，供学生进行实操演练，提升实践技能。

（五）构建多元主体参与的考评体系，设立动态的考评指标

第一，建立对教师教学的全方位评价机制，由学生评价、同行互评、教学督导评价组成。学生评价通过线上问卷、定期座谈会收集反馈，聚焦教学方法有效性、课程内容趣味性等；同行互评组织校内教师观摩课程并打分，交流教学经验，促进教师成长；教学督导评价由学校资深专家、教学管理人员从教学大纲执行、教学进度把控、教学创新等方面审查。综合三方评价结果，给予教师客观公正的教学绩效评定，激励教师提升教学质量。学校定期对国家安全教育通识课进行整体质量评估，邀请校外专家、国安部门专业人士参与。从课程目标达成度、课程内容时效性、教学资源充足度等方面量化打分，对比同类高校课程找差距、寻亮点，为课程优化升级提供方向，确保课程适应国家安全形势发展需求。

第二，关注学生在批判性思维、问题解决、信息收集与分析等能力方面的成长，设置相应考核指标。例如，布置开放性作业，要求学生针对新兴国家安全问题如人工智能安全隐患提出解决方案，依据方案的创新性、可行性评定成绩，跟踪学生能力提升轨迹，为教学方法调整提供依据。鉴于国家安全形势瞬息万变，考评内容要紧密跟进时事热点。每月更新案例分析题、时事点评任务，让学生时刻关注国际国内动态，将最新安全问题融入学习思考，确保考评反映课程前沿性，推动课程内容与时俱进。

第三，及时向教师、学生反馈考评结果，教师据此调整教学策略，让学生明确学习方向。定期回访跟踪改进效果，形成"考评—反馈—整改—再考评"的良性循环，持续提升国家安全教育通识课质量，筑牢国家安全意识培养根基。

四　结语

国家安全是国家生存发展的基石，高校国家安全教育在新时代具有不可替代的重要性，其内在逻辑与实现路径具有重要意义。高校国家安全教育模式涵盖通识教育、专业教育、再教育与融合教育，其多元课程协同互促机制意义深远。然而，当

前面临师资不足、顶层体系缺位、通识教育特色缺乏、资源投入不足及考评机制缺失等困境，严重制约教育成效。针对这些问题，本文提出了一系列解决路径。高校应积极行动，将国家安全教育融入人才培养全过程，为国家培育具有强烈国家安全意识和素养的新时代青年。各方应协同合作，共同推动高校国家安全教育不断完善，筑牢国家安全防线，助力实现国家长治久安与中华民族伟大复兴。相信通过努力，高校国家安全教育将迎来新发展，为国家安全事业作出更大贡献。

参考文献

［1］《为强国建设民族复兴提供国家安全坚强保障——写在总体国家安全观提出十周年之际》，新华网，http：//www.news.cn/politics/20240414/8489cb91825b4788a791b1a992c8fb58/c.html，2024 年 4 月 14 日。

［2］《学校家庭社会协同深化国家安全教育》，光明网，https：//www.gmw.cn/xueshu/2024-04/24/content_37283723.htm，2024 年 4 月 24 日。

［3］李从玉、李德明、汪明等：《统筹发展和安全，加强安全文化教育和创新》，《人民论坛》2020 年第 33 期，第 36~37 页。

［4］《习近平：高举中国特色社会主义伟大旗帜　为全面建设社会主义现代化国家而团结奋斗——在中国共产党第二十次全国代表大会上的报告》，中国政府网，https：//www.gov.cn/xinwen/2022-10/25/content_5721685.htm，2022 年 10 月 25 日。

［5］秦宝军：《新时代大学生总体国家安全观教育研究》，硕士学位论文，兰州大学，2023，第 29 页。

［6］《教育部关于印发〈大中小学国家安全教育指导纲要〉的通知》，中华人民共和国教育部网站，http：//www.moe.gov.cn/srcsite/A26/s8001/202010/t20201027_496805.html，2020 年 10 月 20 日。

［7］《深入贯彻总体国家安全观　持续推动国家安全宣传教育高质量发展》，求是网，www.qstheory.cn/dukan/hqwg/2024-04/13/c_1130108908.htm，2024 年 4 月 13 日。

The Intrinsic Logic and Implementation Path of National Security Education in Universities in the New Era

Zhang Shuyan

Abstract：The new era has put forward higher requirements for colleges and universities to advance national security education. As the cradle for cultivating talents in the new era and a gathering place for high-quality talents，colleges and universities should focus on promoting national security education among college students during the process of implementing the fundamental task of cultivating moral integrity and character. They should guide students to enhance their awareness of risks and their ability to prevent them. The article categorizes four current models of national security education in higher education institutions: general education, specialized education, continuing education, and integrated education. It elucidates the internal logic of synergistic interaction among diverse courses in national security education. Addressing practical challenges such as insufficient faculty for general education, lack of top-level scientific system framework, absence of practical components and disciplinary characteristics, and inadequate resource allocation and evaluation mechanisms, combined with practical experiences in university security education practices, the article proposes practical and feasible path suggestions, such as establishing a shared teacher and incentive mechanism, strengthening the practical teaching system, deepening curriculum integration and collaboration, optimizing funding and resource allocation, and building a multi-party evaluation system to comprehensively promote the high-quality development of national security education in universities.

Keywords: New Era; National Security Education; Overall National Security Outlook

实践育人 ————

红色文化资源赋能高校思政育人功能
及传承路径探析[*]

——以新时代长征精神为例

程姣姣　张　莹^{**}

摘　要： 中国共产党在领导人民进行革命斗争、发展建设和改革开放的过程中凝聚了形式丰富多样、内涵博大精深的红色文化，这既是对中华优秀传统文化的传承和发扬，又是党在新的历史条件下精神文化发展的前进方向。高校作为思政育人、传承红色基因的主阵地，要充分利用好红色资源，大力弘扬红色传统，赓续红色血脉，但在新时代下存在育人价值深度不足、覆盖宽度有限等整体建设待提升问题。此外，受传统课堂主渠道的影响，红色文化资源的利用以及实际传承路径有限。长征精神作为党史学习教育实践的重要载体，在传统主渠道外延伸发挥着红色文化资源实践育人的作用。本文以此为例，从育人主体、内容、形式及方法机制等方面探讨新时代下红色文化资源赋能高校的思政育人价值以及具体传承路径。

关键词： 红色文化资源　中华优秀传统文化　长征精神　思政育人

红色文化资源是中国共产党将马克思主义基本原理同中国具体实际相结合，在带领人民进行革命斗争、建设与改革开放的过程中形成的具有时代特色和现实价值的理论成果，是物质文明与精神文明的综合，也是中华优秀传统文化的不断发展与

---

　*　本文为2023年度陕西省高校网络思想政治工作研究课题与实践项目"习近平文化思想视域下中华优秀传统文化融入高校思想政治教育的实践路径研究"（项目编号：2023WSYJ100556）的研究成果。

　**　程姣姣：西北工业大学马克思主义学院博士研究生、数学与统计学院辅导员，主要研究方向为思想政治教育。张莹：西北工业大学数学与统计学院党委副书记、教授，主要研究方向为思想政治教育。

传承。长期以来，红色文化资源都在高校思想政治教育中扮演着重要角色，不管是理论熏陶还是实践指引，都对高校思想政治教育起着重要作用。在红色文化资源学习过程中，长征精神作为不可或缺的一课，在学生理想信念的树立及实践行动中发挥了重要作用，同时随着时代的发展历久弥新。基于此，本文以新时代长征精神为例，探讨红色文化资源对高校思政育人功能的作用及具体的传承实践路径，以期将红色文化资源深度融入高校思政育人建设中，培养符合社会发展的全面高素质人才。

一 红色文化资源对高校思政育人的重要作用

（一）红色文化资源是高校思政育人不可或缺的优质资源

红色文化资源是党领导人民进行艰苦奋斗的真实产物，是中华优秀传统文化发展的重要源泉。党的二十大报告强调，高校要落实立德树人的根本任务，弘扬伟大建党精神，充分利用好红色资源，着力培养具有民族复兴大任的时代新人。

从理论层面来说，一是创新理想信念教育的形式及内容。红色文化资源是实践育人的有效途径之一，以新时代长征精神为例，对红色文化资源的参观学习，有利于新时代青年了解历史，了解红色文化，加强理想信念教育。同时，红色文化资源内在的民族气概及英雄气节深深诠释着红色文化资源的内在价值，因此应当丰富其形式，延伸其内涵，充分体现以德服人、以文化人的重要作用。二是丰富高校思想政治教育的功能。以新时代长征精神为代表的红色文化资源具有丰富的理论教育内容，从红色革命历史、历史遗迹及具体红色资源内容中汲取养分，其中蕴含的理想信念及价值引领拓宽了高校思政教育的深度与广度。

从实践层面来说，一是有利于传承、弘扬红色基因。走进红色文化资源实景，学习长征精神、井冈山精神等民族精神谱系，有助于学生更加深刻地了解红色历史、体会红色文化，成为新时代传承红色文化基因的接班人，极大地丰富爱国主义精神。同时，良好的思政教育环境氛围的营造有利于增强红色文化的时代性，充分发挥红色基因的优良传统。二是有利于发挥红色文化资源在高校思政教育方面的作用。以新时代长征精神为例，通过实践教育，以调研实践的方式开展红色文化资源学习，弥补了课堂说教的不足，实景的展示与生动形象的现场解说再现了红色文化资源的育人实效，能引导学生树立正确的价值观，成为担当民族复兴大任的时代新人。

（二）红色文化资源是实现思政大课堂的重要载体

党创办的高等教育孕育着党的理论思想和文化建设，是党领导人民百年奋斗的缩影，体现着党与国家同频共振的发展脉搏，让红色文化资源能够在时代的考验下历久弥新，中华优秀传统文化为高校思想政治教育发展注入了强大的精神力量。我国高等教育的发展史，就是一部生动的红色发展史。2013 年 2 月，习近平总书记在视察兰州军区时指出："要深入发挥红色资源优势，进行党史军史和优良传统教育。"[1]2014 年 12 月，在视察南京军区机关时再次强调："将红色文化资源利用好，将红色传统发扬好。"[2]

在红色文化资源研究方面，阮晓菁通过对红色文化资源的开发利用研究指出，高校要推动将红色文化教育融入高校思想政治教育，充分利用红色文化教育基地开展大学生实践活动，牢固树立和践行社会主义核心价值观。[3]张东刚通过研究指出，党的坚强领导为新时代高等教育发展提供了根本遵循与前进方向，具有厚重的历史文化传统，要深刻把握好红色文化基因的历史传承脉络，走好建设特色高校思想政治教育的新路。[4]董博、张洁指出，高校学生理想信念教育是红色文化传承发展的重要途径，红色文化资源是其天然载体，二者内容共通，形式共融。[5]冯瑞以长治红色文化为例，论证了地域红色文化在高校思想政治教育中的特殊作用。[6]刘文华通过研究指出，重视课堂教学的主导作用，引导学生积极参加红色文化教育实践活动，能够有效促进红色文化教育功能的发挥。[7]

在长征精神和高校思政课价值与功能研究方面，张颢通过研究指出，红色资源的社会功能更加具体，包括政治引导、文化传承、道德示范以及意识形态各方面。[8]李霞、曾长秋通过研究指出红色资源思想政治教育具有思想引导、政治驾驭、道德示范以及违纪教育等各个方面的功能。[9]李康平指出红色资源为高校思想政治理论课提供了本源性的优质资源，对教育教学具有一定的感染力及说服力。[10]冯旺舟、罗玉洁研究指出，长征精神融入思政理论课还需要更多的针对性和时效性。[11]孙梦真、裴恒涛指出，长征的宣传离不开作品实践，需要进行多样化展示。[12]张泰城、王文礼研究指出，红色文化资源是进行思政教育的重要核心资源，需要进一步从多视角进行研究，充分发挥其功能作用。[13]对于以长征精神为代表的红色文化资源在高校思政课发展过程中的困境，学者们从教育体系的不完备性、红色资源挖掘的不深入性、管理体制机制的不健全性等方面进行了分析，对理论与实践教学的传播形式等作出了一定的理论研讨，但专门从系列长征精神入手进行高校思政课教育研究的较少，同时阶段性的成果传播形式不够完善。

由于国内外历史文化环境的差异，国外学者没有专门对长征精神进行研究，但对中国革命历史及著名历史人物有简单的记载研究，他们的研究具有一定的历史及借鉴意义，同时相关著作也能提供一定的参考。例如，美国埃德加·斯诺在《西行漫记》中对中国共产党长征的记录以及对共产党主要领导人的采访；哈里森·索尔兹伯里在《长征：前所未闻的故事》中对长征精神的记录以及革命情怀的发布；英国作家韩素音在《毛泽东与中国革命》中对长征精神进行了高度评价，指出其是珍贵的红色文化记忆以及历史研究资源。

通过文献资源回顾可以看出，学者对红色文化、红色文化资源以及高校思想政治教育有众多的理解与感悟，不少学者意识到学习长征精神等红色文化资源与高校思想政治教育的重要关系，但主要集中在点状的区域研究，同时专门进行长征精神个体研究的相对较少。本文以新时代长征精神教育为例，全面展示了不同区域的地域特色以及地方的灵活性等特点，从个体到整体，将不同形式的红色文化及价值意蕴融入其中，充分发挥红色文化的育人功能。此外，学者们的研究集中在理论层面的概念阐释，针对教育效果的量化评估研究相对欠缺，对于研究新时代青年对红色文化资源的认知以及红色文化资源在高校思政课中的实践应用探索不足。

二　红色文化资源对高校思想政治教育的价值意蕴及功能探析

（一）红色文化资源教育是弘扬社会主义核心价值观的具体要求

红色文化资源与社会主义核心价值观具有一定的内容耦合性。研究发现，红色文化资源中所蕴含的精神内核、价值观念与社会主义核心价值观的内涵相一致。在高校开展思想政治教育的过程中，贯彻实施社会主义核心价值观，让思政教育走进课堂、教材已成为高校学生学习必不可少的部分。社会主义核心价值观所倡导的三个层面，都能在红色文化资源中找到缩影。富强、民主、文明、和谐是党领导人民持续不断的价值追求。自由、平等、公正、法治是漫漫征途中不断寻求国家和平发展的探索。爱国、敬业、诚信、友善是国家带领人民不断走向富强与文明的见证。以长征精神为代表的红色文化资源承载了社会主义核心价值观的主要内容，同时社会主义核心价值观浓缩了红色文化资源精神的核心内涵并不断发展，二者都是中国传统文化与时代相结合的产物。高校进行社会主义核心价值观教育离不开红色文化资源的助力。

（二）红色文化资源是高校学生成长成才的需要

青年肩负着祖国的未来与民族的希望。党的二十大报告强调，全党要把青年工作作为战略性工作来抓，青年强则国家强。要用好红色资源深入开展爱国主义及集体主义教育，培养担当民族复兴大任的时代新人。长征精神是老一辈在领导中国人民争取民族独立与自由的过程中凝结而成的先进文化，具有历史性与时代性，红色基因文化的形成具有一定的时代价值。青年了解历史记忆，铭记奋斗初心，能更加坚定自身的理想信念，切实引领自身成长成才。高校进行红色文化资源教育，一是可以充分挖掘地方文化资源，让学生了解长征精神，了解历史发展，与史实共鸣，在实践中实现思想政治教育的目的与价值。二是对课程主渠道进行"资源补充"，从红色文化资源中发掘思想政治教育的基因，整合地方资源，开展系列讲座活动，将红色文化教育融入思政课堂，将长征精神与教书育人相结合，将抽象的价值观形成生动的故事，进而形成灵活的红色文化网络传播机制，提升红色文化的传承度与知名度，服务学生成长成才。

（三）红色文化资源在高校思政课中的育人功能探析

1. 构建文化自信，加强思想引领

党的十八大以来，习近平总书记多次强调文化自信。高校、地方作为人才培养的主阵地，也应依据自身红色文化基因开展校园文化建设，达到思想政治教育的目的。例如，江西瑞金以"纪念馆+高校"的形式联合开展"传承红色基因，推进铸魂育人"活动，通过多种形式勉励青年人担当作为、不负青春。贵州遵义结合思想政治教学传承红色基因，联系高校排练《娄山关大捷》《传家宝》等节目，用表演的形式将长征精神贯穿其中。四川泸定联合部分高校，以实景教学，创新思政课教学模式，弘扬长征精神，赓续红色血脉。以长征足迹为例可以看出，高校、地方都

在不遗余力地将红色基因融入高校思政课，宣传红色文化，根植红色记忆，构建文化自信，加强思想引领。此外，红色文化资源中直观的英雄事迹与历史史实也为当代高校学生树立了正确的价值观导向，借助红色资源的思想引导，能够进一步增强学生的爱国主义精神，激发昂扬斗志，构建文化自信。

2. 增强理想信念，厚植爱国主义

中国人民在长期的历史实践中形成的具有红色文化精神的红色资源，对高校思想政治教育起着重要的引导作用。历史证明，正是中国共产党人崇高而坚定的理想信念，才带领全国人民取得伟大胜利。中国共产党人身上的红色革命基因与光辉历史是加强青年学生理想信念教育的重要资源。从内容来看，以长征精神为代表的红色文化资源内涵丰富，既有服务人民的意识，又有艰苦奋斗的精神；从形式来看，长征精神既有各大藏馆的线下展示，也有丰富多彩的线上展演，让人自觉将个人理想与祖国发展紧密结合在一起。作为探索中国革命的重要资源，每一处革命遗迹、每一件珍贵文物、每一次历史回眸，都折射出革命先辈的崇高理想，让爱国主义精神在心中长存。因此，优化当代学生的价值认识、历史认知及国家认知，实现个人理想与社会理想的有机统一尤为重要。

3. 严肃法纪精神，强化德育资源

在历史长河中，涌现了无数中国革命军队忍饥挨饿但对百姓秋毫无犯的细节，革命军人身上所体现的法纪精神，既是对当前高校思政教育的补充，也是对个体遵纪守法的警醒。红色文化资源中的政治导向功能，便是以革命先辈为榜样，规范自身行为，培养坚定的政治方向与政治信仰。以长征精神为例，其中蕴含的民本思想、民主观念等既反映了不同时代的政治诉求，也体现了我国民主政治、法治建设的从一而终。此外，红色文化资源中所蕴含的德育精神，包括其行为、物质、制度等表现载体，也为高校坚持用马克思主义中国化最新成果教育学生，引导学生树立正确的社会主义核心价值观奠定了基础。以长征精神为例，关于德育精神，都能在实际红色文化资源场景中进行还原，增加了高校思政课的说服力与吸引力，这些都从学生的情感及行动上进行了示范激活，强化了学生的责任认知，使其有了可学可比的精神榜样。这既体现了一定的历史教育功能，同时也培养了当代学生的使命感与时代责任感。

三 红色文化资源在高校思政课育人中存在的问题

（一）思想重视程度有待提高

高校思政课虽然作为必修课学习，但形式还是以传统的课堂讲述为主，教师个人自身的见解直接影响着学生的认知，新生代群体的生活环境及主体性意识较强，无法与历史岁月同频共振，更加需要通过内容真实、形式多样的渠道来进行思政教育，对于师资队伍专业能力也需要进一步加强，常学常新，提供更多的学习机会丰富自身知识储备。同时，由于红色文化资源本身的传播范围和影响力有限，学生很难深入其中，零散的学习无法让学生深刻体会系统的历史文化资源。此外，当前对于红色文化资源的整体建设不足，缺乏长远规划，部分长征精神纪念馆、旧址配套设施不全，景区的利益资源与文化展示资源分配不均，红色文化资源利用程度有限，文创产品千篇一律，存在过度消费市场的现状，和高校对接程度有限，开发和利用需要进一步加强。

（二）红色文化资源内容深度挖掘不够

红色文化精神具有一定的价值体系和文化知识，其资源随着时代的发展内涵也不断扩充。因此，传承红色文化精神就需要深入挖掘红色文化资源，从文字史料到实物展示，了解其内在的时代背景与含义，与红色文化深度融合。当前高校的红色文化资源探索主要集中在重要节假日以及寒暑期，日常实地学习探索的机会较少，同时对于长征精神的学习仅以参观学习为主且次数较少，对于其本身含义以及延伸的教育功能未进行过多开发。此外，各地的革命精神纪念馆、旧址等各自为政，没有与周边历史文化或者自然环境资源充分联动，没有充分吸引普通群众，加之宣传力度有限，往往出现同一地区古建筑、古街人流涌动而革命旧址门庭冷落的现象，其文化资源保护的科学性有待进一步增强。另外，以长征精神为主的红色文化育人主体以及育人内容较散，整体合力不突出，场馆专业工作人员比例不高，高校行政岗与教学岗的配合力度有限。育人机制不够健全，"大思政课"与历史文化以及专业课程内容的结合和运行有待进一步完善。

（三）红色文化资源传播形式较为单一

随着网络媒体的出现，人们获得信息的方式更加多元，但当前红色文化资源的传播形式及力度均较为不足。一是以课堂主渠道为主。受限于时间和空间，课外实地情景教学相对较少，线上资源多但行动内容参差不齐，零散且不成系统的资源很难让学生感同身受，只有将教材理论与实地场景相结合，利用历史影片、史书记载以及实地教学的模式，才能让大家更真切地感同身受。二是博物馆的红色文化资源表现形式较为传统。以各类长征旧址为例，除个别外，大部分主要以静态的形式展示，专业讲解人员较少且讲解资源缺乏，不能让参观者产生共鸣，除重大节日外宣传较为边缘化，影响原本效果的发挥。三是传播机制不够完善。高校思政课中的长征精神传播没有形成"引进来"与"走出去"的完整结合，闭环机制与评估有待完善，粗浅简单的内容引用没有解决红色思政内容无法深入人心的问题。红色文化资源传播的技术还不够成熟，没有形成明晰的文化传播路径，缺乏专业综合性传播人才，没有凝练成品牌特色，失去了红色文化资源的传播能力。

四 红色文化资源在高校思政课育人中的传承路径分析

（一）主体赋能：创新红色文化资源的表现形式

目前，网络已成为传播各项事情的重要途径。因此，要充分让红色文化资源深入人心，一是转变认知，全方位利用网络文化资源，推进"互联网+"红色文化资源模式，与高校"大思政课"深度结合，让以长征精神为代表的红色文化资源在形式上多样化呈现，在内容上层次分明，全面促进红色文化与网络媒体的有机融合。二是深入研究，把握思政育人着力点，推动以长征精神为代表的红色文化资源与思政教育的有机融合，在构建师资队伍的同时，依托相关课题研究，为高校"大思政课"注入持续活力。同时，依据学生的实际情况，开展学生喜闻乐见的红色文化资源传承活动，打破时间、空间以及形式的局限，让学生充分参与进来，在交互化的情境中体验红色文化，如"革命纪念馆里的思政课"，让学生身临其境，充分利用网络文化资源让红色文化资源"活"起来、"融"进来，创新红色文化资源的表现形式。

（二）内容延伸：深入挖掘红色文化资源内容并协同发展

在前期的调研中了解到，理论与实践的深入结合是宣传红色文化精神的有效途径。一是可以积极打造以红色文化为主的校园活动。深入了解挖掘红色文化资源背后的意义，在重要事件节点增强仪式感，如长征精神纪念日等，统筹利用教育基地，深挖红色文化根脉，党团共建，做好内容的学习与完善，让学生沉浸式体验红色文化精神的传承。二是加强与高校以及周边红色文化历史资源的联系。紧跟时事热点，建立相关协同机制，打造红色品牌教育活动与互动体验平台，打破时间、空间及形式对以长征精神为代表的红色文化资源的宣传和使用限制，充分将其转化为有效的教学资源，开展多样化的实践活动，促进红色文化资源共享共通。三是积极"走出去"学习成长。走访具有红色基因的高校，在学习中熏陶感悟，利用网站进行长征精神的传播，用翻转课堂、小组分析等多种汇报形式，增强学生对长征精神的理解，强化思政课堂的获得感，协同提升整体效果。前往不同的红色精神纪念馆打卡，通过开展讲解学习、互动交流以及实景教学体验等，明白建馆宗旨与时代价值，实现红色文化资源的时代化贯通。

（三）机制完善：将红色文化资源与高校思政课建设有机融合

良好的运行机制是思政课建设的有效保障，将红色文化资源与高校思政课有效结合，重点是要把握核心环节，找准切入点，构建课程、实践、环境以及评估融为一体的思政育人格局。在组织方面，坚持党对教育工作的全面领导，将红色文化资源教学全面纳入学生的思想政治教育课程中，拓展课堂资源。在课程方面，将红色文化资源与课程内容针对性融合，如讲述中国共产党人精神谱系可以通过长征阶段的历史史实来具体呈现。在实践方面，主动将以长征精神为代表的红色文化资源融入实践体系，善于运用各类资源，做好馆校共建，增强实践教学的实用性与针对性。在环境方面，通过日常红色文化的熏陶，以文创作品等形式在校园中发挥潜移默化的作用，通过红色物质文化以及精神文明建设，融入思政育人体系，占领网络育人"主阵地"，推动长征精神网络文化的传播。在宣传方面，打造红色文化资源的特色品牌，注重文化资源的质量与育人功效，通过精品创意来进行多渠道宣传，以一带多，实现红色文化资源的区域化发展，形成思政育人合力。加强资源审核评估，通过评星定级来不断优化完善，用机制赋能思政课发展。

新的历史条件下，习近平总书记指出"中国式现代化是物质文明和精神文明相协调的现代化，要弘扬中华优秀传统文化，用好红色文化，发展社会主义先进文化，丰富人民的精神文化生活"。红色文化资源的传播与发展对于构建社会主义核心价值观以及培育学生成长成才都具有不可忽视的作用，深化红色文化资源与其中的精神谱系，关键是要将文化资源中所蕴含的精神谱系挖掘出来，只有与时代发展同频共振，才能真正实现历史伟大精神的经久不衰。

参考文献

［1］魏春、孙利波：《红色基因代代传——兰州军区贯彻习主席指示精神开展专题教育实践活动综述》，《思想政治工作研究》2014 年第 10 期，第 33～34 页。

［2］丁倩：《新媒体时代创新红色文化传播的路径选择》，《新闻战线》2019 年第 9 期，第 106～107 页。

［3］阮晓菁：《传承发展中华优秀传统文化视域下红色文化资源开发利用研究》，《思想理论教育导刊》2017 年第 6 期，第 143～147 页。

［4］张东刚：《传承红色基因，赓续红色血脉走好建设中国特色、世界一流大学新路》，《教学与研究》2022 年第 6 期，第 5～8 页。

［5］董博、张洁：《红色文化融入高校大学生理想信念教育的实践理路探赜》，《兵团教育学院学报》2022 年第 32 期，第 14～17 页。

［6］冯瑞：《浅析地域红色文化在高校思想政治教育中的作用——以长治红色文化为例》，《传承》2013 年第 6 期，第 45～46 页。

［7］刘文华：《地域红色文化在大学生思想政治教育中的功能及路径选择》，《甘肃高师学报》2021 年第 3 期，第 73～76 页。

［8］张颢：《论红色资源的社会功能》，《井冈山大学学报》（社会科学版）2009 年第 2 期，第 24～26 页。

［9］李霞、曾长秋：《论红色资源的思想政治教育功能》，《求实》2011 年第 5 期，第 93～96 页。

［10］李康平：《论红色资源在思想政治理论课运用的价值与路径》，《思想理论教育导刊》2010 年第 4 期，第 67～70 页。

［11］冯旺舟、罗玉洁：《从"大水漫灌"走向"精准滴灌"——论长征精神融入高校思想政治理论课的路径优化》，《经济与社会发展》2018 年第 6 期，第 87～92 页。

［12］孙梦真、裴恒涛：《长征精神的新时代价值与弘扬路径》，《遵义师范学院学报》2020 年第 22 期，第 11～15 页。

［13］张泰城、王文礼：《红色文化资源的教育价值与功能研究综述》，《红色文化资源研究》2017 年第 3 期，第 206～215 页。

An Analysis of the Function and Inheritance Path of Empowering Ideological and Political Education in Universities with Red Cultural Resources

—*Taking the Spirit of the Long March in the New Era as an Example*

Cheng Jiaojiao, Zhang Ying

Abstract: In the process of leading the people to carry out revolutionary struggle, development, and construction and reform and opening up, the CPC has condensed a rich and varied red culture with broad and profound connotation, which is not only the inheritance and development of China's excellent traditional culture, but also the direction of the party's spiritual and cultural development under the new historical conditions. As the main battlefield for ideological and political education and the inheritance of red genes, universities should fully utilize red resources, vigorously promote red traditions, and sustain the revolutionary legacy. In the new era, the depth and width of red cultural resources in the value of ideological and political education in universities are insufficient, and the overall construction and development need to be further improved. In addition, due to the influence of traditional classroom channels, the utilization and actual inheritance path of red cultural resources are limited. The spirit of the Long March, as an important carrier of Party history learning, education and practice, extends beyond the conventional teaching approaches and plays a role in the practical education of red cultural resources. This study takes this as an example to explore the value of ideological and political education in universities empowered by red cultural resources in the new era, as well as the specific traditional path, from the perspectives of the main body, content, form, and method mechanism of education.

Keywords: Red Cultural Resources; Excellent Traditional Chinese Culture; The Spirit of the Long March; Ideological and Political Education

高校院系"三全育人"指标体系的构建：
以清华大学为例

李锋亮　　刘　潇*

摘　要： 高校作为意识形态工作的前沿阵地，肩负着培养社会主义建设者和接班人的重大使命，思想政治工作则是高校意识形态工作的核心内容。作为高校落实立德树人根本任务的战略要求，"三全育人"工作需要建立科学的评价机制。清华大学是"三全育人"首批试点单位。本文基于系统的文献研究和实证调查，以清华大学为例，设计了高校院系"三全育人"评价指标体系。该指标体系包含组织领导、全员育人、全方位育人、全过程育人和条件保障五个维度，并设置了相应的评价标准和观测点。为了保障评价指标体系的科学实施，本文提出建立跟踪评估机制、完善指标体系和数据渠道、避免评估"一刀切"、重视学生评价等建议，以期为提升高校思想政治教育质量提供有益参考。

关键词： "三全育人"　人才培养　清华大学

一　"三全育人"工作的研究背景与意义

当前，世界百年未有之大变局加速演进，我国正处于实现中华民族伟大复兴的关

---

* 李锋亮：清华大学教育研究院教授，主要研究方向为教育经济学、研究生教育、高校思政。刘潇：清华大学教育研究院博士研究生，主要研究方向为研究生教育。

键时期，高校作为意识形态工作的前沿阵地，肩负着培养社会主义建设者和接班人的重大使命，思想政治工作则是高校意识形态工作的核心内容，是高等教育政治方向正确的重要保障。党的二十大报告强调要"全面提高人才自主培养质量"，"完善思想政治工作体系"，为高校思想政治工作指明了方向。[1]在全面建设社会主义现代化国家的新征程中，高校思想政治工作必须立足党和国家事业发展全局，主动适应新时代对人才培养的新要求，为实现中华民族伟大复兴提供坚实的人才支撑和智力保障。

"三全育人"，即全员育人、全过程育人、全方位育人，既是落实立德树人根本任务的重要抓手，也是新时代高校思想政治工作的重要创新模式。它强调打破传统的育人边界，将思想政治教育贯穿于教育教学的各个环节，实现育人资源的最大化整合。当前，深入推进"三全育人"综合改革，探索构建科学完备的"三全育人"标准体系，并形成一套可复制、可推广、可借鉴的成熟工作模式，能够有效增强高校思想政治工作的针对性和实效性。这不仅是深入贯彻落实全国教育大会精神的必然要求，也是推动高校思想政治工作与高等教育发展深度融合、协同共进的现实需要。

2018年，教育部发布《"三全育人"综合改革试点工作建设要求和管理办法》，要求试点单位建立完善的评估机制。[2]作为首批试点单位，清华大学积极响应，制定并发布了《关于加强全员全过程全方位育人的若干意见》，围绕"十大育人"体系，实施了12方面共计182条具体举措，各院系以此为遵循积极探索实践，然而在推进过程中仍存在评价过程中缺乏统一的量化指标、部分改革举措的可持续性不强等问题。为巩固和发展现有思想政治成果并形成长效机制，必须建立相应的院系工作评价体系，充分发挥评价在促进工作改进、确立目标导向方面的作用。具体而言，指标体系的研制主要有以下三个方面的意义。

第一，为院系"三全育人"工作评价提供统一尺度。构建科学、系统的评价指标体系，能够为各院系的"三全育人"工作提供明确的评价标准和依据，避免评价尺度不统一导致的工作成效难以衡量或比较的问题。统一的评价尺度不仅有助于客观反映各院系在"三全育人"工作中的实际成效，还能为学校层面的整体规划和资源配置提供数据支持。

第二，为"三全育人"工作的科学化提供重要保障。借助"三全育人"评估体系，可以系统全面地回顾和梳理院系思想政治工作，分析存在的不足和问题，找出育人现状与预定目标之间的差距及产生的原因。通过评估可以确定影响思想政治教育工作的关键点，并可借鉴其他院系的优秀育人典型案例，为进一步优化院系管理提供科学依据。

第三，为提升大学生思想政治素质提供有效手段。"三全育人"模式围绕培养时代新人的目标，通过网络、实践、文化、科研等多方面开展全方位育人，涵盖课堂教学、校园文化、社会实践等多元渠道。借助评估，可以精准把握大学生思想政治素质现状，科学判断问题，从而改进育人工作，满足学生成长需求，促进大学生综合素质提升。[3]

二 "三全育人" 评价指标体系的理论基础

（一）思想政治教育评价体系研究进展

关于高校思想政治教育工作评价体系的研究，学界已形成较为丰富的研究成果。在评价方法方面，金军认为应将定性方法与定量方法相结合，从定性评价到量的收集分析，再到更高阶段的定性评价，才是科学的评价过程。[4]在评价原则方面，赵静提出高校思想政治教育工作质量评价需要坚持政治评价与业务评价相统一、客观评价与主观评价相统一等五大基本原则。[5]对于评价标准的建立，郭政、王海平提出评估标准体系由根本标准、基本标准和具体标准组成。[6]项久雨认为评估标准体系包含最高标准、根本标准、具体标准三个维度。[7]李春华指出，构建思想政治教育评价指标体系应在指导思想和构建理念上遵循人文性、科学性、时代性、导向性等四原则。[8]

（二）政策要求与制度保障

从改革开放初期的理念兴起到新时代高校实践工作的全面展开，"三全育人"的内涵随着时代进步而持续发展。2005 年 1 月，胡锦涛在全国大学生思想政治教育工作大会上首次提出"各高校要努力形成党委统一领导，党政群团齐抓共管，全体教职员工全员育人、全方位育人、全过程育人的工作机制"[9]，这是党中央第一次明确提出"三全育人"的概念。

2016 年 12 月，习近平总书记在全国高校思想政治工作会议上强调："要坚持把立德树人作为中心环节，把思想政治工作贯穿教育教学全过程，实现全程育人、全方位育人，努力开创我国高等教育事业发展新局面。"[10]这为新时代加强高校思想政治工作提供了基本遵循。2017 年 2 月，《关于加强和改进新形势下高校思想政治工作的意见》指出，要坚持全员全过程全方位育人，把思想价值引领贯穿教育教学全过程和各环节，形成教书育人、科研育人、实践育人、管理育人、服务育人、文化育人、组织育人长效机制。[11]

2018 年 9 月，习近平总书记在全国教育大会上明确指出，我国是中国共产党领导的社会主义国家，这就决定了我们的教育必须把培养社会主义建设者和接班人作为根本任务，培养一代又一代拥护中国共产党领导和我国社会主义制度、立志为中国特色社会主义奋斗终身的有用人才。这既是教育工作的根本任务，也是教育现代化的方向目标。在这次会议上，习近平总书记进一步强调，要把立德树人融入思想道德教育、文化知识教育、社会实践教育各环节，贯穿基础教育、职业教育、高等教育各领域，学科体系、教学体系、教材体系、管理体系要围绕这个目标来设计，教师要围绕这个目标来教，学生要围绕这个目标来学。[12]这一重要论述深化了"三全育人"的内涵，为新时代高校育人工作指明了方向。

2018 年 5 月，教育部办公厅发布的《关于开展"三全育人"综合改革试点工作的通知》进一步要求，院（系）层面的综合改革要聚焦科研育人、课程育人，积极探索育人育才和院（系）党建工作对接融合的有效模式，充分发挥院（系）党组织的政治保障功能。[2]这是因为院系作为高校基层组织的主要形式，是落实立德树人根本任务的主要阵地。

（三）"三全育人"工作研究现状

目前，"三全育人"工作研究主要集中在理念内涵、存在问题和实践路径三个方面。在理念内涵方面，梁伟等指出：全员育人指高校全体教职工都应参与育人工作；全过程育人指将立德树人要求融入教育教学全过程；全方位育人指充分利用各种教育资源和载体开展思想政治教育。[13]艾楚君、黄文韬对"三全育人"的价值意蕴进行了深入分析，认为其体现了立德树人的内在要求，耦合了"大思政"格局的内在规律，顺应了新时代人才培养的内在特征。[14]

在存在问题方面，杨晓慧指出目前尚未形成"时时有育人、处处有育人、事事有育人"的良好局面，主要面临全员育人如何形成系统合力、全过程育人如何实现有效衔接、全方位育人如何实现有机联动三大难题。[3]林毅从主体、过程、方位三个层面进行分析，提出在育人主体层面，协调配合的育人队伍未建立、职能部门人员育人作用难发挥、教书育人功能不完善、家庭教育严重缺失、社会正面影响薄弱；在育人过程层面，教学和生活衔接不紧密、假期育人工作缺失；在育人方位层面，教学内容枯燥、教育方法单一、实践联系薄弱、评价机制片面。[15]

在实践路径方面，张仙智指出，高校"三全育人"综合改革实践应打造包含制度建设、平台建设、标准建设和评价建设在内的育人体系，并通过政治站位的"高度"、顶层设计的"溶度"、问题导向的"精度"和关键举措的"效度"来确保综合改革的有效实施。杜丹玉建议：在全员育人方面，应加强教师队伍综合素质建设，整合学校、家庭、社会力量；在全过程育人方面，应加强各阶段现代化信息模式管理与信息反馈机制构建；在全方位育人方面，应多渠道、多层次构建"三全育人"机制。[16]

（四）评价指标体系的基本要求

基于学界研究成果和政策要求，本文认为"三全育人"评价指标体系应当满足以下基本要求：首先，评价指标应突出统一性与差异性的结合，既要体现评价标准的共同性，又要考虑院系的个性化发展；其次，评价过程应注重定性与定量相结合，既要注重对工作效果性质的评判，又要明确量的指标；最后，评价机制应确保可操作性，指标形成科学合理的等级和分值后，就进入了制度化、程序化轨道，使指标体系切实可行。

三　"三全育人"评价指标体系的研制原则

本文认为制定"三全育人"评价指标体系应遵循以下五个基本原则。

第一，完备性原则。该原则要求指标体系能够全面、整体地反映评价者对评价对象的要求。设计者在进行指标体系设计之前，应先对"三全育人"教育理念的本质属性、价值取向与内涵意蕴有系统的理解和把握。各类指标设定合适的权重和分值，次一级指标全面、具体地从本质上反映上一级指标。虽然指标体系不能面面俱到，但应突出重点，不遗漏与"三全育人"密切相关的重要指标。另外，各个指标之间应保持内在联系，相互配合，从多角度观察、分析评价院系的"三全育人"工作现状。

第二，普遍性与特殊性相统一原则。普遍性原则是指体系应包含可对每个学院都进行观测的指标，而特殊性原则是指体系制定应充分考虑院系发展的个性化与特殊性，实现部分指标特色化。随着院系学生各方面工作创新意识的觉醒和创新能力的增强，部分院系结合各自特色和实际，取得了诸多标志性成果。因此，指标体系包含基础指标和特色指标两部分：基础指标用于评估各院系在学生思想政治教育中的基本表现，反映其"规范性行为"；特色指标则聚焦于院系的独特优势、整体形象及精神风貌，体现其"自主创新行为"。

第三，明确性原则。"三全育人"评价指标体系是三级指标与观测点的集合体，体系内各指标相互独立、相互排斥，并且都有明确的质的规定。一方面，指标体系的各项指标间不能相互重叠，不能表现为因果联系或交叉关系，各项指标内涵明确、外延清晰，彼此之间的逻辑关系是并列独立的，否则会影响评价的准确性。另一方面，评价指标应有具体的意义指向和相应的评价尺度，以确定该指标在指标体系中的地位和权重，使指标体系的使用者不会对思政教育工作具体要求、内容产生语境意义上的歧义。

第四，可操作性原则。可操作性要求建立指标体系时，选择的指标必须可行，评价信息易于更新，有利于掌握和操作。一是指标应具备可信性，即指标依据清华大学政策文件设置，避免主观随意性。二是指标应具备可测性，即指标的提出易于操作，切合实际。"三全育人"评价指标体系中的部分观测点来自学校原有的不同方面的评估数据或指标，信息来源可靠，获取数据的方法简便易行。三是指标应具备可行性，即符合院系的实际工作情况，为广大评价对象所认可和接受。

第五，定性与定量相结合原则。该原则要求"三全育人"评价指标体系的确立既要注重对工作效果性质的评判，把握质的规定性，又要明确量的指标，积极借鉴相关学科中的检验、评估方法，最终形成实用、科学、高效的评估模式。

四　"三全育人"评价指标体系的具体构成及分析

依据清华大学《关于加强全员全过程全方位育人的若干意见》这一纲领性文件，[17]本文将组织领导、全员育人、全过程育人、全方位育人、条件保障作为院系指标体系的五大关键要素（一级指标）。

（一）组织领导

组织领导是德育体系的中枢指挥、控制系统。在《普通高等学校院（系）"三全育人"综合改革试点建设标准（试行）》中，"组织领导"是作为首要一级指标被提出的。[2]组织领导包括党委统一领导与督促检查两个方面。

加强党委（总支）统一领导是畅通院系"三全育人"工作体系的前提和首要保证。根据清华大学发布的《关于加强全员全过程全方位育人的若干意见》，院系党委（总支）要发挥主体领导责任，整合各方育人资源，形成有效协同，将思想政治工作融入办学治校全过程，使各项工作落到实处。院系层面，应由党委（总支）统一领导并成立学生思想政治工作领导小组，在宏观上把握学生思想政治教育工作的方向，制定长期目标和发展规划，并使之与学校总体发展的目标规划结合起来。党委（总支）负总责，党政配合，齐抓共管，逐步形成领导挂帅、分工负责、齐抓共建、相互协调的运行机制。具体可通过党政联席会、党委（总支）会将"三全育人"相关工作纳入院系专题研究并列入年度工作计划来考核院系党委（总支）对领导责任的承担情况。

加强督促检查工作是各级党委（总支）推动决策落实的必然要求和重要手段。"一分部署，九分落实。"一项决策部署能否达到预期效果，取决于落实是否到位，而工作落实是否到位，则取决于督促检查是否到位。加强督促检查工作，目的在于督促育人主体做好育人工作，保证培养质量。清华大学发布的《关于加强全员全过程全方位育人的若干意见》明确要求把加强和改进思想政治工作纳入"双一流"建设、教学工作审核评估、学术科研评估、二级单位巡察等范围。党委（总支）督促检查工作应涉及教学、科研、后勤、管理、服务等多个方面的内容，重点检查各项工作是否围绕育人开展，是否以学生的全面发展为本，是否充分发挥了学生的主动性，这些最终都应在院系年度工作报告中进行全面系统的总结。这是院系管理层对德育工作重视程度与负责态度的书面化反映。

（二）全员育人

共同体理论起源于社会学家斐迪南·滕尼斯（Ferdinand Tönnies），最初用于描述一种基于情感、血缘和地缘关系的天然社会形态。[18]后来，马克斯·韦伯（Max Weber）对其进行了改造，将其拓展为一种基于行动和社会关系的社会组织形式。[19]

最终，约翰·杜威（John Dewey）将共同体理论引入教育领域，强调教育应通过社会互动和协作实现个体的全面发展，并提出了"学校即社会"的教育理念。[20]这一理论为"三全育人"奠定了重要的学理基础。全员育人是"三全育人"的主体要素，是高校教育理念的核心价值所在。[21]全员育人不仅是一种教育理念的创新，也是一种系统性、整体性的教育实践模式，其核心在于通过整合多元主体的育人力量，形成教育合力，从而实现育人效能的最大化。这里的"全员"不仅包括学校的全体教师、辅导员和行政管理人员，还涵盖离退休教职工和校友等全体教职工群体，共同构建了一个协同育人的共同体。

明确教师工作职责是增强"三全育人"工作效果的重要途径。开放交流时间（open office hour）是教师面向全校学生公开设立的工作时间，全校学生可在此时间到约定的地点与教师进行面对面交流，清华大学从2016~2017年度春季学期开始试行开放交流时间制度，为强化师生互动，促进跨学科交流提供了有效途径。因此，可以通过考察院系教师开放交流时间的实施情况考察教师对育人工作的参与。此外，教师"三全育人"工作职责还可以通过落实教师学术第一责任、发挥优秀育人典型的引领示范作用进行具体考核。

加强思想政治工作队伍建设是形成育人合力的组织保证。思想政治理论课教学和日常思想政治教育是大学生思想政治教育中两个重要的组成部分，分别承担着"主渠道"与"主阵地"的重要角色，辅导员和思政教师是思想政治工作队伍的骨干力量，担负着思政教育的重要任务。[22]新时期高校辅导员不仅是大学生思想政治教育的骨干力量，也是大学生成长成才的管理者和服务者。"双肩挑"[1]作为清华大学政治辅导员制度的良好传统和重要特色，是一种特殊的培养拔尖人才的有效模式。2019年3月，习近平总书记在思想政治理论课教师座谈会上指出，办好思想政治理论课关键在教师，要求教师具备政治要强、情怀要深、思维要新、视野要广、自律要严、人格要正等六种素养。[23]因此，各院系"双肩挑"辅导员队伍的工作情况与"双肩挑"思政教师队伍的建设情况都是衡量院系"全员育人"工作成效的重要观测点。

离退休教职工同样是一支不可忽视的重要育人力量。他们具有丰富的教书育人、管理育人和服务育人的经验，业务理论功底深厚，熟悉教学规律，在专业、经验、

1　清华大学"双肩挑"辅导员制度建立于1953年，是指选择一些政治素质过硬、业务优秀的高年级学生担任辅导员。现在，辅导员队伍逐渐从最初的以在高年级本科生中选拔为主，发展为以青年教师为骨干、以硕士和博士研究生为主体。

时间、威望上均有较大优势，是巨大的人才宝库，应当被充分重视。同时，校友资源在"三全育人"方面发挥着独一无二的价值，充分利用并深入挖掘校友资源，做好校友育人工作，可为育人工作提供有益补给。

（三）全过程育人

终身教育理论（Lifelong Learning Theory）强调，教育不应局限于个体发展的某一特定阶段，而应贯穿于人的一生，旨在帮助个体在不同生命阶段获得持续成长与发展的能力。[24] 全过程育人作为"三全育人"体系中的时间维度，是终身教育理论在高校思想政治教育中的具体实践。它要求高校将思想政治教育贯穿于学生成长的每一个关键时间点或时间段，覆盖从入学到毕业的整个大学生涯，确保教育过程的连续性和系统性。从理论层面来看，全过程育人不仅是对传统思想政治教育模式的优化，也是一种时间维度上的教育创新，避免了教育过程中可能出现的断层或脱节现象。根据全过程育人的内涵，各院系需积极构建"纵向贯穿"的思想政治教育体系模式。例如，对于本科教育，从纵向上开展大一的入学教育、大二的成长教育、大三的成才教育、大四的毕业教育，建立首尾相应的纵向工作体系。

把握新生入学契机，开展深入细致的思想教育。作为基础教育和高等教育的有效衔接，新生教育是大学生的"入学第一课"，是高校育人工作的起点和关键环节。新生教育不仅帮助学生适应大学生活，还为其后续的学习和发展奠定了基础。因此，本指标体系主要通过新生对学校和院系新生教育的参与度来检验各院系的新生教育工作开展情况。

全面深化大类培养，提升通识教育水平。通识教育改革是整个本科教学改革的一个关键环节，是我国高等教育改革不可或缺的一个重要方面，是关乎我国人才培养、价值塑造和文化认同的大问题。[25] "院系"通识教育课程教学成果奖申报与获奖数量、为全校提供本科通识课程的教师比例是两个较为客观的统计指标，能够反映院系在通识教育方面的投入和成效。

全面落实研究生教育综合改革。研究生培养方案是贯穿研究生教育教学全过程的指导性文件，集中体现了培养单位对研究生教育的整体规划。建立健全研究生培养方案，有利于保障研究生教育工作的顺利开展。[26] 因此，本文将院系研究生培养方案改革情况作为研究生教育综合改革的具体观测点予以观测。

持续加强集体建设。清华大学发布的《关于加强全员全过程全方位育人的若干意见》明确指出，要做好大类招生和大类培养背景下的集体建设，发挥党支部的战斗堡垒作用。院系党团班活动开展情况主要通过提交入党申请书的学生比例和校级优秀学生集体数量进行观测。

充分挖掘体育的迁移价值。体育锻炼不仅能够增强体质，还能够促进心理健康和社会交往能力的发展。[27]"无体育，不清华。"在清华体育各项赛事中，"马约翰杯"是清华体育方面的最高荣誉。研究生体育俱乐部是清华大学研究生进行常态化体育运动、技能学习以及社交价值迁移的主流载体和平台，学校依托"清动圈"构建体育俱乐部集群，建设支持体系助力 400 余家体育俱乐部，覆盖研究生 1.2 万余人，形成了以羽毛球、游泳、乒乓球等热门运动为主，棋牌、桌球、健身、滑雪等多项特色运动相结合的广范围、多梯次、全覆盖的活动形式。[28]

把职业生涯教育和就业引导贯穿人才培养全过程。其核心目标是鼓励和引导学生到国家重点地区、重大工程、重大项目、重要领域就业创业，实现个人价值与社会价值的统一。从实践层面看，就业引导的成效可通过职业发展指导中心统计的重点就业率来量化评估。重点就业率反映了毕业生在国家重点领域和关键行业的就业分布，是衡量院系就业引导工作的重要指标。通过这一数据，高校能够动态优化职业生涯教育的内容与方式，确保就业引导与国家和社会的需求相匹配，从而提升人才培养的社会适应性和贡献度。

（四）全方位育人

人的能力涵盖多个方面，包括体力、智力以及由此衍生的实践能力、认识能力和审美能力等。马克思指出"任何人的职责、使命、任务就是全面地发展自己的一切能力"[29]，并明确指出了实现人的体力和智力相统一的方式，即"把教育同物质生产结合起来"[30]。从马克思主义的视角来看，教育的根本任务在于促进人的全面发展，而不仅仅是知识的单向传递。"全方位育人"是"三全育人"的空间维度，它强调高校思想政治教育内容的丰富性和育人途径的多样性，旨在构建一个全面、系统的育人体系，[31]以有效满足学生德、智、体、美、劳全面发展的需求。基于此理念，《高校思想政治工作质量提升工程实施纲要》提出了"十大育人体系"，包括课程育人、科研育人、实践育人、文化育人、网络育人、心理育人、管理育人、服务育人、资助育人和组织育人，为实现学生的全面发展提供了坚实的实践框架。

课程育人位居"十大育人体系"之首，是人才培养的核心要素。党的十八大以来，以习近平同志为核心的党中央高度重视高校思想政治工作，提出"把思想政治工作贯穿教育教学全过程"，核心是用好课堂教学这个主渠道。课程育人对院系的考核可依据学期结束时学生评教的数据形成的课程质量评估报告得分进行。[32]

科研育人是一种将高校教师的科研活动与教学工作有机结合，学生学习与科研相济的人才培养模式。科研育人不仅需要把大量的科学研究资源和成果有效转化为教学资源，还需要向学生传授科学研究的新方法、新进展、新成果、新经验，指导学生在科学研究中开展研究性学习。因此，在评价体系中要有相应的指标对院系科教融合效果进行考核，具体可通过教师的学术成果向教学内容转化的情况以及研究生学位论文或本科生综合论文训练是否围绕国家需求选题两个方面进行具体观测。

实践育人肩负着强化大学生综合素质和能力，提高人才培养质量的重任。其主要形式包括实践教学、军事训练和社会实践活动，实践育人的效果可通过院系的实践工作情况予以反映，具体可以通过对学生社会实践工作的资源投入情况进行观测。[33]

文化育人指通过学校文化建设形成无时不在、无处不有的浓厚的育人环境和氛围。通过传承中华优秀传统文化，弘扬时代精神，帮助学生树立正确的世界观、人生观和价值观，使学生在潜移默化中接受思想引领。学风和校风是大学的核心文化，是灵魂和气质，是评价学校教书育人效果的标尺。在文化育人的过程中，院系应注重对学校的办学传统、育人理念及校训、校风、学风的思想文化内涵进行系统梳理、深入阐释与广泛宣传。[34]

网络育人指要加强宣传阵地的建设和管理，用健康向上的网络文化占领网络育人的宣传阵地。院系应明确规定各类宣传阵地的责任人与审核流程，这是衡量网络育人建设情况的基础性观测点。

心理育人指通过运用心理学相关素材、仪器设备以及心理辅导、心理咨询等相关活动达到育人目的。考虑到心理健康服务内部系统不应孤立作用，而应相辅相成，共同提高学院的心理健康服务水平，研究将具体观测点设置为院系教务、班主任、导师在学生身心健康教育与危机干预工作中是否良好协作、形成合力。

管理育人指学校的管理部门及其人员通过管理者的角色行为，对被管理者、管理者自身以及其他人员在政治素质、思想观念和道德品质等方面施加影响，使之趋向于学校德育目标的过程，[35]具体可通过院系对学生违纪处理流程的规范情况予以考评。

服务育人是指高校通过各种服务活动和管理措施，将育人理念贯穿于服务的全过程，以实现教育与服务的深度融合。服务育人要求高校建立完善的服务制度和管理机制，明确各部门和服务人员的职责，规范服务流程，提高服务效率，具体可通过学生对院系行政服务（教务、学工）的满意度评分、学生事务办理时效进行衡量。

资助育人同样是"三全育人"长远育人格局中的重要项目和载体。教育部文件提出构建国家资助、学校奖助、社会捐助、学生自助"四位一体"的发展型资助体系。奖助工作开展情况，可以以院系是否构建完善的奖助体系为观测点，而贫困生工作开展情况，应落实"一人一策"资助服务。[36]

组织育人的关键在于党建育人。基层党建育人作为高校组织育人的重要抓手，是提升学生思想政治素质、促进学生全面发展的核心力量，党建工作的质量会直接影响到立德树人这一中心环节的实效，具体可通过学生党员对党支部的评议结果进行测评。[37]

（五）条件保障

条件保障的重点是资源保障。《关于加强和改进新形势下高校思想政治工作的意见》规定，学校需提供专项经费，设立专项课题，支持院系开展加强"三全育人"试点改革项目。具体到院系层面，应当对院系的学生生均活动经费情况进行衡量比较。对作为育人主体的教师群体也应给予充分的支持，具体的观测点设置为是否在进行聘期考核时对承担学生工作的一线教师的考核截止年限进行适度的宽松延长。此外，院系对"三全育人"相关问题的理论与实践研究情况为"三全育人"各项活动开展提供了重要的智力支持，因此也属于条件保障考核内容之一。

（六）院系特色与负面清单

制定评价指标体系一方面需注重统一的"标准"，另一方面也绝不能淡化特色。院系特色育人实践是在长期工作中积淀形成的，为本院系特有且具有一定的稳定性和有效性，应当得到评价认可。而学校管理负面清单则为院系各方面工作划清了"不可为"的范围，负面清单是底线、红线、高压线，不得以任何理由突破和逾越，各院系职责主体需在育人过程中坚持"守底线、保基本"的育人原则。

五 结论与建议

本文基于系统的文献研究和政策分析，以清华大学为例，构建了包含组织领导、全员育人、全过程育人、全方位育人和条件保障五个维度在内的院系"三全育人"评价指标体系。该体系既体现了评价标准的统一性，又考虑到院系发展的差异性；既注重定性评价，又强调量化指标；既确保了评价过程的科学性，又保证了具体实施的可操作性。

通过研究可以看出，科学合理的评价指标体系对于推进高校"三全育人"工作具有重大意义。它不仅能够为院系提供育人工作的评价依据，而且能够促进院系之间的相互学习与交流，推动形成育人合力。但同时也要看到，指标体系的建立仅仅是第一步，保障评价机制的科学实施、运用评价结果推动工作改进，还需要进一步的探索和实践。

第一，**建立跟踪评估机制**。指标确立后，应实时关注评估院系总体情况、重点改革举措的实施情况（特别是突破重点难点问题的改革成果）、各院系"三全育人"主要经验与存在的个性和共性问题。在改进基础上开展下一轮评估，对照查找实践过程中出现的新问题与缺漏，实现以评促建。

第二，**避免评估"一刀切"**。所谓"一刀切"，是指评估标准的运用呆板僵化，灵活性不足。不同院系的发展基础有强有弱，学生能力有优有劣，因此，评估院系学生不能按照统一的标准执行，需考虑院系不同学科要求和不同的层次特点。在本指标体系中，部分观测点属于调节性评估内容，考察不同院系学生工作时，这些评估内容的评估标准可适当调整，以更具弹性和机动性。

第三，**重视学生评价**。传统的院系评估是由院系自身、学校职能部门或兄弟院系进行的，但这些主体并非高校思想政治教育的受益或服务对象。某个院系学生思想政治工作做得怎么样，学生体会最深，最有发言权。因此，在对"三全育人"进行评估时，要充分吸收学生的反馈意见，并重视这些意见。只有这样，才能真正达到立德树人的育人要求，从实处提升院系思想政治工作水平。

参考文献

［1］习近平：《高举中国特色社会主义伟大旗帜　为全面建设社会主义现代化国家而团结奋斗——在中国共产党第二十次全国代表大会上的报告》，中国政府网，https：//www. gov. cn/xinwen/2022-10/25/content_5721685. htm，2022 年 10 月 25 日。

［2］教育部：《关于开展"三全育人"综合改革试点工作的通知》，中华人民共和国教育部网站，http：//www. moe. gov. cn/srcsite/A12/moe_1407/s253/201805/t20180528_337433. html，2018 年 5

月 18 日。

［3］杨晓慧：《高等教育"三全育人"：理论意蕴、现实难题与实践路径》，《中国高等教育》2018 年第 18 期，第 4~8 页。

［4］金军：《高校思想政治教育评估及方法探析》，《武汉科技学院学报》2005 年第 3 期，第 98~101 页。

［5］赵静：《高校思想政治教育工作质量评价的基本原则》，《思想教育研究》2018 年第 2 期，第 69~72 页。

［6］郭政、王海平：《思想政治教育评估标准和方法探析》，《南京政治学院学报》2001 年第 5 期，第 85~88 页。

［7］项久雨：《论思想政治教育价值评价的特点及其功能》，《学校党建与思想教育》2004 年第 3 期，第 13~16 页。

［8］李春华：《论构建现代思想政治教育评价体系的基本原则》，《学校党建与思想教育》2011 年第 32 期，第 15~17 页。

［9］胡锦涛：《在全国大学生思想政治教育工作会议上的讲话》，《人民日报》2005 年 1 月 20 日。

［10］习近平：《把思想政治工作贯穿教育教学全过程　开创我国高等教育事业发展新局面》，《人民日报》2016 年 12 月 9 日。

［11］中共中央、国务院：《关于加强和改进新形势下高校思想政治工作的意见》，《人民日报》2017 年 2 月 28 日。

［12］习近平：《在全国教育大会上的讲话》，《人民日报》2018 年 9 月 11 日。

［13］梁伟、马俊、梅旭成：《高校"三全育人"理念的内涵与实践》，《学校党建与思想教育》2020 年第 4 期，第 36~38 页。

［14］艾楚君、黄文韬：《"三全育人"的价值意蕴、现实困境与破解路径》，《长沙理工大学学报》（社会科学版）2020 年第 3 期，第 51~59 页。

［15］林毅：《试论高校"三全育人"理念的内涵及落实机制》，《齐鲁师范学院学报》2018 年第 4 期，第 19~26 页。

［16］杜丹玉：《高校思想政治工作"三全育人"机制研究》，《长春师范大学学报》2018 年第 5 期，第 171~173 页。

［17］《清华大学系统规划统筹推进"全国党建示范高校"创建工作》，全国高校思想政治工作网，https：//yurenhao. sizhengwang. cn/a/qhdxdw/210119/748366. shtml，2021 年 1 月 19 日。

［18］〔德〕斐迪南·滕尼斯：《共同体与社会：纯粹社会学的基本概念》，北京：北京大学出版社，2010。

［19］〔德〕马克斯·韦伯：《经济与社会》（第 1 卷），上海：上海人民出版社，2010。

［20］〔美〕约翰·杜威：《民主与教育》，江苏：译林出版社，2012。

［21］张明菊、范天森：《新形势下高校"全员育人"的理念与实践探析》，《学校党建与思想教育》2009 年第 31 期，第 68~70 页。

［22］崔晓丹：《大学生思想政治教育主渠道与主阵地协同研究》，硕士学位论文，北京科技大学，2021。

［23］《习近平主持召开学校思想政治理论课教师座谈会》，中国政府网，https：//www. gov. cn/xinwen/2019-03/18/content_5374831. htm，2019 年 3 月 18 日。

[24] J. Delor, *Learning: The Treasure Within*, UNESCO Publishing, 1996.

[25] 冯燕芳:《以"故事教学法"推进哲学通识教育改革——以西方哲学史为例》,《教书育人》2017 年第 36 期,第 91~93 页。

[26] 杨迪、杨丽娜、张德强:《生物学一级学科门类下研究生培养方案的制定与思考——以北京林业大学生物科学与技术学院为例》,《中国林业教育》2017 年第 S1 期,第 102~106 页。

[27] Leif Hass, *Spark: The Revolutionary New Science of Exercise and the Brain*, Greater Good, 2008, No. 1, p. 38.

[28] 《因势利导 乘势而上 踔厉奋发培养德才兼备高层次人才——清华大学研究生思想政治工作五年总结》,清华新闻网, https://www.tsinghua.edu.cn/info/2905/98231.htm, 2022 年 9 月 22 日。

[29] 《马克思恩格斯选集》(第 3 卷),北京:人民出版社,2012。

[30] 《马克思恩格斯选集》(第 1 卷),北京:人民出版社,1995。

[31] 张德江:《文化育人:大学文化建设最重要的任务》,《中国高等教育》2012 年第 17 期,第 14~16 页。

[32] 习近平:《把思想政治工作贯穿教育教学全过程开创我国高等教育事业发展新局面》,《人民日报》2016 年 12 月 9 日。

[33] 徐仕丽:《新形势下我国网络育人的发展研究》,硕士学位论文,东北师范大学,2018。

[34] 阴浩:《基于文化自觉视野下高校文化育人实施路径》,《中国高等教育》2019 年第 21 期,第 51~52 页。

[35] 刘洁:《高校管理育人的途径探析》,《思想理论教育导刊》2012 年第 8 期,第 118~120 页。

[36] 熊元林、卢少华:《高校学生纪律处分解除制度的基本构想》,《思想理论教育》2020 年第 9 期,第 103~107 页。

[37] 赵业成:《立德树人视域下高职院校基层党建育人机制构建研究》,《浙江交通职业技术学院学报》2020 年第 1 期,第 86~90 页。

Construction of the "All-around Education" Evaluation Index System for University Departments: A Case Study of Tsinghua University

Li Fengliang, Liu Xiao

Abstract: Universities represent a country's development level and potential, shouldering important missions in talent cultivation, scientific research, social service, cultural inheritance and innovation, and international exchange and cooperation. As a strategic requirement for implementing the fundamental task of moral education in universities, the "All-around Education" work requires establishing a scientific evaluation mechanism. Tsinghua University is one of the first pilot institutions for "All-around Education". Based on systematic literature research and empirical investigation, this study designs an evaluation index system for the "All-around Education" work in university departments, taking Tsinghua University as an example. The index system includes five dimensions: organizational leadership, all-staff education, all-round education, whole-process education, and supporting conditions, with corresponding evaluation criteria and observation points. To ensure the scientific implementation of the evaluation index system, this study proposes suggestions including establishing a tracking evaluation mechanism, improving the index system and data channels, avoiding one-size-fits-all evaluation, and emphasizing student feedback, aiming to provide valuable reference for improving the quality of ideological and political education in universities.

Keywords："All-around Education"; Talent Training; Tsinghua University

赋能青年：高校大学生创新创业政策
文本计量与效能评价*

裴 培 李可扬**

摘　要： 在国家创新驱动发展战略的导向下，高校大学生群体已成为创新创业实践的关键行动者，其创新创业活动成效受政策制度环境的显著影响。本文遵循"文本分析—效能评估—路径优化"的三维框架，选取 2012~2023 年国家级、省级（北京、上海）的 14 项典型政策文本，创新性地构建了政策样本的共线网络与 PMC 指数模型，揭示政策体系的逻辑特征，评估相关政策的实施效能。研究发现，现行高校大学生相关创新创业政策主要存在政策属性维度深化不足、政策工具谱系有待丰富、政策机制架构需优化等问题。为此，在政策实施上，本文从深化政策认知基础、优化政策工具组合、完善政策运行架构三方面提出优化建议。

关键词： 高校学生　创新创业　效能评价　文本计量

一　引言

在创新驱动发展战略纵深推进的背景下，我国创新创业政策供给呈现指数级增

---

* 本文为 2023 年上海市教育科学研究项目"区阈创业生态系统视阈下高校创新创业教育体系研究"（项目编号：C2023148）的研究成果。

** 裴培：同济大学经济与管理学院团委书记，讲师，主要研究方向为管理学、工商管理、教育学。李可扬：同济大学经济与管理学院本科生，主要研究方向为管理学。

长态势，形式也愈加丰富。在众多创新创业主体中，高校青年的创新创业在国家创新体系中处于战略性的基础地位，[1]加强对大学生的双创支持与教育、构建完善的高校创新创业制度安排是经济社会发展的必然要求。[2]就创新创业的政策供给而言，在由量增到质变的过程中，对既往政策要素的解读、新政策要素的制定、标杆性案例的推广和可持续发展路径的建立成为发展研究的基础与重点。

已有文献在对双创政策的研究方面，从实践回归到理论扩展的力度不足，碎片化、片段式的研究较多，缺乏宏观、总体的结构性思考。同时，在区域视角下，以大学生创新创业政策为研究对象，以高校为切入视角的相关双创政策研究仍然稀缺。

本文锚定上述痛点，选取 2012~2023 年中央部委及京沪两地发布的 14 项高校双创专项政策作为分析样本，构建了政策文件的共线网络与 PMC（Policy Modeling Consistency）指数模型，通过针对不同政策主体发布的政策对高校大学生创新创业发展的影响效果评估，识别当前政策的特点和问题，为未来针对高校大学生的双创政策的制定、改进和完善提供切实可行的依据和标准。进而面向高校大学生这一极其重要的创新创业主体开展更精准、更有效的政策供给，扎实有序地推动大学生创新创业的可持续发展。

二　文献综述

（一）政策评价维度与方法

政策评价是一个按照特定标准和程序进行的过程，通过制定合适的评价标准和方法，对政策工具、政策实施、政策优化等要素进行全面分析和评估，[3~4]其对政策的制定、实行和优化调整具有直接的调节作用[5]。在政策评价维度上，杨大楷、刘曦腾认为在阶段启发法概念框架下的政策评价体系中，政策评价应该涵盖价值层、行为层和目标层三个子系统。[6]何江等根据前人研究，将政策评价划分为政策前评估、政策全过程评估和政策后评估。[7]政策评价维度和视角的选择旨在最大限度地反映所评估政策的实际状况。这涉及将具体政策抽象为标准化的指标，以便进行政策评估。因此，政策评价维度和视角的选择需要考虑待评价政策的具体特征，以确保评价过程的准确性和有效性。

从政策评价方法来看，常见的评价方法主要分为定性评价和定量评价。[8]经典的定性评价方法有案例研究、专家访谈、对比分析等。[9]而定量评价方法则主要有文献计量法、倾向得分匹配－双重差分法、BP 神经网络评价法、灰色关联评价法、PMC 指数模型等。

这些已有的政策评价方法各有优劣与适用，为本研究奠定了坚实的基础。本研究主要采用基于文本挖掘的定性评价方法。

（二）创新创业政策评价研究现状

创新创业政策的评价与分类始于 Rothwell 等，他们基于创新政策制定特征，将创新政策划分为供给、需求、环境三种类型来进行评价。[10]国内学者方永恒等也沿用了这三种类型来构建创新创业政策的评价体系。[11]

在分析框架上，《奥斯陆手册》（第三版）中的经济合作与发展组织（OECD）呈现了一种创新测度框架，将创新政策嵌入由企业内部创新、外部创新需求以及教育研发基础设施等要素构成的综合体系中。这一框架有助于将创新政策与相关要素有机融合，以更全面地评估创新活动的影响。刘会武等则创新性地提出"钻石模型"的分析框架，用于创新政策的理论构建。

从评价方法来看，Borras 等构建了一种系统导向型创新政策评价方法，该方法从政策的覆盖范围、实施时效性以及政策的专业性等多个角度入手，采用德尔菲法对欧盟成员国发布的创新政策进行定量比较和综合评估。[12]汪晓梦则从灰色关联分析的方法出发，对技术创新政策的运作绩效进行了实证研究。[13]此外，裘著燕等采用模拟仿真的方法，将产权保护、政策力度、创新水平等纳入仿真模型参数中，对创新创业政策进行评价。[14]樊霞等立足文本挖掘，构建共性创新政策分析框架，采用政策文本编码对创新政策进行解构和评价。[15]王元地等利用三阶段数据包络模型（DEA）建立了创新创业的评价体系评价相关政策。[16]而张永安等采用 PMC 指数模型对国务院创新政策进行了量化评价和综合梳理，但其在构建二级评价量表时，并没有参考文本计量结果来进行优化修正，评价结果针对性较弱。[17]

以上的研究成果和方法都为本文的展开提供了思想和理论指导。

本文从高校大学生视角，结合文本计量、文本挖掘等方法构建 PMC 指数模型，对相关高校大学生的创新创业政策进行评价，绘制 PMC 曲面图，结合蛛网图进行对比分析，并利用 PMC 模型自身特点，提高政策文本量化研究的聚焦程度，[18]经相互比较分析，提出针对大学生主体的更科学、更有效的双创政策提升方法。

具体的研究路径如下。

（1）收集、筛选、预处理相关高校大学生的创新创业政策，运用文本计量和文本挖掘方法进行词频统计，绘制关键词共现网络、词云图及共词矩阵，依据文本挖掘结果和相关文献，构建 PMC 指数模型。

（2）利用 PMC 指数模型对相关政策文本进行实证研究，并绘制各项政策的 PMC 曲面图，结合蛛网图进行对比分析。

（3）结合分析结果，综合评价面向高校大学生制定的相关创新创业政策，并提出优化调整建议，为后续政策的制定和改进提供可行思路，以提升后续相关政策的整体效能。

三　研究设计

（一）样本选取与预处理

创新创业政策在国家政策体系中居于战略性地位。在研究样本上，本文确定了国家级机关及部委发布的政策文件为核心样本来源。为了综合考量各地的相关政策情况，方便比对分析，还选取了北京、上海两个直辖市的相关政策：北京、上海在高等院校发展和高校大学生创新创业活动中均处于国内第一梯队。《2022 年全球创业生态系统报告》显示，在中国城市的创新创业生态系统方面，北京与上海位于前两名。

本文的研究样本为高校大学生创新创业政策，针对性较强，因此，筛选得到合乎要求的政策样本十分重要。本文以"高校创新创业""大学生创新创业""青年创客"等相关关键词，在国务院、发展改革委、人力资源部、教育部和上海市政府、北京市政府等相关政府网站中进行检索，初步得到相关政策文件 32 项。

为了使获得的政策样本更加精准、有效，本文按照以下要求对政策文本进行了二次筛选：其一，政策文件中所涉及的内容必须与创新创业高度相关，且涉及的主要主体必须为高校大学生；其二，将失效文件进行剔除，且只选取了意见、规章、实施办法等规范性文件，对批复、公示、决定、通报等[19]不予采纳。最终筛选出的代表性政策文件共计 14 项，其中，国家级政策文件 5 项、北京市级政策文件 5 项、上海市级政策文件 4 项。

（二）相关政策文本计量分析

本文运用 R 语言和 ROSTCM6 文本挖掘软件对筛选得到的相关政策文件进行了文本计量分析：首先，对得到的政策样本进行分词处理；其次，对分词结果进行词频统计。

初步结果处理如下：

（1）合并意义相同的词项，如高校、高等院校等；

（2）剔除与政策评价无关的程度词、副词等，如一批、市属等。

最终得到相关政策文本关键词词云图谱，结合关键词词频统计，相关政策样本的高频关键词主要有创业、创新、青年、教育、高校、项目、建设、计划、人才、发展、教学、培养、学生、企业、加强、服务、单位、科技、管理、人员、技术、开展、资源、社会、推动、平台、改革、能力、成果、教师、推进、组织、实践、课程、研究、机制、体系等（见图 1）。

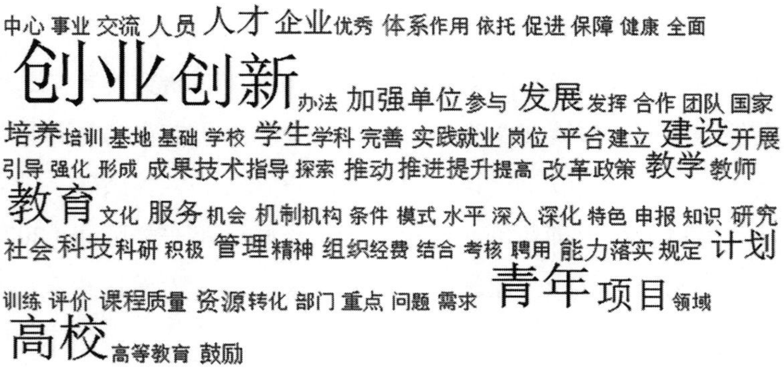

图 1　相关政策文本关键词词云图谱

统计高频关键词后，本文进一步挖掘政策文本，建立相关政策的关键词共现网络和共词矩阵表。篇幅所限，本文只列出关键词共现网络（见图 2）。

该共现网络中的每个节点代表一个关键词，关键词之间的连线代表关键词间存在共现关系，若两个关键词出现在同一句中，则识别为一次共现关系。每个关键词节点的大小和周围连线的密度反映了不同关键词的热度和它们之间的联系，节点越大，周围连线越密，则政策主题越凸显，从而可以分析政策制定主题及特点。[20] 由图 2 可以发现，高中心度关键词主要有创新、创业、高校、教育、建设、人才、改革、项目、培养、中心等。

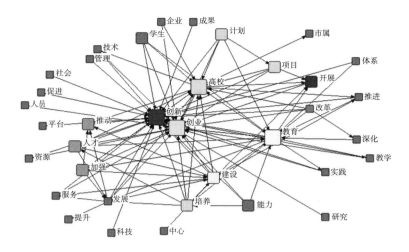

图 2　文本挖掘共现网络

根据以上结果，我们可以初步评价高校大学生创新创业政策的特点和重点，并提取关键要素，为之后 PMC 变量的建立提供更加有针对性的参考。[21]高中心度的关键词"创新"和"创业"明确显示政策的核心是鼓励和支持青年参与创新和创业活动，说明研究中收集到的政策主题非常集中。而关键词"高校"和"教育"表明政策可能强调青年教育和培训，以培养创新精神和企业家精神。高校可能提供创新创业课程，支持学生创办初创企业，或者提供研究资源。关键词"人才"和"培养"凸显政策关注吸引、培养和保留年轻创业人才，政府可能推出奖学金计划、创业加速器项目和导师制度，以培养有潜力的年轻创业者。政策中的关键词"改革"表示政府关注改革法规和程序，以减少创新创业的障碍和提供更多的支持。改革可能包括简化创业登记流程、改善知识产权保护和减少管理手续等。

综合而言，共现网络的高中心度关键词分布表明，政策供给着重于激励青年参与创新创业，通过提供教育、资源、资金和改革来落实相关支持。

通过以上分析，提取了政府对青年创新创业政策重点关注的领域，即创新创业教育、政策改革、中心建设、项目建设、加强实践等，为后续 PMC 指数模型的建立提供依据。

（三）PMC 指数模型的建立

PMC 指数模型是一种常见的政策建模研究一致性指数模型，旨在科学量化评估各项政策。其最早起源于 Omnia Mobilis 的假说，该假说认为世间万物都存在联系且都是变化的，在对政策评价进行建模时应当广泛考虑相关变量。[22]PMC 指数模型由 Estrada 正式提出，用于评价政策的一致性，这一研究模型没有对变量数量作出限制，运用一级和二级变量，以直观方式揭示政策的优点、不足和一致性水平。[23]在这一模型中，所有的二级变量具有相同权重，采用二进制方法平衡所有变量。这种方法不仅能够帮助评估政策，而且能够减弱冗余性，是一种更具洞察力的政策评估方式。

本文将青年视域下创新创业政策的特点与 PMC 指数模型深度融合，结合已有相关参考文献，综合考虑文本计量、核心关键词词频和社会网络分析，建立了 PMC 指数模型评价指标体系（见表 1），包括 10 项一级指标和 39 项二级指标，并依据 Estrada 的政策评价等级，将相关政策评分划分等级如表 2 所示。

表 1　青年视域下创新创业政策 PMC 指数模型评价指标体系

一级指标	二级指标	指标来源
(X_1)政策性质	$(X_{1;1})$监管 $(X_{1;2})$建议 $(X_{1;3})$指向 $(X_{1;4})$完备性 $(X_{1;5})$前瞻性 $(X_{1;6})$创新性	Estrada， 张永安、周怡园， 赵立祥、汤静， 何江、闫淑敏， 以及根据 3.2 文本计量结果自建和修订
(X_2)政策领域	$(X_{2;1})$环境 $(X_{2;2})$经济 $(X_{2;3})$科技 $(X_{2;4})$政治 $(X_{2;5})$社会服务 $(X_{2;6})$其他	张永安等
(X_3)政策时效	$(X_{3;1})$长期 $(X_{3;2})$中长期 $(X_{3;3})$中期 $(X_{3;4})$短期	Estrada， 以及根据 3.2 文本计量结果自建和修订
(X_4)支持措施 （保障激励）	$(X_{4;1})$福利激励 $(X_{4;2})$成就激励 $(X_{4;3})$行政审批激励 $(X_{4;4})$奖酬激励	冉棋文， 张永安、郄海拓， 以及根据 3.2 文本计量结果自建和修订
(X_5)政策主体	$(X_{5;1})$国家级、部委级政府 $(X_{5;2})$省市厅局 $(X_{5;3})$其他(区县政府)	张永安、周怡园

一级指标	二级指标	指标来源
（X₆）政策客体	（X₆;₁）高等院校行政主体 （X₆;₂）高等院校教师 （X₆;₃）高等院校学生 （X₆;₄）其他相关青年双创主体	吴卫红， 以及根据 3.2 文本计量结果自建和修订
（X₇）政策评价	（X₇;₁）依据充分 （X₇;₂）目标明确 （X₇;₃）方案科学 （X₇;₄）规划翔实	戚湧、张锋
（X₈）政策工具	（X₈;₁）供给型 （X₈;₂）需求型 （X₈;₃）环境型	方永恒、刘佳敏， 以及根据 3.2 文本计量结果自建和修订
（X₉）核心领域	（X₉;₁）成果转化水平 （X₉;₂）自主创新水平 （X₉;₃）可持续性 （X₉;₄）其他	刘亭立、傅秋园， 以及根据 3.2 文本计量结果自建和修订
（X₁₀）政策公开		G. Paperin

表 2 政策评分等级划分

得分	9~10	7~8.99	5~6.99	0~4.99
评价等级	完美	优秀	可接受	不可接受

四 相关政策评价实证分析

（一）PMC 指数计算

依据建成的 PMC 指数模型，对各项政策打分。①选定需评价的政策文件，根据表 1，基于文本挖掘结果确定二级变量的取值。当政策文本中出现该项二级变量时取值为 1，否则取值为 0。②根据公式（3）计算相关政策以及变量取值。③根据公式（4）计算各项政策的 PMC 指数，并且依据评分等级划分来确定各政策的评级。

$$X \sim N[0,1] \tag{1}$$

$$X = \{X_R : [0 \sim 1]\} \tag{2}$$

$$X_t \left(\sum_{j=1}^{n} \frac{X_{tj}}{T(X_{tj})} \right) \quad t = 1,2,3,4,\cdots,\infty \tag{3}$$

$$PMC = \begin{bmatrix} X_1 \left(\sum_{i=1}^{6} \frac{X_{1i}}{6} \right) + X_2 \left(\sum_{j=1}^{6} \frac{X_{2j}}{6} \right) + X_3 \left(\sum_{k=1}^{4} \frac{X_{3k}}{4} \right) + X_4 \left(\sum_{l=1}^{4} \frac{X_{4l}}{4} \right) + \\ X_5 \left(\sum_{m=1}^{3} \frac{X_{5m}}{3} \right) + X_6 \left(\sum_{n=1}^{4} \frac{X_{6n}}{4} \right) + X_7 \left(\sum_{o=1}^{4} \frac{X_{7o}}{4} \right) + X_8 \left(\sum_{p=1}^{3} \frac{X_{8p}}{3} \right) + \\ X_9 \left(\sum_{q=1}^{4} \frac{X_{9q}}{4} \right) + X_{10} \end{bmatrix} \tag{4}$$

其中 t 为一级变量，j 为二级变量。

根据此计算方法和文本挖掘结果，得出 14 项政策的每个二级变量的具体评分，再计算得出 PMC 指数，得出结果（见表 3）。

表 3　14 项相关政策的 PMC 指数

变量	P1	P2	P3	P4	P5	P6	P7	均值
（X_1）政策性质	0.83	0.83	0.83	0.67	0.67	0.83	0.67	0.88
（X_2）政策领域	0.83	0.67	0.83	0.50	0.83	1.00	0.67	0.84
（X_3）政策时效	0.50	0.50	1.00	0.75	0.75	0.50	0.50	0.75
（X_4）支持措施	1.00	0.50	0.50	0.50	1.00	1.00	0.50	0.64
（X_5）政策主体	0.33	0.33	0.33	0.33	0.33	0.33	0.33	0.41
（X_6）政策客体	0.75	1.00	1.00	1.00	0.75	0.75	1.00	0.88
（X_7）政策评价	0.75	0.75	1.00	1.00	1.00	0.75	0.75	0.91
（X_8）政策工具	0.67	1.00	1.00	1.00	0.67	0.67	1.00	0.84
（X_9）核心领域	0.75	0.50	0.75	1.00	1.00	0.75	0.50	0.73
（X_{10}）政策公开	1.00	1.00	1.00	1.00	1.00	1.00	1.00	1.00
PMC 指数	7.42	7.08	8.25	7.75	8.00	7.58	6.92	7.88
凹陷指数	2.58	2.92	1.75	2.25	2.00	2.42	3.08	2.22
变量	P8	P9	P10	P11	P12	P13	P14	均值
（X_1）政策性质	0.83	0.83	1.00	1.00	1.00	1.00	1.00	0.88
（X_2）政策领域	1.00	0.67	1.00	0.67	0.83	0.83	0.83	0.84
（X_3）政策时效	0.75	0.75	0.75	0.75	0.75	0.75	0.75	0.75
（X_4）支持措施	0.50	0.50	1.00	0.50	0.50	0.50	1.00	0.64
（X_5）政策主体	0.33	0.33	0.33	0.67	0.67	0.67	0.67	0.41
（X_6）政策客体	1.00	1.00	0.75	1.00	0.75	1.00	1.00	0.88

变量	P8	P9	P10	P11	P12	P13	P14	均值
(X_7)政策评价	1.00	1.00	0.75	0.75	1.00	1.00	1.00	0.91
(X_8)政策工具	1.00	0.67	0.67	1.00	1.00	1.00	1.00	0.84
(X_9)核心领域	0.75	1.00	1.00	0.50	0.50	1.00	1.00	0.73
(X_{10})政策公开	1.00	1.00	1.00	1.00	1.00	1.00	1.00	1.00
PMC 指数	8.17	7.75	8.25	7.83	8.00	8.75	9.25	7.88
凹陷指数	1.83	2.25	1.75	2.17	2.00	1.25	0.75	2.22

其中，政策 P1、P2、P3、P4、P5 由北京市相关市属机构发布，P6、P7、P8、P9 由上海市相关市属机构发布，P10、P11、P12、P13、P14 由国家级相关机构发布。

根据 PMC 指数计算结果和政策分级可以看出，P14 被评为完美政策，P1、P2、P3、P4、P5、P6、P8、P9、P10、P11、P12、P13 被评为优秀政策，P7 被评为可接受政策。而从政策来源来看，国家级针对青年的创新创业政策平均 PMC 指数为 8.31，北京市级的为 7.71，而上海市级的为 7.63。

（二）绘制 PMC 曲面图

为了更加直观形象地展示 PMC 指数的评价结果，在计算各项政策的 PMC 指数后，本文需绘制各项政策的 PMC 曲面图，用图形方式呈现 PMC 矩阵中的所有结果，即能够显示多维坐标空间上任何政策建模的优劣势。[24]具体做法是将所有政策的一级指标得分转化为如公式（5）所示的 3 阶矩阵。其中，由于一级变量 X_{10} 各项政策表现并无差别，因此不纳入矩阵建构中。[25]

$$\text{PMC}(曲面) = \begin{pmatrix} X_1 & X_2 & X_3 \\ X_4 & X_5 & X_6 \\ X_7 & X_8 & X_9 \end{pmatrix} \tag{5}$$

PMC 曲面通常呈现复杂的三维几何形状，其表面采用不同色块以反映各项指标的得分差异。曲面的凸出部分表明相关政策对应的评价指标得分较高，而凹陷区域则反映了对应的评价指标得分较低。由于篇幅限制，本文只展示完美政策 P14、可接受政策 P7，以及三个政策选取点位的代表优秀政策 P1、P4、P6 和 P11。

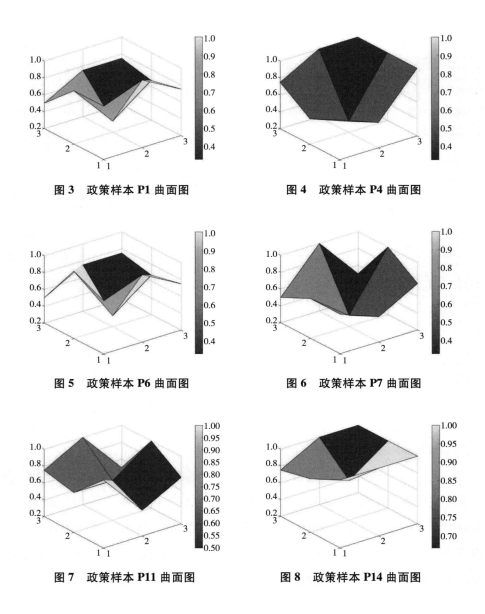

图 3　政策样本 P1 曲面图　　　　　　　　图 4　政策样本 P4 曲面图

图 5　政策样本 P6 曲面图　　　　　　　　图 6　政策样本 P7 曲面图

图 7　政策样本 P11 曲面图　　　　　　　　图 8　政策样本 P14 曲面图

（三）政策评价结果分析

根据政策评级次序、政策各级指标得分、PMC 曲面图分析，对相关创新创业政策进行综合评价，并提出相应的政策优化路径。

由 PMC 指数计算结果（见表 2）可知，14 项针对大学生的创新创业政策 PMC 指数总平均得分为 7.88，表明当前情况下，针对大学生的创新创业政策整体处于优秀的范围中，但有改进的空间。从 10 项指标得分的总体情况来看，政策主体、支持措施、核心领域、政策时效四个指标得分较低。其中，从政策时效来看，各项相关政策有的只关注宏观的政策规划，有的只针对短期内的实施提出指导意见，前瞻性的规划较少；而政策主体得分较低，说明政策部门联动能力有待进一步加强，可以增强上下级部门的政策联动性，以更好地贯彻政策的指导思想；支持措施指标得分较低，可能是因为当下针对大学生的创新创业政策多关注福利激励和成就激励，而行政审批激励、奖酬激励较少，需要拓宽支持措施的实施渠道；除此之外，核心领域的得分情况较低，可能是由于当下相关政策往往只关注显性的创新创业指标，在涉及未来发展的隐性指标上关注较少。

与此同时，三个不同的政策来源的效能表现也有所不同。为了直观展现三者的差异，本文绘制了三个点位的政策 PMC 指数平均得分的蛛网图（见图 9）。国家级的大学生双创政策 PMC 指数总体平均得分为 8.31，且有政策经 PMC 指数计算得分被评定为完美，北京市级的为 7.71，上海市级的为 7.63。由此可知，国家级的大学生双创政策主要是在政策性质和政策主体上优先于另外两个点位，原因是其政策在拟定时，往往采取更广阔的视角，综合考虑了环境、经济、政治、社会服务等多方面因素，在政策性质上也更加具有前瞻性和完备性。

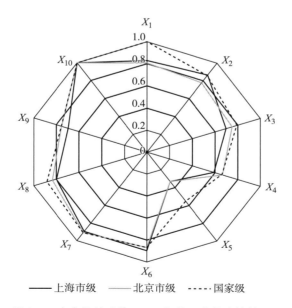

图 9 三个点位的政策 PMC 指数平均得分的蛛网图

五 问题与建议

（一）现有问题分析

综合上述分析，现行高校大学生创新创业政策的提升点主要包括以下三个方面。

1. 政策属性维度深化不足

政策属性表征公共政策的本质特征与价值取向，[26] 涵盖监管框架构建（创新创业生态全流程规制）、前瞻性研判（行业发展态势预测与风险预警）等核心要素。政策属性的理论纵深与执行效能呈显著正相关。PMC 指数分析显示，京沪两地 P4、P5、P7 三项政策在属性维度得分较低。通过对二级变量深入考察可以发现，上述政策在监管机制创新度、政策创新指数及制度完备性等关键指标上存在结构性缺陷。

此现象折射出双创政策体系存在三重悖论：其一，监管范式呈现路径依赖特征，政策周期末端的动态评估机制与风险补偿措施存在制度性缺位；其二，创新能级呈现边际递减趋势，政策文本存在语义重复与目标泛化现象，易导致政策执行时的资源耗散；其三，制度供给呈现碎片化特征，配套实施细则与保障条款覆盖率不足。

2. 政策工具谱系有待丰富

作为政策价值传导介质，政策工具通过特定组合范式实现治理目标。[27] 本文通过构建供给—需求—环境三维分析框架，发现样本政策存在显著工具错配现象：政策 P1、P4、P6、P9 在需求型、供给型政策工具使用上有所欠缺。其中，需求型政策工具包括创新创业服务采购、大学生相关创新创业市场塑造等；需求型政策工具在满足创业者需求、刺激创新和提供支持方面具有关键意义，其缺失会导致高校大学生在获取所需资源和支持时面临障碍（可能包括融资、培训、市场准入等）。而供给型政策工具的缺乏，可能影响政策的全面性和可行性，这包括资源分配、培训计划以及创新创业基础设施的建设等。

在支持措施上，有相当数量（如 P2、P3、P4、P7、P8、P9、P11、P12、P13）

的相关政策在福利激励和行政审批激励方面有所欠缺。福利激励的不足反映出相关政策制定者对于高校大学生的创新创业关怀不够全面，包括财务援助、税收减免、培训资源等；而行政审批激励的不足可能会导致大学生创新创业所涉及的行政审批程序烦琐、不透明或耗时过长。这可能使大学生创新创业者陷入冗长的官僚程序，发展速度受限。政策制定者需要审查和优化相关审批程序，以减少不必要的障碍。

3. 政策机制架构需优化

政策机制是公共政策运行的载体，[28]政策机制包含主体协同度、客体覆盖度、时效适配度三维向度。在本文中，PMC 曲面分析表明：面向大学生的创新创业相关政策存在主体结构单一化问题，大部分待评价政策（如 P1、P2、P3、P8、P9 等）只涉及 1~2 个政策主体，未能对政策进行上下级贯通；而在政策时效方面，P1、P2、P6、P7 只关注中期和中长期的指导，对于短期内的政策实践和长期的政策规划有所忽视，政策的时间连续性不足。此外，在政策客体上，多聚焦于单一典型青年主体，政策辐射面有待拓展。

（二）优化路径建议

1. 深化政策认知基础

（1）构建数据驱动的决策机制。建立大学生创新创业动态监测平台，整合创业者年龄、领域、阶段等 12 项核心数据维度。通过政校合作组建专家委员会，每季度发布《青年双创发展白皮书》，为政策制定提供实证支撑。设立政策预评估机制，运用场景模拟技术预测政策实施效果。

（2）构建动态监管体系。建立"监测—评估—反馈"全周期管理：开发政策执行数字仪表盘，实时追踪政策落实效果；引入第三方评估机构，从合规性、创新性、实效性三个维度开展年度政策评估；建立创业者直通渠道，收集实时反馈，实时响应政策疑难。

2. 优化政策工具组合

（1）完善供需支持体系。建立创新创业服务清单制度，重点补充市场信息对接、跨境孵化通道等薄弱环节；构建"创业全周期资源包"，提升投资匹配度和专业技术平台使用率。

（2）创新激励保障机制。建立阶梯式补贴体系，根据创业阶段提供差异化的税收优惠；推行"双创行政事项一键通"，整合相关行政审批事项，提升创新创业服务效率；设立年度创新影响力榜单，对社会效益显著的项目给予持续跟踪支持。

3. 完善政策运行架构

（1）构建协同治理网络。成立跨部门双创联席会议，纳入高校、孵化器、投资机构等主体；建立政策解读标准化流程，确保各级执行机构理解一致。开发政策智能匹配系统，为高校大学生创业者定制匹配政策方案。

（2）增强政策包容性。建立创业者画像系统，识别科技型、社会企业型、小微创业型等群体的特征。针对特殊群体设立专项支持计划，扩大政策惠及面。

（3）强化政策延续性。构建分阶段实施、评估的高校大学生创新创业政策体系：短期聚焦实操指南与应急措施；中期制定产业培育计划；长期关注建立可持续发展框架。每半年开展政策适应性评估，动态调整实施重点。

参考文献

［1］史煜娟、王妍、孙建博：《大学生创新创业主体的博弈与协同分析——以甘肃省为例》，《人才资源开发》2023 年第 1 期，第 46~49 页。

［2］李家华、卢旭东：《把创新创业教育融入高校人才培养体系》，《中国高等教育》2010 年第 12 期，第 9~11 页。

［3］H. Wollmann, "The Development of a Sustainable Development Model Framework," *Energy Policy Research*, 2007, NO. 13, pp. 69-75.

［4］刘纪达、麦强、王健：《基于扎根理论和 PMC 模型的军民科技政策评价研究》，《科技管理研究》2020 年第 23 期，第 38~47 页。

［5］A. Young, "Measuring R&D in the services STI," *Working Papers*, OECD, Paris, 1996.

［6］杨大楷、刘曦腾：《政策过程概念框架重构下的政策评价维度识别与应用》，《理论学刊》2015 年第 10 期，第 90~97 页。

［7］何江、闫淑敏、谭智丹等：《"人才争夺战"政策文本计量与效能评价——一个企业使用政策的视角》，《科学学与科学技术管理》2020 年第 12 期，第 52~70 页。

［8］王瑞祥：《政策评估的理论、模型与方法》，《预测》2003 年第 3 期，第 6~11 页。

［9］刘会武、王胜光：《创新政策系统分析：钻石模型的提出及应用》，《科学管理研究》

2009 年第 4 期，第 6~9 页。

[10] R. Rothwell, W. Zegveld, *Reindustrialization and Technology*, Longman, M. E, 1985.

[11] 方永恒、刘佳敏：《国务院养老服务政策挖掘与量化评价——基于 PMC 指数模型分析》，《云南行政学院学报》2020 年第 5 期，第 167~176 页。

[12] S. Borras, M. Laatsit, "Towards System Oriented Innovation Policy Evaluation? Evidence from EU28 Member States," *Research Policy*, 2019, NO. 48, pp. 312-321.

[13] 汪晓梦：《区域性技术创新政策绩效评价的实证研究——基于相关性和灰色关联分析的视角》，《科研管理》2014 年第 5 期，第 38~43 页。

[14] 袭著燕、迟考勋、杨阜城：《区域科技创新政策设计理论框架构建——基于山东省文件（2000—2012）的文献计量分析》，《科技进步与对策》2014 年第 5 期，第 39~44 页。

[15] 樊霞、吴进：《基于文本分析的我国共性技术创新政策研究》，《科学学与科学技术管理》2014 年第 8 期，第 69~76 页。

[16] 王元地、陈禹：《区域"大众创业，万众创新"效率评价——控制环境因素后的测量》，《科技进步与对策》2017 年第 20 期，第 101~107 页。

[17] 张永安、郄海拓：《国务院创新政策量化评价——基于 PMC 指数模型》，《科技进步与对策》2017 年第 17 期，第 127~136 页。

[18] 〔美〕斯科特·约翰：《社会网络分析法》，刘军译，重庆：重庆大学出版社，2007，第 68~78 页。

[19] 马绬补、张潇宇、秦春秀等：《我国公共信息资源开放政策扩散特征的量化研究——以三大经济圈为例》，《信息资源管理学报》2020 年第 4 期，第 15~26 页。

[20] 戚湧、张锋：《基于内容分析的战略性新兴产业政策评价研究》，《科技进步与对策》2020 年第 17 期，第 118~125 页。

[21] 翟运开、郭柳妍、赵栋祥等：《基于 PMC 指数模型的远程医疗政策评价》，《信息资源管理学报》2022 年第 2 期，第 112~122、137 页。

[22] M. R. Estrada, S. Nagaraj, S. F. Yap, "Beyond the Ceteris Paribus Assumption: Modeling Demand and Supply Assuming Omnia Mobills," *International Journal of Economics Research*, 2008, NO. 2, pp. 185-194.

[23] M. A. R. Estrada, "Policy Modeling: Definition, Classification and Evaluation," *Journal of Policy Modeling*, 2011, NO. 33, pp. 523-536.

[24] 杜宝贵、陈磊：《基于 PMC 指数模型的科技服务业政策量化评价：辽宁及相关省市比较》，《科技进步与对策》2022 年第 1 期，第 132~140 页。

[25] 张永安、耿喆：《我国区域科技创新政策的量化评价——基于 PMC 指数模型》，《科技管理研究》2015 年第 14 期，第 26~31 页。

[26] 薛惠元、张永高：《共同富裕视域下我国长期护理保险政策评价与优化路径研究——基于 PMC 指数模型》，《中国卫生政策研究》2023 年第 6 期，第 10~19 页。

[27] 黄萃、苏竣、施丽萍等：《政策工具视角的中国风能政策文本量化研究》，《科学学研究》2011 年第 6 期，第 877~878 页。

[28] 〔美〕保罗·A. 萨巴蒂尔：《政策过程理论》，北京：生活·读书·新知三联书店，2004。

Youth Empowerment: Measurement and Effectiveness Evaluation of University Youth Innovation and Entrepreneurship Policies

Pei Pei, *Li Keyang*

Abstract: University students are key drivers of innovation and entrepreneurship, and regional policies significantly influence their related activities. This study uses text mining to analyze policy samples, building a collinearity network and conducting word frequency analysis. A PMC index model is developed for quantitative evaluation with 10 primary and 39 secondary indicators, followed by an analysis using PMC surface and spider web charts. The research compares national youth innovation and entrepreneurship policies with those in Beijing and Shanghai, aiming to clarify policy-making logic and development paths. It establishes an evaluation system to guide sustainable policy development and reform. The findings reveal shortcomings in current policies, including limited content scope, missing policy tools, and structural gaps. Recommendations include enhancing regulatory mechanisms, implementing phased plans, enriching incentives, and expanding coverage to reach more young people.

Keywords: University Youth; Innovation and Entrepreneurship; Policy Evaluation; Text Measurement

学工专题 ——

高校"党建引领就业"的内在逻辑与优化路径[*]

王立伟[**]

摘　要： 高校党建能够发挥政治引领、价值引领和技能引领作用，对于高质量开展好高校就业工作具有较强的现实意义。目前，思想认识不到位、体制机制不完善、队伍建设不健全等问题正制约高校"党建引领就业"的基本效能。为此，要秉持"党建+就业原则"，推进思想建设层面深度融合；要创建"党建+就业规范"，优化制度建设层面有机融合；要优化"党建+人才管理"，加强队伍建设高质量融合。

关键词： 高校　党建　大学生就业

深刻洞察高校党建与就业工作的内在联系，积极推进高校党建与大学生就业之间的深度融合，以高质量党建引领高质量就业，既是保障和提升高校人才培养质量与就业质量的有效渠道，也是高校党建工作重要的实际面向。在实践中，应当正确把握高校党建与就业之间的逻辑关联，有针对性地推动路径优化，以期更好地发挥高校党建对大学生就业的引领作用。

一　高校党建与就业的内在逻辑

高校党建与就业表面上是两个不同的业务范畴，实际上却具有密切联系。在高

---

* 本文为浙江大学 2024 年党建研究一般课题"'高校党建引领就业'服务学生发展的模式探索"（课题编号：2024DJ-ZH007Y）的阶段性研究成果。

** 王立伟：浙江大学马克思主义理论创新与传播研究中心研究员、浙江大学中国特色社会主义研究中心研究员、浙江大学马克思主义学院讲师，主要研究方向为政治经济学、党的建设。

等教育不断普及和就业市场竞争持续加剧的大背景下，高校党建与就业工作深度融合具有重要性和紧迫性。许多教育从业者和研究者已经认识到，党建工作在促进学生就业方面发挥着举足轻重的作用。

（一）高校党建对就业具有政治引领作用

我国高校是为社会主义事业培养人才和提供智力支持的关键机构，其根本任务是培养社会主义建设者和接班人，[1] 具有明确的政治属性。当前正处于全球经济衰退与我国经济深度转型调整时期，经济环境的波动导致就业形势越发严峻，社会难以在短期内满足所有高校毕业生迅速找到理想工作的需求，这不仅使毕业生和准毕业生群体面对较大的生存与自我实现压力，同时也对经济社会的长期稳定发展构成一定挑战。在这一过程中，高校党建必须发挥好"龙头"作用，以学生党支部为载体加强对毕业生的理想信念教育和社会主义核心价值观教育，将思想政治工作融入就业育人全过程，时刻注意学生思想动态，坚定学生政治信仰，提高学生政治站位，提升学生思想政治觉悟水平，防止在就业过程中偏离正确的方向，从而为高校毕业生转换为高素质劳动力提供强有力的政治保障。

学生党员作为高校毕业生群体中的先锋模范，肩负着新时代大学生的历史使命，在就业工作中应当充分发挥其先锋模范作用。一方面，毕业生党员凭借高水平的政治素养、优秀的综合素质、乐于奉献的精神在择业就业过程中更具相对竞争力，容易受用人单位青睐，因此更有理由、更有责任冲在就业第一线，努力成为就业的先行军，如此通过榜样的树立产生示范效应，营造出浓厚的就业创业氛围，影响和带动其他学生的就业选择。另一方面，学生党员也应承担帮扶毕业生群体就业的义务，通过广泛搜集就业信息、分享就业资源、搭建就业交流平台等举措，积极在毕业生群体的广泛就业方面发挥正向促进作用。

高校党建对大学生就业的政治引领，体现在宏观层面组织化思想政治教育的全方位开展与微观层面学生党员先锋模范作用的发挥中，既能确保大学生就业不偏离正确的方向，又有助于扩大就业范围、提升就业质量。

（二）高校党建对就业具有价值引领作用

在市场经济和多元价值观的冲击下，当代大学生容易受到西方社会经济利益至上和个人主义倾向的影响，在树立就业观念和面临就业选择时难免会出现迷茫或偏差，如果不能正确引导，就很难做出公私兼顾、利他利己的就业选择。高校党建的重要职责就是通过理论教育和实践活动使学生正确理解个人价值与社会责任的关系，树立正确的职业价值观，引导毕业生在就业选择上围绕国家的迫切需求，将个人发展与服务国家战略相结合。具体来看，高校党建可以通过挖掘先进劳模事迹，鼓励毕业生关注国家和社会发展需求，进而树立自强不息、乐于奉献、扎根基层、服务人民的奋斗目标与人生追求，积极投身于建设中国特色社会主义伟大事业的广阔天地。

数据显示，2025届高校毕业生预计达1222万人，同比增长43万人。[2]受到经济形势的影响，企业提供的就业岗位并未大幅度增加，意味着就业市场供求关系将更加紧张。同时，随着信息技术、人工智能的不断发展，产业链、价值链深刻调整，就业市场正在经历深刻变革，"跟不上""跟不起"正成为不少毕业生的共性难题，能否适应这种变化将成为他们能否成功就业的重要影响因素。高校通过深化党建工作，加强对学生就业观念的引导和培养，可以为他们之后的就业选择奠定坚实基础。在大学生择业就业的过程中，高校党建可以充分发挥桥梁纽带作用，使学生对个人能力与就业市场的关系有更加理性的认识，从而能够从未来发展的角度审视个人的职业选择，避免出现过度追求物质利益的短视行为。这种价值引领不仅有利于学生树立正确的价值追求，做出合理的职业选择，而且能够走出一条高质量的人才培养与高校发展之路，从而推动高校党建与就业发展走向更加深度的融合。

（三）高校党建对就业具有技能引领作用

在传统观念中，高校党建侧重于发挥思想引导作用，而在具体业务能力提升方面的作用稍显不足。然而，随着"党建+"创新模式的发展，高校党建在提升学生职业素质、职业能力、职业服务等方面成效显著。比如，高校党组织通过构建"双师型"教师队伍，聘请企业技术研发人员、管理人员或者高层次技术型人才开展就业创业培训，或者依托基层党组织带领学生进行调研参观、企业实习等活动，打破高校党建、业务"两张皮"的现象，通过理论与实践相结合培养学生的综合能力，从而提升学生的创新创业能力和就业竞争力。由此可见，高校党建引领就业工作全过程，不仅能够在就业价值观层面发挥引导作用，而且可以提升学生就业实践能力，增强工作本领。

此外，目前高校毕业生就业面临的诸多问题还与高校人才培养固化密切相关，高校人才培养与就业市场需求存在"错位",导致"就业难"和"招聘难"现象同时存在。究其原因在于,在人才培养过程中,高校教育注重知识的学理性和学术性,而用人单位较为看重应用经验和解决实际问题的能力,从而产生培养与用人的矛盾。[3]高校通过党建工作在一定程度上可以弥补这一问题,党组织可以充分发挥服务创新职能,以党建带领团建,开展以就业创业为核心理念的系列活动,多方面推进以提高学生实践能力为目标的第二课堂,从而有效平衡学科知识传授和实践教学的矛盾。同时,在党委的领导下,各高校还可以进一步整合就业指导部门和教务部门的力量,制定出更加符合就业市场需要的培养计划和方案,这不仅可以改善高校教育的滞后性,而且能够全方位提升学生素养,提高其就业竞争力。

二 高校"党建引领就业"存在的问题

高校党建在就业工作体系中具有特殊的地位,在政治、价值、技能引领方面发挥着不可替代的作用。然而,需要注意的是,由于思想认识不到位、体制机制不完善、队伍建设不健全等问题,高校党建在就业方面应有的引领功能难以高质量发挥。

(一)思想建设仍有深化空间

近年来,虽然高校师生越发认识到"党建引领就业"的必要性、可能性和可行性,但仍存在思想认识机械化、二元化等突出问题。受传统观念及既有工作分配的影响,教育工作者没有看到党建工作同学生就业工作的内在一致性,没有认识到学生在世界观、人生观和价值观上的摇摆同样是影响其就业的关键因素,没有注重将党的建设工作贯穿于就业工作全过程。对于高校党建工作的认识,他们能够做到对党忠诚,能够自觉向党组织靠拢,但对于党建引领思想、引导就业的现实功能性认识不足,往往将之视为仪式性、表征性的各类政治任务,在就业准备、就业选择和就业相关实践方面没有自觉用党的思想理论武装头脑,没有自觉依托各级党组织载体开展各类就业导向的活动。

具体来看,对于毕业生群体而言,他们缺乏对未来就业方向的深刻认知。在低年级时,他们的重心在于完成学业,认为就业是到毕业年份才应该考虑的事情,然而很多毕业生在完成课程教学转向就业时会出现迷茫和徘徊,并且由于缺乏较早的职业规划而无法准确地做出职业选择。在对自身就业方向不明晰的情况下，更无法认识到党建与就业的内在联系，如果高校党建工作没有充分表现出其对就业的引领作用，毕业生群体很难自主意识到二者的关系，这也是在思想领域阻碍党建与就业融合的一大表现。因此，在思想建设领域，实现二者的融合必须凸显党建工作在就业工作中的重要性，通过开展党支部活动使学生明晰未来职业选择，并将党组织作为其职业发展依托的重要平台，从而在思想层面打破党建与就业相孤立的思维方式。

（二）制度建设仍有健全可能

党建工作同就业工作均为高校的重要工作，从组织建构和协同分工的角度来看，二者的适度分工既具有必然性又具有合理性。因此，党建引领就业将长期作为一项跨部门多领域的协同性工作，其融合发展建立在科学统筹、适度分工、高效协同的原则上，必然需要构建一套行之有效的发展机制。目前，在党建引领就业工作上，各高校间、高校内部各院系间尚未以全面的情况评估为基础，以明确的发展蓝图为支撑，以清晰的融合发展方案为抓手，以明确的职能分工协作为依据，以量化的考核评价机制为准绳，客观上削弱了发现和整改问题的能力，影响了党建引领就业工作的有序性、科学性和前瞻性，从而出现重复性工作、效果不彰等问题，影响了相关工作的成效。

当前高校党建引领就业效果不明显的重要原因还在于党组织在校企合作之间的桥梁作用尚未充分发挥出来，传统意义上的就业活动局限于招聘会和宣讲会，新时代的就业活动形式和内容越发丰富多样，其中依托校企合作为用人单位输送优秀学生是实现高质量就业的重要形式。在开展校企合作的过程中，以党组织为载体搭建产教融合平台和建构专门机构至关重要，以构建高校与企业长效合作机制为核心，学校党政负责人任组长，机构成员涵盖职能部门和二级学院，加强高校与企业交流和输送人才的渠道和机会。然而，在实践过程中，多数高校的党建部门尚未构建起校企合作的完善体系和产学研用协同育人的配套制度，从而淡化了党建对就业工作的指导，导致党建与就业融合发展不足。

（三）队伍建设仍有强化需要

党建能够引领就业的重要前提在于相关工作者必须既具有精熟的党建实务经验，又能够洞悉当代大学生的就业需求，善于"穿针引线"，能够在具象化的党建工作中将就业工作落到实处。因此，高校在配备队伍时，必须考量相关工作者的党建能力和就业指导能力，必须打造一支既具备专业知识又具备实践经验的复合型人才队伍。由于时间紧、任务重、重视程度不够、投入经费有限等问题，部分高校往往不能使其工作人员满足"党建引领就业"的要求，存在复合型工作人员激励和评价不足的问题，没有紧抓党建工作的时代性和就业工作的发展性，没有及时对工作人员的政治素养、理论技巧和实践工作能力进行系统和专业的培训。

具体来看，高校从事学生党建的队伍主要是院（系）党组织书记、副书记、组织员、辅导员等，从事就业工作的队伍主要是就业工作者和毕业班辅导员。[4] 开展党建活动时，高校党组织几乎将所有精力投入理论学习与政策解读，对于就业技能提升涉及很少；在开展就业指导活动时，倾向于技能培训和就业形势分析，一般不涉及党务知识的普及。由此可见，缺乏复合型人才，不仅导致学生缺少专业化的指导，而且导致党建工作者与就业工作者"各管责任田"，党建与就业融合存在困难。同时，由于缺乏正向激励机制和相关经验，高校党建工作者与业务工作融合的主动性和积极性有待提高，严重制约了党建与就业工作的融合发展。因此，建设一支既具备党务工作知识又具备就业指导能力的人才队伍，成为高校党建引领就业服务学生发展亟须解决的问题。

三　高校"党建引领就业"的优化路径

持续优化"党建引领就业"的融合路径既是高校党建与就业工作间内在联系持续加深的必然结果，又能以"党建引领就业"为支撑点探索形成新征程高校发展的新范式，具有巨大的现实价值。高校党建引领就业的机制构建在于从思想建设、制度建设、队伍建设三方面出发，加强党建工作与就业原则、就业规范、人才管理等方面的深度融合。

（一）"党建+就业原则"：推进思想建设层面融合

高校党建与就业融合的目的是服务学生全面发展，二者融合的先决条件在于从思想层面凝聚共识，始终坚持党对就业工作的领导。为此，要不断树立党建与就业工作融合的工作意识，深化理论学习与教育，将党员的理想信念教育与立德树人的根本任务相结合，实现政治理论知识和就业知识的深度融合，将专题讲座或就业培训同党内组织生活有机联动，使广大学生得以树立正确的职业发展观。通过党建工作不仅要解决"学习为了什么"，让学生对个人与国家的关系、个人与社会主义建设事业的关系有正确的认识，进而树立正确的社会观念，而且要解决"自身需要什么"，引导学生主动了解和认识自身发展的需求，努力获取相关的职业发展经验，并最终做出正确的职业选择。

加强党建引领就业的顶层设计，必须将就业工作纳入党建工作的规划中，始终坚持就业工作服从党的领导这一根本原则。同时，还要以党支部为媒介，发挥党支部战斗堡垒作用，将党员就业作为检验学生党支部、学院党委工作的重要内容，充分发挥党员就业带头示范作用。依托党支部开展形式多样的以就业为主题的党日活动，既可以引导学生意识到自身的社会责任感和创新能力，充分彰显党建作用，又可以激发学生的实践兴趣，在深入感知自身之后形成合理的就业规划。此外，要建立党员示范带动机制，领导干部党员和教师党员要和毕业生党支部结成帮扶对子，帮助毕业生党员搜集就业信息，提供专业化的指导意见，毕业生党员也要在毕业生团体中发挥就业模范带头作用，积极进行就业宣传和信息整理。

（二）"党建+就业规范"：优化制度建设层面融合

高校党建与就业融合更需要体制机制的支持和保障，其完善程度对于二者融合的顺利推进和发展具有重要影响。形成高校党建与就业"优势互补、互荣共进"的工作机制，[5]是实践中相应制度建设的关键目标。要完善高校"党建引领就业"体制机制，必须系统全面地对现有制度进行评估与梳理，并在此基础上构建起一套科学、合理、有效的制度体系。因此，要重点关注制度之间的衔接与配合，充分考虑党建工作与就业工作之间的内在联系与互补性，避免出现制度空隙或重复。既要在党建工作体制机制中体现出对于就业工作的引导，又要在就业工作体制机制中体现出对于党建成果的运用和反馈，在这一过程中要明确组织架构、责任分工、工作流程等，从而确保党建与就业工作的高效运行。同时，还要搭建起沟通协调与数据服务平台，以动态化信息服务提高学生就业质量。

在构建制度体系中，首先，要建立党建部门与就业部门的沟通协调机制，定期召开联席会议，沟通党建与就业工作融合情况，及时解决学生就业需求，加强二者之间的深入沟通与合作。其次，要构建党建部门与就业部门共享数据与信息平台，多部门之间协作最为重要的就是数据共享与信息一致，高校党建与就业融合涉及招生就业信息、企业合作信息、学生培养信息、社会实践信息、学生党员信息，打破"数据孤岛"并构建共享大数据平台对于了解学生基本情况、把握学生就业实时动态、满足学生就业需求至关重要。最后，要完善党建与就业融合发展的监督体系，加强对制度监督检查确保制度落实到位的重要保障，加强对党建引领就业制度体系的评估，适应学生就业情况变化的动态更新，保证党建工作与就业工作的深度融合。

（三）"党建+人才管理"：加强队伍建设层面融合

以高质量党建引领高质量就业，核心是要选拔和培养一支政治素养高、就业指导能力强的高素质人才队伍。有关工作人员既要做到坚定政治立场，把握党建引领方向，又须密切关注就业市场动态，为党建与就业深度融合提供智力支持。具体来看，要坚持正确的选人用人标准，重视学生就业相关的党委、党工委及支部委员的选拔和培育工作，重点培养党建与就业工作"双肩挑"的党内干部深耕就业工作。对党务工作者，要加强就业理论与就业实践知识的培训，通过定期参加研讨会、培训班等，不断提升支委"两手抓"的综合能力；对就业工作者，要加强技能培训，鼓励和支持进行相关课题研究，提高队伍专业化水平。总而言之，要以一支高素质专业化队伍促进党建与就业高质量融合发展。

同时，高校还要积极构建"双师型"党员师资队伍，他们可以在学生就业指导和职业生涯规划方面起到重要作用。一方面，可以邀请教师党员作为学生就业发展导师，甚至可以设立专门的学生职业发展师资队伍，在毕业生就业过程中提供"一对一"的帮扶，有效发挥中国共产党传帮带的优良作风。另一方面，可以实行教师党支部与学生党支部结对帮扶，借助座谈会、交流活动等形式进行充分交流和经验分享，使学生更加全面深入地把握就业注意事项，把握就业形势。此外，还要创新队伍管理方法，不断优化人才结构。通过绩效考核等方法对成员进行实时评估和管理，鼓励他们积极探索新的工作模式和方法，以此推动党建工作与就业工作的深度融合和创新发展。

参考文献

［1］习近平：《培养德智体美劳全面发展的社会主义建设者和接班人》，《求是》2024 年第 17

期，第 4~10 页。

［2］刘航、贺文霄：《"慢就业"视域下党建赋能就业高质量发展路径探析——以 Z 大学为例》，《黑龙江教育》（理论与实践）2024 年第 12 期，第 26~29 页。

［3］王梦雅：《高校学生党建推进青年大学生就业研究》，《湖北职业技术学院学报》2024 年第 5 期，第 52~57 页。

［4］陈春燕：《基于党建引领高校毕业生就业工作的实践与探索》，《产业与科技论坛》2025 年第 2 期，第 265~267 页。

［5］《2025 届高校毕业生预计达 1222 万人　教育部将举办秋季专场招聘 40 余场》，《人民日报》2024 年 11 月 15 日。

The Intrinsic Logic and Optimization Path of "Party Building Leading Employment" in Colleges and Universities

Wang Liwei

Abstract：The Party building in colleges and universities can play a leading role in politics，values and skills，which has strong practical significance for the high-quality development of employment work in colleges and universities. At present，problems such as inadequate ideological understanding，imperfect systems and mechanisms，and incomplete team building are restricting the basic effectiveness of "Party building leading employment" in colleges and universities. Therefore，it is necessary to adhere to the "Party building + employment" principle，promote the deep integration at the ideological construction level；to create "Party building + employment norms"，optimize the organic integration at the system construction level；to optimize "Party building + talent management"，and strengthen the high-quality integration of team building.

Keywords：Party Building；Colleges and Universities；College Students' Employment

"一站式"学生社区视域下高校践行
新时代"枫桥经验"的空间向度[*]

桂泽堃[**]

摘 要: 新时代"枫桥经验"是中国式基层社会治理的世界观和方法论。从空间语境看,高校"一站式"学生社区作为校园内基层治理的末梢与终点,应本着"以生为本"的根本理念、"以理服人"的教育路径、"以数赋能"的现代旨趣践行好新时代"枫桥经验"。从空间形态看,高校应有效利用实体空间、虚拟空间、泛在空间等多维空间,在现实面向中践行新时代"枫桥经验"。当前,高校内部对于践行新时代"枫桥经验"仍存在认知割裂困境、执行机制困境、资源整合困境等挑战。为此,应在空间设计、空间参与、空间技术、空间协作上共同发力:强化党的领导、发挥党建引领作用,聚焦学生主体、建构自治组织体系,驱动科技赋能、打造互通共享格局,推动部门联动、优化资源整合机制,凸显新时代"枫桥经验"推动高校治理体系和治理能力现代化的价值体认。

关键词: 新时代"枫桥经验" 高校 "一站式"学生社区

---

[*] 本文为江苏省社会科学研究基金项目"第三次分配思想对马克思分配正义理论的继承与创新研究"(项目编号:22MLC009)、教育部高校思想政治工作创新发展中心(浙江树人学院)专项研究课题"人工智能赋能高校'精准思政'的理论及实践路径研究"(项目编号:ZSSZ202417)、浙江省习近平新时代中国特色社会主义思想研究中心浙江传媒学院研究基地课题"思想道德教育分众化、精准化实施机制研究"(2024HQZZ14)的研究成果。

[**] 桂泽堃:东南大学法学院团委副书记、浙江省习近平新时代中国特色社会主义思想研究中心浙江传媒学院研究基地研究员,主要研究方向为法学教育、思想政治教育。

新时代"枫桥经验"是中国式基层社会治理的世界观和方法论。[1]党的二十大报告提出："在社会基层坚持和发展新时代'枫桥经验',完善正确处理新形势下人民内部矛盾机制。"[2]本源意义上的"枫桥经验"是指20世纪60年代初浙江诸暨枫桥干部群众创造的"发动和依靠群众,坚持矛盾不上交,就地解决,实现捕人少、治安好"的经验。[3]此后,"枫桥经验"积极应对演变的社会治理体系、多元的矛盾纠纷类型、复杂的基层社会诉求,不断与时俱进、丰富发展,成为一般意义上化解矛盾的经验,做到"小事不出村、大事不出镇、矛盾不上交",形成了新时代"枫桥经验"。学界认为,新时代"枫桥经验"是党的十八大以后在原有基础上创新发展起来的"枫桥经验",具有鲜明的"治理"特征,是指在党的领导下,由枫桥等地人民创造和发展起来的化解矛盾、促进和谐、引领风尚、保障发展的一整套行之有效且具有典型意义和示范作用的基层社会治理方法。[4]《教育部等八部门关于加快构建高校思想政治工作体系的意见》提出:"推动'一站式'学生社区建设。依托书院、宿舍等学生生活园区,探索学生组织形式、管理模式、服务机制改革。"[5]如今,高等教育与社会治理深度融合,"一站式"学生社区成为高校思想政治工作体系建构的崭新场域,有必要将新时代"枫桥经验"的精神内涵融入其中,在社区建设中探索新时代"枫桥经验"的理论与实践革新。基于此,本文以"一站式"学生社区为场域视点,从多元向度视角解析高校践行新时代"枫桥经验"的独特面向,以期为构建高校思想政治工作体系、实现高校治理体系和治理能力现代化提供理论支撑与实践参照。

一　空间语境：高校践行新时代"枫桥经验"的价值意向

习近平总书记指出："社会治理是一门科学,管得太死,一潭死水不行;管得太松,波涛汹涌也不行。"[6]高校治理要在"管"与"放"中寻求平衡,构建和谐、化解矛盾、促进发展。因此,高校践行好新时代"枫桥经验"蕴含丰富的价值取向。

（一）"以生为本"是高校践行新时代"枫桥经验"的根本理念

以人民为中心是"枫桥经验"始终不变的宗旨。[7]1963年,诸暨县枫桥区在针对"四类分子"的改造过程中，始终坚持采取"依靠群众，就地改造"的办法，加强对"四类分子"的教育，[8]构筑了"枫桥经验""以人为本"的基石。习近平总书记指出："坚持以人民为中心发展教育。"[2]这不仅是马克思主义唯物史观、群众史观在教育领域的具体体现，深度契合了马克思主义关于人的全面发展学说，也传承融入了中华优秀传统文化中的"民本思想"。将这一理念应用到高校"一站式"社区建设中，不仅是对"枫桥经验"中"以人为本"理念的承继深植，还是适应新时代高等教育高质量发展需求的关键之举。在高校"一站式"社区建设过程中，"以生为本"即将学生的现实需求和发展前景作为工作的出发点和落脚点，确保管理和服务举措紧贴学生实际，充分发挥学生的主体作用，鼓励学生积极参与社区事务的决策与管理，充分发挥学生的主观能动性，让学生真正成为社区的主人。"以生为本"本质上要求高校与时俱进地探索适应新时代要求的高校治理模式，贴近学生实际需求，确保一切行为有规范、有依据，并始终围绕促进学生全面发展、回应学生美好生活期待的目标，使高校治理真正植根于学生群体之中，将高等教育领域中学生个体与集体、学生与学校之间可能产生的矛盾关系化解在一线、预防在一线。

（二）"以理服人"是高校践行新时代"枫桥经验"的教育路径

除"依靠群众，就地改造"外，诸暨县枫桥区还"在斗争中坚持摆事实、讲道理，化消极因素为积极因素，以说理斗争的形式改造"。[4]在中国传统法治观念中，"天理、国法、人情"的融洽统一历来被视为司法公正和社会秩序稳定的重要基石。将其整合转化至"一站式"学生社区的实践中，即要借鉴并践行"以理服人"这一手段，对我国传统法文化的精髓进行现代转化，构建和谐校园环境、提升学生自治能力。在高校学生社区管理中践行"以理服人"手段，意在面对学生个体之间或群体之间的矛盾与冲突时，摒弃简单机械的行政干预，深入理解学生的实际情况、心理需求、情感诉求，运用理性说服的方式解决问题。从理念上看，在社会主义核心价值观社会维度的"和谐"、个人维度的"友善"指引下，"以理服人"成为当代大学生日常行为范式中隐形精神指引和法治校园建设中不可或缺的精神纽带。它不仅构成新时代"枫桥经验"在高校空间中不断创新发展的精神根基，也作为构筑新型和谐关系、推动社会治理现代化进程的有力依托而存在。从实践上看，"以理服人"强调通过逻辑缜密的论证范式、情理交融的疏导方式，在平等沟通与理性辩论的动态进程中，高效化解学生群体内部错综复杂的矛盾冲突，为全面推动学生成长发展、稳固校园秩序奠定坚实基础，切实保障高校育人环境的和谐稳定。

（三）"以数赋能"是高校践行新时代"枫桥经验"的现代旨趣

新时代"枫桥经验"突出了"三治融合""四防并举"等基本内涵。[9]新时代是互联网时代、数字时代，"技术革命带来方法革命"[10]，"数字技术运用的环境提供了特殊的环境"[11]。数字时代，数据驱动、智能决策、人性服务的有机结合，已成为推动社会治理精细化、高效化的新标志。因此，践行新时代"枫桥经验"，必须适应时代变革，深度挖掘数字技术在高校"一站式"学生社区治理中的潜力，搭建起智能化的矛盾纠纷排查化解机制，实现"以数赋能"。它意味着通过大数据分析，挖掘学生的实际需求、行为模式、价值状态，利用精准的数据支持和智能方案化解矛盾冲突、保障学生权益。第一，塑造新型治理逻辑。数字技术赋予师生表达自身诉求与意愿的渠道，是"依靠群众、预防为主"原则在数字化时代的创新延展，学生的主体地位与学校管理的配合性得以平衡与协调。第二，创新数字治理工具。数字技术推动校园治理由经验判断转变为数据决策，为治理工具的创新增添强大动力，让智能、高效、精准的治理工具贯穿高校治理各环节。第三，构建多元协同机制。数字技术促使高校的治理资源、治理能力和治理智慧实现优化整合，打破传统治理模式中的部门壁垒，彰显出全要素、全过程、全方位等特性，使校园治理的科学性、系统性、协同性均得到显著增强。概言之，"以数赋能"意在搭建以数据驱动为关键的精准治理体系架构，显著增强校园矛盾纠纷的预防效能和化解能力，推动高校治理模式向新时代"枫桥经验"的数字化路径迈进。

二　空间形态：高校践行新时代"枫桥经验"的现实面向

马克思眼中的"社会关系的总和"发生在社会空间生产中。[12]从社会空间理论来看，社会空间既是多元化社会关系的存在场域，也是社会关系调适与重塑的实践载体。校园空间融合活力、动力、创造力，是实体空间、虚拟空间、泛在空间的有机统一，高校践行新时代"枫桥经验"需依托于新的空间形态，在多重空间的现实格局内实现校园治理现代化。

（一）实体空间：高校践行新时代"枫桥经验"的根基形塑

实体空间是直观的、切实存在的物理场所。在高校学生社区实体空间中，学校管理部门的角色并未弱化，而是与广大师生共同构成塑造学生社区实体空间的驱动要素。一方面，高校践行新时代"枫桥经验"的起点是形式多元、分布多样的实体空间，实体空间的展现形式也在新时代"枫桥经验"的践行中不断形塑：从"各自为政"的分散式管理空间，到协同联动的整合性治理空间；从处理方式单一的常规管理空间，到多元化解的智慧治理空间；从局限于校内的封闭管理空间，到对接社区、融入社会的开放式治理空间；从参与感不强的传统管理空间，到全员参与的互动式治理空间。高校要增强"枫桥经验"的践行成效，达成治理效能的现代化提升，就必须充分整合多样化的空间形式，为师生营造和谐、稳定、有序的校园环境。另一方面，"枫桥经验"的落地终点也是特定空间，空间的物理架构、功能分区不只为"枫桥经验"的践行给予了实践场所，亦在一定程度上塑造了其实践活动的空间面貌。马克思指出，"社会生活本质上是实践的"[13]。校园环境是一个动态的有机系统，人际互动频繁多样，应在日常校园生活中灵活运用信息传播平台、社团活动区域、校园文化角落等空间媒介，开展或直接或间接的空间规划。智能安防系统、校园一站式服务中心、多元矛盾调解室等实体空间的新形态，盘活往昔未充分利用、未受重视的空间，在促进空间功能整合的同时，也根本性地革新了信息收集、阅处、反馈、总结路径，转变了资源的空间调配、运用模式。线上线下联动的纠纷调解平台搭建、新型心理辅导室的建设、校园大数据分析中心的设立，不但推动着高校实体空间与物联网、云计算、智能决策等新技术深度交融，而且提升了校园空间的治理效能，革新了高校"枫桥经验"的空间实施机制。综上所述，高校要将校园实体空间纳入高校"枫桥经验"践行空间的整体架构，将治理理念融入日常情境，完善校园治理和日常生活中"枫桥经验"的空间分布与利用。

（二）网络空间：高校践行新时代"枫桥经验"的虚拟拓维

网络空间打破了传统物理空间的局限，是新形态下信息传播与交流的重要场域。习近平总书记强调，"网络空间是虚拟的，但运用网络空间的主体是现实的"[14]。当前，网络空间的无缝嵌入，为新时代高校版"枫桥经验"在学生社区的落地生根提供了崭新的空间情境，是一场意义深远的空间转型。一方面，相较于传统的高校管理空间，网络空间是突破边界的治理领域。边界的突破意味着高校治理空间的拓展，意味着管理者与被管理者互动距离的缩减。网络空间注重借助大数据来驱动空间运行，利用新媒体矩阵来营造空间氛围，凭借线上社群来达成空间协同，依靠智能匹配来完善空间布局，运用虚拟现实技术来延展空间视野。在此种特定的空间情境下，借助新媒体矩阵，高校既能实现信息的精准推送，又能促进各方意见的广泛汇聚；通过构建线上社群，打破了地域与层级的限制，使学生、教师、家长得以自由交流；利用智能匹配技术，精准定位学生需求，为其提供个性化的服务与解决方案；借助虚拟现实技术，打造沉浸式的沟通场景，优化学生心理咨询服务。另一方面，高校践行新时代"枫桥经验"的资源与手段逐渐依据网络平台应用而更新。从前端看，网络普法课堂、线上心理咨询、云端反馈系统等一系列"云服务"模式的探索尝试，将高校治理手段推向信息化、交互化、高效化的新态势。从后端看，线上调解室的搭建、网络舆情监测系统的设立、智慧校园矛盾预警平台的构建，不仅促进了高校治理与物联网、大数据分析、智能决策等新技术紧密结合，而且提升了高校对虚拟空间的把控能力，突破了物理距离与时间限制对舆情处置、危机处理、风险防控的制约，优化了高校治理的空间运行机制。综上所述，网络空间逐渐成为高校践行"枫桥经验"的关键阵地，凸显打破信息壁垒、增强互动交流、拓展对外联系、满足个性需求等意义，有利于构建和谐、稳定、高效的网络治理生态以推动高校治理现代化。

（三）泛在空间：高校践行新时代"枫桥经验"的全域融合

高校践行新时代"枫桥经验"，不但应涵盖直观的实体空间和抽象的网络空间，亦应包含"技术深度参与的、虚拟与实体、在场与缺场交互融合"[15]的泛在空间。广义的泛在空间是一种无所不在的空间概念。它打破了传统空间界限的束缚，人、物、信息等要素能够通过各种技术手段实现自由的流动和交互，是何人（Whoever）、何地（Wherever）、何时（Whenever）、何种终端（Whatever-device）、何种途径（Whatever-method）、获取何种信息（Whatever-data）、接受何种服务（Whatever-service）的"7W"集合体。狭义的泛在空间更侧重于具体的应用场景，是在特定技术支持下的，以某个具体功能或活动为主体的融合空间。当前，作为新型生产要素，数据的广泛渗透和应用，使泛在空间内的治理系统从相对封闭走向泛在融合，[16]主要有以下特点。一是管理活力有效激活。步入智能治理时代，信息技术使高校从繁杂的、重复低效的管理事务中解脱出来，有利于激发社区治理的活力与创新力。信息技术能够为高校定制精准化的治理方案，摆脱传统经验式管理的局限，使高校社区治理更加科学高效。二是治理精度得到提升。智能感知设备的信息采集能力越发强大，能捕捉到校园内细微的、人工难以察觉的动态信息，成为治理决策的关键依据。智能决策系统可以挖掘出高校学生社区治理潜在的更多问题，通过多方协同、模拟演练提升社区治理的科学性与精准性。三是社区文化不断营造。在泛在人文空间中，智能交互终端、校园人文资源库、情感分析大数据平台等为学生专门打造人文关怀方案，有助于实现学生与学生、学生与文化之间的紧密连接，情绪识别技术可以感知和促进学生的人文参与热情，浸润式人文空间让人文气息无所不及，人文滋养无所不在，这些为高校校园人文建设提供了技术支撑。综上所述，泛在空间的交互融合特性，汇聚各方力量，让新时代"枫桥经验"在高校学生社区的泛在空间中深深扎根，不断创新发展。

三　空间困境：高校践行新时代"枫桥经验"的症候转向

从空间维度切入高校现实场域，在解析空间、审视空间的进程中可以发现，目前高校在践行新时代"枫桥经验"的过程中仍存在一定困境，制约了这一经验的深度扎根、成效彰显，亟待深入剖析与有效归因，为高校在"一站式"学生社区视域下有效践行新时代"枫桥经验"提供坚实的理论根基与实践指引。

（一）新时代"枫桥经验"实践中的认知割裂困境

当前，将新时代"枫桥经验"切实应用于"一站式"学生社区综合管理，作为维护校园和谐稳定、促进学生全面发展的重要抓手的理念，在高校内部的不同层面存在认知差异。一是在管理部门层面，部分行政人员更多地将"枫桥经验"当作一套既定的工作模式，仅仅简单地将其视为处理负面事件的方法集合，对其理论内涵、价值内核的深度把握不够，产生片面的具象化理解，未能在时代发展与环境变迁中有机融合经典治理理论的新实践形态。二是在教师执行层面，部分一线教师与辅导员将主要精力集中于课堂教学的第一阵线，视办公室、实验室、思政课堂等场所为德育工作的常规领域，单一地将学生社区看作学生日常生活的物理空间，将其定位为学生居住与休闲的场所，忽略了其在高校治理与学生发展方面所蕴含的育人价值与实践潜能。三是在社区服务层面，部分社区服务者、服务机构已经开始意识到社区所具有的人际互动性、文化多元性、群体凝聚性等社会属性，但未能在高校场域中将社会属性理论灵活运用，相对聚焦于硬件设施建设，而轻视了文化氛围营造、多元主体协同、权益保障落实等要素之间的相互作用与有机整合。四是在学生层面，部分学生只是简单地将"枫桥经验"视为口号化、名词化的概念与定义，未能深入探究其内涵与价值，在日常生活中理性、适当地提出自身需求的素养有待提升，"一站式"学生社区内的育人难以触及学生。因此，无论何种层面，对新时代"枫桥经验"在学生社区中如何具体落地、发挥其潜在育人效能的理解和接受程度都有待提高。

（二）新时代"枫桥经验"推行中的协同机制困境

现今，高校治理的逻辑表现为科层制和条块制，[17]决定了高校内部自上而下的权力分布与任务布局，[18]体现出组织架构的层次性、职能划分的精细性、责任分配的清晰性、指令传达的一致性。在科层制和条块制的组织中创造出新时代"枫桥经验"实践地，是实践创新、理论创新、制度创新的结合体，[19]面临协同合作与制度整合的多方面挑战。一是从部门协作看，科层制架构呈现兼具横向关联与纵向隶属的多元部门体系，在组织架构中各自占据独特位置，其协同运作模式既受到层级节制的纵向权力线牵引，又受到职能分工所决定的横向业务流影响。在横向上，学生社区汇聚了众多不同类型和职能的管理与服务机构：承担基本生活维护的后勤部门所属的公寓管理部门和社区服务站，因大类招生、通识教育实施催生的新生学院等新型组织单元，书院制、学堂制等多元人才培养模式衍生的二级管理实体，负责思想政治工作的学工部、校团委派出的服务机构。在纵向上，管理体系呈现多层次、立体化的特征，从学校决策层级到职能执行部门，再到各学院，直至学生自主管理团队，构成了一条自上而下的紧密联系链。尽管纵向的信息传递与横向的工作协同在理论上极为关键，但在实际操作中常面临困境。二是从制度设计看，各个部门常常基于各自的工作重点，分别制定与部门目标相符的管理规定和育人准则：公寓管理部门主要关注住宿安全与生活环境，学工部、校团委更看重学生在社区自治活动中的思想认同、素养培养、文化建设等。基于部门职能割裂形成的制度安排，尽管在各自领域内具有针对性，却可能致使整体教育成效的分散与弱化。在面对学生社区共有的问题与冲突时，各相关部门由于缺乏有效沟通协调机制，学生遇到问题难以找到对应的解决部门，部门间也难以迅速实现跨部门的无缝衔接与协同处理，由此限制了"小事不出网格、大事不出社区、矛盾不上交"的快速实现，隐喻出管理育人效应的离散特征。

（三）新时代"枫桥经验"落地中的资源整合困境

教育部文件提出要求，"教育管理由单向管理向协同治理转变、教育服务由被动响应向主动服务转变"[20]，强调教育管理与服务应紧贴学生需求，随需求流动而动态汇聚资源。随着"一站式"学生社区建设的推进，高校已通过多种举措将教育资源逐步下沉至学生社区，但在具体操作中仍存在空白地带或重叠地带。同时，"一站式"学生社区也须先满足学生居住的基本需求，再在有限的空间中寻求优化升级，更对提升空间资源配置的效率提出了高层次的要求。一是在师资队伍上，多数高校已实行辅导员社区办公室、值班辅导员、宿舍走访等制度，也通过驻楼导师、学业导师和全程导师等多元化形式促使专业教师参与社区建设，但总体上呈现内容分散的特点，各类教师队伍间的衔接配合不够紧密，缺少统一高效的组织引导机制。二是在财政预算上，预算体系的完整性仍有待增强，重复投资、预算不足等问题需要得到进一步解决，亟须平衡总务部门、新生学院与其他部门、二级学院之间的预算框架。三是在空间配置上，"一站式"学生社区的同质化问题存在，团建室、图书室、学生活动室等基础空间相对比较常见，且楼层间、楼栋间、区域间有待进一步形成网状共享机制，空间文化建设上缺乏差异性。四是在信息发布上，针对学生社区内统一的信息发布平台尚未建成，学生难以全面掌握和系统利用各类空间资源，空间资源使用的整体性、科学性和有效性有待提升。

四 空间路径：高校践行新时代"枫桥经验"的实践趋向

当前，为践行好新时代"枫桥经验"廓清空间屏障、破除空间迷思，需从空间设计、空间参与、空间技术、空间协作等多方面着力，聚焦引领、锚定主体、优化科技、凝聚共识，助力高校在"一站式"学生社区建设中成功践行新时代"枫桥经验"，推动高校治理体系和治理能力现代化。

（一）空间设计：强化党的领导、发挥党建引领作用

践行新时代"枫桥经验"，高校党组织的领导作用不可或缺，要通过加强组织建设、凝聚多方共识，为新时代"枫桥经验"在高校场域中的落地提供有力支撑。一是强化党组织的领导，构建校党委引领统筹、院党委推进落实、学生党支部具体执行的三级联动体系。校党委应从宏观层面制定契合本校实际的"枫桥经验"推广战略规划，明确各阶段目标与任务，确保资源的合理调配与方向指引；院党委需依据校党委的整体部署，结合学院特点，细化工作方案，组织协调各方力量，将工作任务落实到具体部门与人员；机关党委和各职能部门党组织则应充分发挥自身职能优势，打破部门壁垒，在信息共享、服务保障、矛盾协调等方面形成工作合力，确保"枫桥经验"的各项举措在高校各环节得以顺畅实施，全方位强化党组织的领导力、引领力、组织力、号召力。二是充分发挥党建引领作用，借助基层党的建设这一关键抓手，将"枫桥经验"的内涵要义融入高校党建工作的全过程。通过主题党日、党课教育、党员先锋岗等多样化形式，向广大师生深入阐释"枫桥经验"所蕴含的以人为本、源头治理、协商共治等理念，使之内化为师生的价值追求与行为自觉。在学生社区、社团组织、教学课堂等高校基层治理单元中，充分发挥党员的模范带头作用，以点带面，带动全体师生积极参与高校治理实践，营造"人人知晓、人人参与、人人共享"的良好氛围，让"枫桥经验"在高校落地生根、开花结果，为高校的和谐稳定发展注入强大的红色动力，推动高校治理能力与育人水平的双提升。

（二）空间参与：聚焦学生主体、建构自治组织体系

新时代"枫桥经验"在高校场域中的践行，是以学生为主体的治理观念在校园矛盾纠纷解决和综合管理中的创新运用。一是尊重学生地位，深刻认识到学生在高校治理体系中的主体作用。现今，现代大学正逐渐成为囊括校级行政部门、基层院系、学生团体、个体学生在内的多维度互动网络。习近平总书记强调："千百年来，青春的力量，青春的涌动，青春的创造，始终是推动中华民族勇毅前行、屹立于世界民族之林的磅礴力量。"[21]青年学生作为高校的主人翁，其需求、意见和想法包含生机活力与独特思考，是高校治理的重要依据。高校管理者应摒弃传统的单向管理思维模式，树立起以学生为中心的治理理念，充分尊重学生的个性差异、兴趣爱好

以及发展诉求，将学生视为具有独立思考能力和主观能动性的个体，而非被动的管理对象，积极倾听学生的声音，鼓励学生表达自己的观点和建议，让学生切实感受到自身在校园中的主体地位得到认可和尊重，从而激发学生参与校园治理的积极性和主动性，为高校治理注入源源不断的活力与创造力。二是引导学生有效参与，推动学生自治组织体系化、精准化、专业化。一方面，应通过开展各类校园治理主题的座谈会、研讨会、听证会等活动，广泛收集学生对于校园热点问题、难点问题的看法和解决方案，引导学生从不同角度深入思考校园治理中的矛盾纠纷及综合管理事务，使学生的参与能够精准聚焦于关键问题领域，增强参与的有效性和针对性。另一方面，应建立完善的学生参与反馈机制，对学生提出的意见和建议进行及时梳理、分析和回应，让学生看到自己的参与成果得到重视和落实，进一步增强学生参与的信心和动力。同时，加强对学生参与能力的培养，通过组织相关的培训课程、实践活动等，提升学生的沟通协调能力、组织策划能力、问题解决能力、民主法治意识，使学生能够在校园治理中更加理性、成熟地表达诉求和发挥作用，以精准有效地参与推动新时代"枫桥经验"在高校的深入实践，实现高校治理效能的显著提升和校园的和谐稳定发展。

（三）空间技术：驱动科技赋能、打造互通共享格局

习近平总书记指出，要把现代科技作为推进社会治理现代化的重要抓手。[22] 科技在高等教育治理现代化中扮演了至关重要的角色。高校内部管理的进步与发展，无法脱离科技的引领与支撑，践行新时代"枫桥经验"也必须依托现代科技赋能提质。人工智能、大数据、互联网等前沿技术以其实体化的存在形态，通过整合教育资源、学生信息与其他多种因素，编织了一张覆盖高校治理各层面的智慧化网络。一是提升技术素养，筑牢科技赋能根基。高校管理人员需主动学习前沿技术的基本原理与应用场景，了解如何利用技术手段分析学生学习行为模式、心理状态、生活轨迹等信息，实现对校园动态的全方位把握。教师群体应融入教学与学生管理工作中，利用大数据分析学生学习数据，运用智能沟通工具与学生保持联系，及时回应学生诉求，预防师生矛盾的产生与激化，让技术成为增进师生关系的桥梁而非障碍。学生应积极提升自身的数字素养，学会在数字化校园环境中合理利用各类资源，遵守网络规则与道德规范，避免技术使用不当引发的校园纠纷。二是改进技术质态，保障系统高效运行。一方面，要注重技术系统的稳定性与兼容性建设，投入足够资

源进行技术设备的更新与维护，确保人工智能系统、大数据平台等技术设施能够稳定运行，同时着力解决不同技术系统之间的兼容性问题，实现教育资源管理系统、学生信息管理系统、校园安全监控系统等各类平台的无缝对接与数据共享，打破"信息孤岛"，让技术在高校治理各层面形成有机整体，发挥出最大的协同效应。另一方面，要持续优化技术的应用流程与用户体验，从师生实际需求出发，简化技术操作步骤，设计简洁直观的用户界面，使师生能够轻松上手并熟练运用各类技术工具，使技术真正成为高校治理的得力助手，而不是师生眼中的"麻烦制造者"。三是保障技术伦理，规范科技应用边界。应明确技术应用的边界与原则，制定严格的技术使用规范与道德准则，遵循最小必要原则，仅收集与校园治理和学生发展直接相关的数据，并确保数据的匿名化与安全性，避免对学生隐私的过度侵犯，切实维护学生的人格尊严与合法权益。此外，还应加强技术伦理教育，提升师生对技术伦理问题的敏感度与认知水平，营造公正、透明、安全且符合伦理道德的高校科技治理环境，让新时代"枫桥经验"在科技赋能下于高校治理中焕发出新的生机与活力。

（四）空间协作：推动部门联动、优化资源整合机制

"一站式"学生社区的建构关键在于"一站式"理念，高校践行新时代"枫桥经验"要在"一站式"理念指引下，实现线上与线下相结合、实体与虚拟相融合、内部与外部相整合的资源配置体系。一是整合空间资源优化配置，打造全方位育人空间。高校应从整体布局出发，对校内各类空间资源进行梳理与整合，让学生成为社区空间真正的主人。例如，可以将学生事务办理大厅、心理咨询室、学业辅导中心、创新创业基地等功能空间有机融合在社区范围内，形成集学习、生活、社交、发展等多元功能于一体的综合性空间。鼓励学生积极走出宿舍，参与社区的公共学习生活，拓展学生的实践实习空间和社会服务平台，借鉴"枫桥经验"中"鼓励群众参与乡村事务的讨论与决策"，激发学生的主观能动性，在社区空间中相互交流、相互启发，共同成长进步，实现自我管理和自我教育。二是形成统一预算，保障资金投入的稳定性与合理性。一方面，加大对基础设施建设的资金投入力度，保障社区物理空间的优化改造与设备更新，通过完善基础设施建设，使生活条件契合学生需求，从根本上减少矛盾纠纷的产生。另一方面，合理安排专项经费用于学生服务与发展项目，激励学生积极参与社区活动，提升自身综合素质和能力水平，真正将"源头治理"的理念贯穿于资源配置的全过程。三是整合校内各类信息系统和平台，

建立"一站式"信息服务中心。将教务管理系统、学生事务管理系统、图书管理系统、后勤服务系统等多个独立的信息系统进行深度融合，打破数据壁垒，实现信息的互联互通和共享共用，使"一站式"学生社区成为信息畅通、高效有序的有机整体，推动新时代"枫桥经验"在高校的深入实践与创新发展。

五　结语

以"一站式"学生社区为视域，研究高校践行新时代"枫桥经验"这一命题，是高等教育治理领域的当代实践。高校"一站式"学生社区作为高校治理的"下沉"与"深耕"，对高校整体育人格局具有显著的重构与再造效能。随着空间形态的不断演进，"一站式"学生社区建设已然成为实体空间、网络空间、泛在空间的集合体，呈现多元与融合的结构性特征。总体而言，发挥空间设计的顶层优势、明确空间参与的主体地位、凸显空间技术的赋能步伐、推动空间协作的模式创新，是深化高校"一站式"学生社区建设现代化的有效路径。新时代新征程，从空间维度探寻高校践行新时代"枫桥经验"的路径，能够在推动高校治理体系和治理能力现代化中发挥现实意义、彰显独特价值。

参考文献

[1] 何艳玲、蒋良竹：《基于新时代"枫桥经验"的基层社会治理方法论》，《人民检察》2023 年第 22 期，第 17~19 页。

[2] 习近平：《高举中国特色社会主义伟大旗帜　为全面建设社会主义现代化国家而团结奋斗——在中国共产党第二十次全国代表大会上的报告》，北京：人民出版社，2022。

[3] 卢芳霞、余钊飞、刘开君等：《"枫桥经验"概论》，杭州：浙江人民出版社，2020，第67 页。

[4] 中国法学会"枫桥经验"理论总结和经验提升课题组：《"枫桥经验"的理论构建》，北京：法律出版社，2018。

[5] 教育部等八部门：《关于加快构建高校思想政治工作体系的意见》，中国政府网，https：//www.gov.cn/zhengce/zhengceku/2020-05/15/content_5511831.htm，2022 年 4 月 22 日。

[6] 《习近平新时代中国特色社会主义思想学习纲要》，北京：人民出版社，2023，第 221 页。

[7] 邵安、胡望洋：《"枫桥警务"评估指标体系构建》，《中国人民公安大学学报》（社会科学版）2021 年第 4 期，第 122~130 页。

［8］诸暨县志编纂委员会：《诸暨县志》，杭州：浙江人民出版社，1993，第 708 页。

［9］王道勇：《新时代"枫桥经验"的演进路径与创新趋向》，《行政管理改革》2023 年第 9 期，第 15~22 页。

［10］代玉启、罗琳：《新时代思想政治教育方法研究进展探析》，《江西师范大学学报》（哲学社会科学版）2020 年第 6 期，第 20~28 页。

［11］王春业：《以"数字化"为驱动的法治政府建设研究》，《河南社会科学》2024 年第 10 期，第 67~76 页。

［12］张一兵：《元哲学：走向使用的社会空间理论——列斐伏尔〈空间的生产〉解读》，《学术界》2024 年第 7 期，第 5~14 页。

［13］《马克思恩格斯文集》（第 1 卷），北京：人民出版社，2009，第 501 页。

［14］《习近平谈治国理政》（第 2 卷），北京：外文出版社，2017，第 534 页。

［15］马飞：《从实体到关系：重申教学空间的内涵、特征与发展进路——面向数智时代的思考》，《电化教育研究》2024 年第 7 期，第 64~72 页。

［16］游家兴、苏三妹：《打破数据"烟囱"：大数据驱动的新质生产力与劳动投资效率》，《经济管理》2024 年第 9 期，第 5~29 页。

［17］张宝歌：《中国式高校治理现代化发展逻辑及价值取向》，《社会科学战线》2023 年第 9 期，第 239~249 页。

［18］张洁：《研究生教育治理体系中导学关系缘何分化：一种双重委托代理模型的解释》，《中国高教研究》2024 年第 12 期，第 77~84 页。

［19］刘开君：《限权与赋能：现代科层制组织规范功能再审视——浙江绍兴信访矛盾化解标准化建设案例分析》，《浙江社会科学》2022 年第 3 期，第 41~49 页。

［20］教育部：《关于加强新时代教育管理信息化工作的通知》，中华人民共和国教育部网站，http：//www. moe. gov. cn/srcsite/A16/s3342/202103/t20210322_521669. html，2021 年 3 月 15 日。

［21］习近平：《在庆祝中国共产主义青年团成立 100 周年大会上的讲话》，北京：人民出版社，2022，第 2 页。

［22］《习近平关于基层治理论述摘编》，北京：中央文献出版社，2023，第 65~66 页。

The Spatial Dimensions of Universities' Practice of "Fengqiao Experience" in the New Era from the Perspective of "one-stop" Student Communities

Gui Zekun

Abstract：The "Fengqiao Experience" in the new era is the world outlook and methodology of Chinese grass-roots social governance. From the perspective of spatial context，the "one-stop" student community in colleges and universities，as the end and destination of grass-roots governance on campus，should practice the "Fengqiao

Experience" of the new era in accordance with the fundamental concept of "Student-oriented", the Educational Approach of "Persuading people by reason" and the modern characteristics of "Empowering with Digital Technology". From the perspective of spatial form, colleges and universities should effectively use multi-dimensional spaces such as physical space, virtual space and pervasive space to practice the "Fengqiao Experience" of the new era in reality. At present, colleges and universities still face challenges such as the dilemma of cognitive separation, the dilemma of execution mechanism, and the dilemma of resource integration. Therefore, joint efforts should be made in space design, space participation, space technology and space collaboration: Strengthening the leadership of the CPC and giving play to the leading role of the CPC in party construction, focusing on the dominant position of students and constructing an organizational system of student autonomy, driving the empowerment of technology and creating a pattern of interconnection and sharing, promoting departmental linkage and optimizing the resource integration mechanism, in order to highlight the value recognition of the "Fengqiao experience" in the new era to promote the modernization of university governance system and governance capacity.

Keywords: "Fengqiao Experience" in the New Era; Colleges and Universities; "One-Stop" Student Community

新媒体格局下高校共青团思想政治引领的创新路径[*]

梁亚伦　谢丽泉^{**}

摘　要： 新媒体格局下高校共青团开展思想政治引领工作既有时代和政策机遇，又有诸多困难挑战，需通过创新路径进行系统性和针对性解决。高校共青团开展思想政治引领工作在组织与管理、新媒体传播、渠道和内容建设等层面存在困境。基于此，应在坚持根本任务的基础上，通过培育专业团队，强化人才支撑；强化考评机制，重视危机应对；重视青年表达，关切青年需求；提升青年素养，畅通互动交流；整合宣传渠道，精准定位受众；深耕引领内容，创新产品思维；推进理念创新，精进宣传技术等多层面、多维度的组合拳，持续发力，久久为功，最终实现高校共青团思想政治引领工作的跨越式发展。

关键词： 高校共青团　思想政治引领　新媒体格局　青年工作

思想政治引领工作一直是高校共青团先进性的重要标志和核心体现。习近平总书记在庆祝中国共青团成立 100 周年大会上对共青团所提几点希望的第一点，便是要求共青团"坚持为党育人，始终成为引领中国青年思想进步的政治学校"。[1]新时代新征程上，共青团组织，尤其是面向大学生群体的高校共青团，开展

＊ 本文为 2024 年度首都青少年工作和共青团工作研究课题"新媒体视域下高校共青团思想政治引领工作路径研究"（项目编号：BJGQT2024036）、中国政法大学 2024 年"学习习近平新时代中国特色社会主义思想"博士创新实践专项项目（项目编号：Z2024BSCX01）的阶段性研究成果。
＊＊ 梁亚伦：中国政法大学法学院博士研究生，中国社会科学院大学青年研究中心研究人员，主要研究方向为行政法学、共青团工作。谢丽泉：中国社会科学院大学团委副书记，讲师，主要研究方向为青年工作、思想政治教育。

思想政治引领工作面临诸多困境挑战，需要从多角度进行详尽探析并予以系统解决。从背景上看，科技进步为高校共青团思想政治引领工作提供全新技术支撑；当代高校青年的特点与困境需要共青团思想政治引领见实效；融媒体时代给高校共青团开展思想政治引领工作带来宝贵机遇；互联网新媒体上的各种社会思潮对高校青年的影响深远持久等都构成了新时期高校共青团着力开展以舆论宣传职能发挥为中心的思想政治引领工作的必然要求和现实需求。

一　新媒体格局下高校共青团思想政治引领工作的发展机遇

（一）时代机遇

在当下数字化浪潮中，生成式人工智能技术的迅猛发展正重塑着高校共青团思想政治引领工作的格局。以 DeepSeek 为例，它作为前沿的人工智能工具，具备强大的自然语言处理和图像生成能力。在高校共青团工作场景里，DeepSeek 能对海量的学生网络言论、社交媒体动态等数据进行深度挖掘与分析，精准洞察学生群体的主流思想倾向、潜藏的困惑与诉求。通过智能算法，它可以快速梳理出学生对不同思想政治话题的关注度与讨论热度，为高校共青团制定精准化的思想政治教育策略提供数据依据。[2] 例如，当校园内热议某一社会热点事件时，DeepSeek 能迅速分析学生对此事件的看法与观点分布，助力共青团及时组织相关主题的线上讨论或线下讲座，引导学生树立正确的价值观。

与此同时，互联网新媒体的代际革新也在持续拓展着高校共青团思想政治引领的边界。从早期以文字、图片为主的博客、论坛时代发展到如今集视频、直播、互动游戏等多种形式于一体的短视频、社交平台时代，新媒体的传播形态越发丰富多样。微博平台凭借其即时性与开放性，成为高校共青团发布重要资讯、开展话题讨论的前沿阵地，能迅速将最新的思想政治教育内容推送给广大学生。抖音等短视频平台则以生动有趣、短小精悍的视频内容契合了当代青年学生碎片化的信息获取习惯。高校共青团可借助这些平台，创作如思政主题微电影、动画短片等形式新颖的内容，以更具感染力的方式传播主流价值观。这种新媒体的代际革新为高校共青团思想政治引领工作注入了新的活力，带来了广阔的发展机遇。

（二）政策机遇

进入新时代以来，以习近平同志为核心的党中央高瞻远瞩、审时度势，着眼互联网新媒体时代潮流和发展大势，立足于高校共青团工作发展的客观实际，从党和国家高等教育事业发展全局出发，作出了一系列新布局，提出了新方略，相关决策均通过高层级政策文件予以明确，高校共青团思想引领进入了有章可循、有规可依的制度化时代。据笔者不完全统计，以共青团中央为主要发文单位的，涉及高校共青团思想政治引领的文件，多达 40 余份。如 2023 年 6 月，习近平在同团中央新一届领导班子成员集体谈话时强调："共青团要把加强对广大团员和青年的政治引领摆在首位，努力培养社会主义建设者和接班人，源源不断为党输送健康有活力的新鲜血液。"[3] 这一关键论述从战略高度为高校共青团在新时代履行党的青年工作任务擘画了前行蓝图，提供了理论依循。高校共青团作为引领最先进青年群体的核心力量，在新时代新征程上开展青年思想政治引领有着绝佳的政策机遇与科学的系统谋划。要深刻把握理论逻辑，引领青年深入学习党的创新理论，启发青年想得更深刻，以理论层面的清醒铸就政治上的绝对坚定。[4] 再比如 2022 年 4 月，由共青团中央印发的《新时代加强和改进共青团思想政治引领工作实施纲要》中也强调要"遵循思想政治工作规律和青少年成长规律，突出理想信念教育，彰显实践育人特色，建强网上引领阵地，落实意识形态工作责任制"，为开展新时期高校共青团思想政治引领工作提供了方法论层面的具体指导。[5] 此外，团十九大报告也强调，要"深化共青团宣传思想产品化战略"，因时因势而变，充分适应网络传播可视化趋势，坚持"寓引导于产品"的理念，将原创产品制作摆在宣传思想工作的重要位置，依托团属媒体、新媒体中心不断兴起共青团网络文化产品的创作高潮，为青年思想政治引领工作提供更加丰富的内容。[6]

此类重要论述和文件，无一不在指向高校共青团思想政治引领工作培育青年的主渠道作用发挥，均指示我们必须紧跟信息时代的要求，积极探索并实现高校思想政治工作传统优势与信息技术的深度融合，寻求行之有效的结合路径。在这一过程中，我们必须做到根据具体情况灵活变化，紧跟时代步伐，把握发展趋势，勇于创新，真正做到因事制宜、因时而动、因势而新。[7] 这些政策内容丰富了高校共青团思想政治引领工作的方式方法，也是我们在新时期开展高校共青团思想政治引领工作最为重要的政策机遇。

二 新媒体格局下高校共青团思想政治引领的困境与挑战

（一）高校共青团思想政治引领组织与管理层面待解问题频现

习近平总书记强调，"共青团要勇于自我革命，始终成为紧跟党走在时代前列的先进组织"。新时代加强和改进高校共青团思想政治引领工作，需明晰现存问题，着力解决内部矛盾。共青团改革后，高校共青团整体工作能力和"三性"虽有提升，但仍不完善，在组织与管理层面主要存在以下问题。一是机构设置和人员配比不合理。体制机制改革一直是共青团发展的难题，高校也深受影响。双重领导的职权安排、机构盲目精减、人员编制过度裁撤，导致高校团学组织疲于应付基础工作，亮点工作难开展，借调和学生力量成为工作主力。非专业力量过多使工作专业性不足，细节工作不到位，学生认可度低，产生负面连锁反应。因此，解决高校共青团组织编制和人员配备问题迫在眉睫。二是工作作风行政化、机关化。自共青团改革之初这一问题就已存在。部分高校团干部惯用行政机关工作方式，如用行政命令下达任务、在办公室传达上级精神等，远离基层和青年学生，形成衙门作风。此外，组织架构层级化、青年思维运用不足、工作方法缺乏青年特点、学生干部选用重精英轻草根、选树典型群众性和广泛性不够等问题也较为突出。高校共青团在开展思想政治引领工作时，还会出现价值偏离、"唯上"倾向、短期行为、监督缺位等现象。解决工作作风问题是提升思想政治引领工作实效的关键。三是组织架构与工作机制僵化滞后。部分高校共青团的组织架构仍沿袭传统模式，层级过多且沟通渠道不畅，信息传递在层层流转中出现延误或偏差，致使基层团组织对上级指示理解不到位，工作开展缺乏针对性与及时性。同时，工作机制缺乏灵活性与创新性，未能充分适应新时代青年学生思想活跃、需求多元的特点。例如，活动策划与执行流程烦琐，从创意提出到具体实施需经过多轮审批，错过了最佳开展时机，难以吸引学生积极参与。此外，在跨部门协作方面，不同团组织部门间职责划分不够清晰，遇到综合性工作时易出现推诿扯皮现象，工作效率低下，严重影响思想政治引领工作的协同推进与整体成效。在组织资源配置上，对思想政治引领工作的投入存在不均衡问题，物质资源与人力资源向文体活动等易出成果领域倾斜，思想政治教育专项培训、宣传阵地建设等方面资源匮乏，导致工作开展受限，难以深入挖掘思想政治引领工作的深度与广度。

（二）高校共青团思想政治引领工作新媒体传播层面存在困境

进入新时代，共青团将"进军网络新媒体"作为增强团组织吸引力和凝聚力的关键策略，致力于构建线上线下融合的青年工作新体系，这对高校共青团的转型发展意义重大。然而，高校共青团组织在新媒体矩阵运作中面临诸多传播困境。在传播主体上，专业人才队伍建设受限，专职团干部少，多由学生兼职，专业性人员不足，组织人员脱节严重。由于学生流动性大，团队稳定性差，工作缺乏连续性，导致新媒体传播工作难以形成长效机制，无法持续产出高质量的内容。在传播受众层面，受众情绪表达高度自主，不同意见声音自由流转，信息繁杂、价值多元，青年学生思考判断减少。人工智能时代，青年学生获取信息的渠道极为丰富，信息繁杂、价值多元。他们在网络上情绪表达高度自主，不同意见声音自由流转，这使高校共青团对传播受众的引导难度显著增加。一方面，部分青年学生容易受到网络上不良信息、错误思潮的影响，对主流价值观产生怀疑或抵触情绪。如一些网络谣言、负面舆论，可能误导学生的认知，干扰高校共青团的思想政治引领工作。另一方面，信息过载使青年学生注意力分散，对高校共青团传播的内容关注度降低，思考判断减少。他们更倾向于接收娱乐化、碎片化信息，对于深度的思想政治教育内容缺乏兴趣，导致高校共青团的思想政治引领信息难以有效触达受众、发挥作用。

在新媒体服务青年学生层面，服务部分缺位，回复机械。高校共青团新媒体平台对学生的留言、咨询等互动信息，往往不能及时、有效地回应，难以满足学生的实际需求。而且，平台互动形式单一，多为单向信息发布，缺乏与学生的双向互动交流，难以拉近与学生之间的关系，无法形成良好的互动氛围。这使学生参与平台互动的积极性不高，降低了新媒体平台在思想政治引领中的作用发挥。新媒体平台建设上，内容参差不齐，原创能力不足，难以形成区分度，还存在低级错误，影响平台权威。新媒体矩阵平台建设规范度欠缺，公信力受到影响。互联网活动设置方面，高校主办的互联网平台活动知晓度低、设计水平不高、参与度整体较低。[8]

（三）高校共青团思想政治引领渠道和内容建设存在提升空间

高校共青团思想政治引领工作在新媒体运营中存在宣传渠道分散、定位模糊、内容建设乏力和表现力差等问题。在宣传渠道方面，高校互联网新媒体运营主体多元，除团学组织宣传平台外，还有校园自媒体。建设新媒体矩阵时虽理论上要纳入主流平台并实现校院两级、校级各主体间的协调联动，但实际困难重重。不同运营团队、质量标准、发文偏好和审核主体，导致内容互通和联动建设程度低，新媒体资源难以有效整合，整体宣传效果大打折扣。在渠道定位上，虽重视依据青年学生特点开辟新赛道，但滞后性明显，入驻新平台及适应规则算法时间过长，错失新媒体思政宣传关键期，且品牌意识和品牌化建设差，多走转发、新闻稿、活动通知的老路，缺乏知名品牌宣传产品，流量和数据惨淡。内容建设是高校共青团思想政治引领工作的一大难题。高校青年学生倾向关注娱乐时尚、生活爱好等对自身有益的内容，而共青团作为宣传思想政治教育主流观点的官方平台，将思想政治教育功能放在首位，这使大量推送内容未能与学生喜闻乐见的热点、兴趣爱好结合，削弱了工作的影响力、时效性和感召力。一些推送内容与学生学习科研、生活日常联系不足，缺乏新意和创新，难以引发情感共鸣，影响工作质效提升。此外，新媒体矩阵分布结构和宣传比重存在问题，在微信公众平台利用成熟的同时，对小红书、抖音等短视频平台开拓不足，存在选题不活泼、技术落后、内容质量欠佳、同质化严重、内容重复率高等缺陷，导致无法精准契合学生关注热点和兴趣痛点。高校共青团思想政治引领工作要想取得更好成效，就必须解决上述问题，朝着更接地气、贴近生活日常、关联校园实际、功能更丰富的方向发展，以提升对青年学生的吸引力和引导力。[9]

三　新媒体格局下高校共青团思想政治引领的创新路径

高校共青团开展思想政治引领工作，必须坚持新时代加强和改进共青团工作的根本任务和基本遵循不动摇。新时代新征程上，高校共青团思想政治引领要始终保持和增强政治性的第一属性，牢记"党有号召，团有行动"的优良传统，把宣传工作做在细微处。要切实引导高校青年学生面对复杂互联网新媒体舆论生态，把党的理论、团的声音及时有效地传播到广大高校青年学生中，运用青言青语传达党中央的新指示新要求，引导广大高校青年学生始终与党同向同行，切实起到高校共青团思想政治引领工作应当取得的效果。要保持和增强先进性的鲜明属性，在思想政治引领和宣传实践中，要不断依靠团组织自身的先进性吸引、凝聚青年学生，把宣传工作做到青年学生的心里。要保持和增强共青团组织群众性的天然属性，从根本上解决好高校共青团宣传工作"依靠青年学生""为了青年学生"的问题。在新媒体和人工智能技术发展背景下，高校共青团要对传统思想政治引领工作方法进行创新，从高校青年学生的特点、需求出发，改变通过互联网新媒体同青年学生进行交流的方式，不断扩充、拓展和畅通同青年学生沟通交流的渠道，打造优质互联网新媒体平台。要通过宣传走近青年学生，增强与青年学生交朋友、为青年学生排忧解难的能力，安抚青年学生的不良情绪。要通过原创性、交互性宣传的方式开展培训和主题教育，切实提高青年学生的政治觉悟，不断加深他们对高校共青团思想政治引领工作的理解。

（一）组织与管理层面

1. 培育专业团队，强化人才支撑

高校共青团在新时期需坚守政治定位，强化宣传队伍建设，完善考评与危机应对机制，以有效推进思想政治引领工作。提升团队专业素质，特别是互联网新媒体宣传能力，是关键所在。青年学生团队作为新媒体矩阵的践行者，其专业技能是工作的有力依托。为提升工作效率与质量，需明确团队定位，即作为兼具官方性与自由度的校级学生组织，服务于高校共青团整体工作。构建科学合理的团队体制，设立专门宣传机构，划分部门与工作室，科学调配资源，形成工作合力。制定合理激励机制，通过学分认定、社会实践、评奖评优等方式奖励优秀成员，激发团队积极性。同时，设立定期培训交流制度，采用"请进来"与"走出去"的方式，邀请主流媒体专家进校培训，涉及写作、制图、视频剪辑等技能，结合"青马工程""大骨班"等常规培训，实现宣传团队能力全面提升。通过这一系列举措，高校共青团不仅能增强宣传团队的软实力与硬实力，还能确保宣传工作的时效性与及时性，切实掌握舆论宣传主导权，优化思想政治引领工作。这不仅能提升工作质量与效率，还能在新媒体格局下更好地引领青年学生，推动校园宣传工作发展，实现高校共青团思想政治引领工作的持续优化与创新。[10]

2. 强化考评机制，重视危机应对

通过顶层设计改进以及体制机制完善推进思想政治引领工作优化，需要在考评层面着力，完善危机应对机制。众所周知，考评体系的完备既是把控工作走向的必

要条件，也是激发优秀高校共青团干部探索创新工作途径与方式的必要手段。要真正结合高校共青团思想政治引领宣传工作的实际需求设置考核的具体内容。包括各个平台账号的粉丝量、浏览互动量、平台影响力等，还应结合实际情况，辩证看待数量和质量之间的关系，不盲目将数量增长作为考评的关键指标。要将高校共青团思想政治引领宣传目标与实际效果进行细致的比较分析，并将这种对比得出的结论作为考评指标之一。应当务实设置科学合理区间的发展目标，同时做好互联网新媒体平台账号的监督和管理，在热度提升的同时不降低政治导向层面的高要求和严格标准。[11]互联网新媒体的"双刃剑"效应既可以带来意料之外的优质宣传效果，也可能反过来出现负面舆情爆发的不利局面。如何应对互联网舆情事件，是每一位高校共青团思想政治引领宣传工作者应当直面的关键议题，加强高校互联网舆情处置能力建设迫在眉睫。这就要求高校共青团思想政治引领宣传工作团队在日常创作和审核过程中增强风险意识，坚定政治站位，严防在高校场景下出现政治风险，保持对法律法规和中央政策的敬畏与重视，避免产生不必要的纠纷事件。坚守文化品位，严格内容审核，确保传播内容健康向上。严禁宣扬非主流趣味，强化内容审核，切实担负起相应的具体责任。要建设好高校共青团思想政治引领工作的舆情监测平台，提升一旦出现负面舆情事件时高校互联网新媒体矩阵的响应速度，第一时间掌握并研判风险，有效控制事态发展，将负面影响降至最低，防止舆情危机扩大至更广泛的社会层面危及高校共青团系统的良好声誉。

（二）新媒体传播层面

1. 重视青年表达，关切青年需求

高校共青团思想政治引领工作所面向的群体是青年学生，其工作宗旨在于为青年学生代言，切实保障青年学生的合法权益。高校共青团在构建新媒体宣传矩阵时，需着重关切青年学生群体的现实需求，聚焦其身边热点与核心议题，切实保障青年学生于互联网新媒体环境下的发声权益与相关内容。以此为依托，充分彰显高校共青团新媒体宣传矩阵的议程设置效能，引领具有较强政治性、较大社会需求且充满正能量的话题在青年学生群体中展开深入探讨与评议。确切而言，高校共青团开展思想政治引领工作，务必全面考量受众群体的真切诉求。不但要在青年学生的在校学习科研进程以及日常生活里给予有力支持与便捷服务，还应全方位履行各类服务

职能，高度重视青年学生在互联网新媒体平台上的发声表达。[12]宣传团队应着力发挥其特有的议程设置功能，定期规划并精心组织主题活动，以科学合理的方式设定议题，广泛吸引青年学生踊跃参与大讨论，不断拓宽青年学生参与热点研讨的边界与范围，有效提升他们参与社会管理及政治讨论的参与体验与感受，稳固其主人翁意识与主体地位，紧密贴合青年学生的日常学习与生活实际，竭力达成"点对点"精准宣传与"一对多"广泛传播的有机协同，从而使青年学生的情感诉求与家国情怀得以尽情释放与充分展现。[13]

2. 提升青年素养，畅通互动交流

除了关注诉求外，高校共青团开展思想政治引领工作还应当从受众层面，通过宣传产品和其他形式，不断加强青年学生的媒介教育和法治教育，提高高校青年学生的互联网新媒体素养。青年学生虽然受教育水平高，但社会实践参与少，对社会负面现象和风险的认知不足，因此对互联网信息的真实性判断和质量筛选能力有待提升，如果不能通过高校共青团开展思想政治引领，那么被误导、被带节奏甚至认同并肯定错误思潮的可能性就会骤增。加强媒介教育和法治教育，有助于青年学生更好地分辨信息真伪和价值取向，避免盲从式发表不当言论情形的出现，引导他们更加理性发声。此外，高校共青团开展思想政治引领工作，还应当注重与青年学生之间平等地对话、互动与沟通，真正和青年学生成为"伙伴"，做"青年友"而不做"青年官"。事实上，青年学生对于年龄相仿、行事风格相近的个体会有自然产生的认同感和亲切感，话题空间更能延展和放开。较之于接受长辈们非平等姿态的单向输出式说教，也更能听进意见建议。基于此，高校共青团开展思想政治引领工作，应当将自身置于平等地位和受众之间，以伙伴姿态与青年学生进行互动式交流，对互联网新媒体各平台上的互动、留言、咨询等及时回复，建立一种与受众间健康的互动关系，避免单一的传授关系，及时了解青年学生群体对内容的喜好和倾向，并结合反馈情况定期研判并调整宣传内容，推进理性沟通的目标在这些举措中得以实现。[14]

（三）渠道与内容层面

1. 整合宣传渠道，精准定位受众

传播学认为，融媒体的关键在于"融"，即融合传统媒体各信息生成阶段的断

层，建立集采集信息、终端载体、编辑分发于一体的"中央厨房"。针对高校共青团思想政治引领工作现存的问题，从渠道层面推进网络融媒体建设和传播矩阵构筑，是实现创新与提升的必由之路。搭建融合平台，通过平台矩阵、宣传内容、手机终端等，实现原创内容和宣传产品的高质量供给，输出具有思想政治教育意义的新媒体作品。例如，在高校共青团系统举办大型活动时，进行全流程、多渠道、融媒体的综合主题宣传，全方位、多层次、多角度进行试报告，以检验平台矩阵间的联动能力，实现话题引爆校园，反哺活动成效，达成思想政治引领目的。[15]需整合原本平台间的外部合作模式至内部，重新规划团学组织大宣传平台的运营模式，形成真正的高校团属互联网新媒体传播矩阵，关停并转长期效果不佳的账号，建立畅通高效的宣传工作互动沟通机制。结合新媒体特点，鼓励平台运营团队发掘自身特色，提升用户黏性。可参照《人民日报》"中央厨房"模式，实现职能划分的科学化与精准化，将传统媒体与新媒体矩阵全部涵盖，共同发挥思想政治引领职能。[16]要注重多种媒介间多次发布时的适当转化，适应青年学生群体特点。高校共青团宣传团队应巩固微信公众平台、视频号等核心阵地，不断拓展新平台，形成差异化梯度合理的互联网融媒体矩阵。加强计算机软件技术在宣传工作中的应用，个性化定制基于学校特色的小程序、网页等，减少对第三方科技工作的依赖，降低个人信息侵扰和泄露风险，实现投票、个人页展示、第二课堂拓展等功能发散，提升宣传效果。同时，广泛布局团学组织的宣传工作矩阵建设，实现媒体平台"院系通""班级通"，在基层团支部层面试行宣传工作纳入考核，通过上下联动、横向联动，构筑科学高效的高校共青团思想政治引领新媒体宣传工作矩阵。这样不仅能提升组织战力，更能贴近青年需求，增强吸引魅力，有效发挥高校共青团思想政治引领功能。

2. 深耕引领内容，创新产品思维

再多的形式建设都是锦上添花，而内容建设则是真正的核心依托。从内容层面注重深耕思想政治引领内容并不断优化宣传产品的思维，才是加强高校共青团思想政治引领工作效能的治本之策。要加强对高校共青团属互联网新媒体矩阵内容生产的统筹，通过资源整合和再调配，实现优质互联网文化产品的问世。在新时代新征程上，面对多样化社会思潮的正反面影响、新媒体形态日新月异的发展、生成式人工智能的跨越式升级，在优化内容产出和宣传策略上，高校共青团思想政治引领工作队伍应当从以下几个方面入手。第一，要始终坚持正确的政治方向，坚定政治立

场，始终紧紧围绕以习近平同志为核心的党中央，树立正确的意识形态，以全新形式服务好高校共青团思想政治引领工作。第二，要丰富话语形式，重新构建话语体系，将深刻道理寓于生动故事中，将教科书语言与流行语绑定融合运用，以起到更好的宣传效果。第三，要精准锚定受众对象，将青年学生的特点特征精准把握，有针对性开展宣传工作。第四，要积极创新宣传路径，树立高校共青团专属的新媒体IP和品牌形象，实现虚拟形象代言人效应，增进与青年学生交流引导的亲切感和亲和力，推动宣传工作效果的有效提升。要创新宣传形式，通过深化产品战略打赢传播战。[17] 在前述完善内容供给的基础上，要进一步通过音视频、二次元、VR 交互等形式创新创造互联网文化产品，依托高校共青团新媒体宣传矩阵的交互优势，尝试进行多样化的文创产品开发。要坚持高校共青团在高校互联网文化体系建设中的主导权和领导地位，用心用情培植文化产品。还要将青年学生真正带入进来，鼓励他们积极参与，亲身创作出青年学生喜闻乐见的互联网文化产品，争做校园文化传播和推广的正能量"网红"，通过系列举措打造互联网新媒体阵地，以优质内容实现在差异化竞争时代团属互联网媒体的弯道超车。

3. 推进理念创新，精进宣传技术

新媒体时代，高校共青团思想政治引领工作面临新的挑战与机遇，理念创新成为引领工作创新发展的前提和必然要求。高校共青团必须坚持以高校青年学生为核心的原则，将服务青年学生作为工作创新的出发点和根基。这意味着高校共青团需充分考虑青年学生的根本利益和现实需求，同时汲取他们的智慧和创造力，听取他们的意见建议。这种以青年为本的工作创新原则，不仅是对原则的深刻解读，也是高校共青团在新媒体格局下开展思想政治引领工作的行动指南。为实现理念创新，高校共青团还需不断强化宣传工作的技术性。宣传工作兼具政治性和技术性，涉及新闻传播、艺术设计、新媒体运营等多学科专业知识。在新媒体格局下，高校青年群体的需求日益多样化，要求宣传工作必须科学精准，既要在内容上提纲挈领，又要符合群团组织特点，采用群众工作的方式方法。因此，高校共青团需遵循科学规律，主动讲科学求技术，通过路径优化实现精准发力，提升宣传工作的实效。技术性宣传成果的出现，本质上是宣传技术的创新。高校共青团应加强对青年学生的思想政治教育，为他们提供及时精准的帮助和服务，同时积极探索新媒体环境下的新宣传手段和技术应用，如短视频、直播等，以增强宣传的吸引力和影响力。[18]

四　结语

高校思想政治引领工作关乎举旗定向、关乎战略定力、关乎政治安全、关乎长期稳定，具有重大战略意义。通过对新媒体格局下高校共青团思想政治引领路径的对策式研究，我们得出了高校共青团开展思想政治引领工作的初步建议。习近平总书记强调，"要着力打造一批形态多样、手段先进、具有竞争力的新型主流媒体，形成立体多样、融合发展的现代传播体系"[19]。对比高校共青团思想政治引领工作的实践不难发现，大多数高校的共青团宣传工作离习近平总书记的要求还相差较远，需要迎头赶上的部分还比较多。下一阶段，高校共青团要坚持以习近平新时代中国特色社会主义思想为指导，聚焦用党的创新理论武装自身、教育青年学生这个首要政治任务，着力加强党对高校共青团思想政治引领工作的全面领导，持续开展高校共青团思想政治引领工作的学术研究和具体实践，建设具有强大凝聚力和引领力的主流校园文化，为新时期高校共青团思想政治引领工作走深走实和校园文化繁荣发展提供坚强思想保证、强大精神力量、有利文化条件。

参考文献

［1］习近平：《在庆祝中国共产主义青年团成立 100 周年大会上的讲话》，《人民日报》2022年 5 月 11 日。

［2］阮一帆、王智博：《生成式人工智能赋能思想政治教育创新研究》，《学校党建与思想教育》2025 年第 2 期，第 4~7 页。

［3］《习近平同团中央新一届领导班子成员集体谈话并发表重要讲话》，《中国共青团》2023年第 12 期，第 1~2 页。

［4］朱翰墨：《加强青年政治引领为党培育时代新人》，《红旗文稿》2024 年第 3 期，第 47~48 页。

［5］刘俊彦：《新时代共青团思想政治引领的核心要义与实现路径》，《中国青年社会科学》2023 年第 6 期，第 36~46 页。

［6］阿东：《在习近平新时代中国特色社会主义思想指引下动员引领广大青年为全面建设社会主义现代化国家而团结奋斗——在中国共产主义青年团第十九次全国代表大会上的报告》，《中国共青团》2023 年第 12 期，第 9~27 页。

［7］查显友：《高校思想政治工作传统优势同信息技术高度融合的思考与实践》，《中国高等

《教育》2023 年第 19 期，第 4~7 页。

[8] 李桂花、梁金风：《青年亚文化背景下高校共青团思想政治工作路径论析》，《思想政治教育研究》2021 年第 6 期，第 92~97 页。

[9] 陈永丽、李喜英：《从"引智"到"共治"：高校团青智库建设的困境与出路》，《社会科学家》2022 年第 5 期，第 147~153 页。

[10] 郝景亚：《新媒体环境下高校共青团宣传工作创新路径探讨》，《新闻研究导刊》2021 年第 17 期，第 121~122 页。

[11] 袁晓铃、罗抒晴、穆榕：《在高校研究生群体中加强共青团宣传工作的思考——以北京大学深圳研究生院团委为例》，《北京教育（德育）》2021 年第 5 期，第 51~56 页。

[12] 赵海燕：《共青团视域下青年学生政治意识表达的机制及路径构建研究》，《中国青年研究》2020 年第 8 期，第 36~42 页。

[13] 张政文：《高校立身之本在于立德树人——新时代"双一流"建设根本任务的战略思考》，《人民论坛》2020 年第 25 期，第 32~35 页。

[14] 梁亚伦：《新时代新征程高校青年工作的创新进路》，中国社会科学网，https：//www.cssn.cn/skgz/bwyc/202301/t20230110_5578824.shtml，2023 年 1 月 10 日。

[15] 何雪冰、余潇潇、贾开：《互联网治理视野下高校宣传思想工作的"矩阵式"重构——以清华大学共青团为例》，《思想教育研究》2017 年第 1 期，第 108~111 页。

[16] 黄艳、辛肇镇、李卫东：《新媒体时代高校共青团微博信息传播网络研究——基于社会网络分析的视角》，《中国青年社会科学》2021 年第 4 期，第 36~44 页。

[17] 王婷婷、向艳：《新时代高校校园文化育人的逻辑机理及路径优化》，《江苏高教》2024 年第 1 期，第 86~90 页。

[18] 王鹂：《高校共青团新媒体工作发展创新探析》，《北京科技大学学报》（社会科学版）2022 年第 6 期，第 647~653 页。

[19] 陈昌凤、杨依军：《意识形态安全与党管媒体原则——中国媒体融合政策之形成与体系建构》，《现代传播（中国传媒大学学报）》2015 年第 11 期，第 26~33 页。

Research on the Innovative Paths of Ideological and Political Guidance by University Youth League under the New Media Pattern

Liang Yalun，*Xie Liquan*

Abstract：In the new media pattern，the ideological and political guidance work carried out by the university youth league not only has opportunities of the times and policies，but also faces many difficulties and challenges，which need to be systematically and pertinently solved through innovative working paths. There are dilemmas in the ideological and political guidance work carried out by the university youth league at the levels of organization and management，new media communication，channel and content construction, etc. Based on this, on the basis of adhering to the fundamental task, it is necessary to cultivate professional teams to strengthen talent support; strengthen the evaluation mechanism and attach importance to crisis response; attach importance to youth expression and care about youth needs; improve youth literacy and smooth interactive communication; integrate publicity channels and accurately position the audience; deeply cultivate leading content and innovate product thinking; promote concept innovation and refine publicity technology. With multi-level and multi-dimensional combined efforts, continuous efforts and long-term persistence, the leapfrog development of the ideological and political guidance work of the university youth league can be finally achieved.

Keywords：University Youth League; Ideological and Political Guidance; New Media Pattern; Youth Work

柔性管理视域下高校学生工作路径探析

——以南京某高校 G 学院为例

陈 伟 蒋佩韦*

摘 要： 本文以南京某高校 G 学院为例，探讨柔性管理在高校学生工作中的应用。柔性管理强调以人为本，尊重学生个体差异，通过沟通协商形成共识，建立平等互利的管理关系。其适应性强，能快速响应外部环境变化，优化管理策略；参与性高，能在参与决策中增强学生的归属感与责任感。G 学院在实践中，通过人本化管理理念、民主化管理方式和自主化管理过程，激发学生主动性与创造力，提升自我管理能力，构建有秩序且有温度的校园环境，实现学生全面发展，为高校学生工作提供了有益借鉴。

关键词： 柔性管理 高校学生工作 人本化 民主化 自主化

随着时代的发展，高等教育环境日益复杂多变，教育背景、学生需求和社会期望呈现多元化趋势。全球化和信息技术的飞速发展，使知识更新速度加快，大学生需要掌握的技能和知识更加广泛和深入，同时也面临更多的挑战。同时，大学生群体本身也在发生变化，他们更加注重个性化发展和自我实现，对教育的期待不再局限于传统的知识传授。在这样的背景下，高校学生管理工作面临诸多新挑战。传统管理模式影响学生的成长，阻碍学生整体素质的提高。[1]学生管理往往注重规章制度的严格执行，却忽视了学生的个体差异和主观能动性，难以满足当代大学生对个性化发展和自主成长的需求。柔性管理作为一种新兴的管理理念，以其灵活性、开

---

* 陈伟：南京理工大学公共事务学院副教授，主要研究方向为养老、安宁疗护。蒋佩韦：南京理工大学公共事务学院本科生，主要研究方向为思想政治教育、乡村养老。

放性和参与性等特点，为高校学生管理工作提供了新的思路和方法。

当前，国内外关于柔性管理的研究逐渐增多。在国外，柔性管理理念最早应用于企业管理，后逐渐拓展到教育管理等领域。一些学者认为，柔性管理能够增强组织的适应性和灵活性，增强员工的参与感和归属感，从而提升组织的整体绩效。在国内，体现人本观念的柔性管理思想逐步得到学者的关注，[2] 并开启了柔性管理在高校学生工作中的应用研究，然而目前研究并不多，且聚焦于理论探讨，对于柔性管理在高校学生工作中的具体实施路径和方法缺乏深入的实证研究。因此，本文旨在填补这一研究空白，为高校学生管理工作提供更具针对性和可操作性的柔性管理策略。研究主要围绕以下问题展开：柔性管理在高校学生工作中具有哪些内涵和特征；柔性管理融入高校学生管理工作的必要性体现在哪些方面；如何在高校学生管理工作中实施柔性管理。研究目的在于揭示柔性管理在高校学生工作中的应用价值，探索有效的柔性管理路径和方法，为高校学生管理工作的创新与发展提供参考依据。

一　柔性管理的内涵和特征

柔性管理是在研究人们心理和行为规律的基础上，采用非强制的方式，在人们心里产生一种潜在的说服力，从而把组织意志变为人们的自觉行动的管理。[3] 作为现代管理学中新兴的管理理念，它正逐渐被越来越多的组织所采纳。它内涵丰富，涵盖组织结构的灵活性、决策过程的开放性、员工参与的广泛性以及对外部环境变化的适应性。在组织结构上，柔性管理倡导打破了传统的层级制度，推崇扁平化管理，以减少沟通成本，提高决策效率。这种结构使信息流通更加畅通，员工能够更快地获得反馈，从而及时调整自己的工作方式。

柔性管理强调开放性和包容性，鼓励多元化的观点和建议。在管理柔性模式下，管理者不再是唯一的决策者，员工积极参与到决策过程中，他们的意见和创造力被充分尊重和利用。[4] 这种开放的决策模式不仅能够提高员工的工作满意度，还能够激发员工的参与感和归属感，从而提高整个组织的凝聚力和执行力。

在高校学生工作中，柔性管理的实施体现了对学生个体差异的尊重和对教育环境变化的敏感性。它强调通过沟通、协商形成共识，而非单一的指令与控制。它倡导管理者与学生之间建立起一种更为平等、互动的关系，通过倾听学生的声音，理解学生的需求，从而制定出更加人性化的管理策略。

柔性管理的特征之一是适应性。在快速变化的社会环境中，高校学生工作面临多元化的挑战，柔性管理能够对外部环境作出快速响应，灵活调整管理策略，优化管理流程，以适应不断变化的教育需求和学生期望。柔性管理的另一个显著特征是参与性。柔性管理鼓励学生参与到管理决策的过程中，通过参与式管理，学生能够更直接地影响与自己息息相关的决策，这不仅增强了学生的归属感和责任感，也强化和提高了管理决策的有效性和接受度。在这种模式下，学生不再是被动接受管理的对象，而是成为管理过程的共同参与者和合作者。此外，柔性管理还强调情感的投入和人际关系的建立。在高校学生工作中，柔性管理注重通过情感的交流和人际关系的维护，建立起一种基于信任和尊重的工作环境。这种环境能够促进学生的积极性和创造性，同时也能够增强学生对学校文化的认同感。

二　柔性管理融入高校学生工作的必要性

柔性管理在高校学生工作中的融入是大势所趋，它能够有效应对复杂环境、契合学生需求、契合教育新理念，为高校学生工作带来新的思路与方法，推动高校学生工作朝更高质量、更具活力的方向发展。

（一）柔性管理更加适应日趋复杂的当代高等教育环境

柔性管理模式更加能够应对日趋复杂的当代高等教育环境。[5]高等教育发展到今天，教育背景、学生需求和社会期望日益多元化。一方面，全球化和信息技术的迅猛发展使知识更新速度加快，大学生需要掌握的技能和知识更加广泛和深入，面临的挑战也随之增加。另一方面，大学生群体本身也在发生着变化，他们更加注重个性化发展和自我实现，对教育的期待不再局限于传统的知识传授。

这种高等教育环境的复杂性要求高校在学生工作上必须更加灵活，摒弃单一的刚性管理模式，转而采用更加灵活的柔性管理策略，积极建立支持性和包容性的学习环境，鼓励学生探索自己的兴趣特长，帮助他们发展成为具有创新精神和批判性思维能力的个体。并且，柔性管理还能够帮助高校更好地应对外部环境的不确定性，快速调整适应教育政策、经济形势和技术进步都可能对高等教育产生影响。

（二）柔性管理更加契合当代大学生的行为方式和思想观念

柔性管理适应当代大学生思想的新特点。[6]当代大学生群体普遍具有较强的自我意识和独立思考能力，他们倾向于在尊重和理解的基础上接受管理，而不是单向的命令和强制。柔性管理强调对个体差异的尊重和对个性发展的鼓励，与传统的刚性管理模式相比，管理者与被管理者之间的关系更加平等，沟通更加开放，这与当代大学生追求自我实现、个性化发展的需求和倡导的平等、自由的价值观相呼应。

柔性管理强调对个体的激励和自我管理能力的培养。在大学环境中，学生需要学会自我规划和自我控制，以适应多变的学习和生活环境。柔性管理不是简单地告诉学生应该做什么，而是引导他们思考为什么要这么做，以及如何设定目标、如何自我反思，最终更有效地实现目标，这很好地满足了大学生自我发展的需求。

柔性管理还体现在对多样性和创新的包容上。大学生文化背景多样，拥有不同的兴趣和特长。柔性管理尊重这些差异，为学生提供宽松的环境，鼓励学生创新和探索，使他们能够在尝试和错误中更好地成长。在实践层面，柔性管理通过灵活的课程设置、多样化的教学方法和个性化的评价体系，为学生提供了更多的选择和发展空间。学生可以根据自己的兴趣和职业规划选择课程，通过项目式学习、小组讨论等多样化的教学活动参与学习过程，并通过多元化的评价方式获得反馈和激励，不仅提高了学生的学习积极性，而且满足了大学生追求创新和个性化发展的愿望。

（三）柔性管理更加符合我国当代高等教育新理念

柔性管理强调以人为本，尊重个体差异，倡导个性化发展，摒弃了传统管理中刚性、统一的模式，根据学生的不同特点和需求，提供多样化的教育资源和学习路径，很好地激发学生的创造力和自主学习能力，这与我国高等教育新理念中提倡的创新精神和终身学习不谋而合。柔性管理还强调过程的动态调整和持续改进，要求教育管理者不断地根据教育效果和学生反馈，调整教育策略和管理方法。这使高等教育能够快速响应社会变化和技术进步，保持教育内容和方法的现代性和前瞻性。

柔性管理倡导建立更加开放的教育环境，鼓励学生探索不同文化，由此学生不仅能够获得更多的知识和技能，还能够培养批判性思维，促进多元文化的融合和拓展国际视野。此外，柔性管理强调合作与共享，在高等教育中鼓励学校、教师、学生以及社会各界共同参与教育过程，共享教育资源，共同推动教育的发展，这种合作精神与我国高等教育新理念中强调的合作性和共享性相一致。

三 柔性管理在高校学生工作中的路径探析

柔性管理理论进一步运用到我国高校学生工作管理中，不仅符合历史必然性，同时也迎合了现实社会的需要。[7]南京某高校 G 学院在学生工作中，越来越深刻地认识到刚性管理的严重不足，多年前就积极开展了柔性管理的实践探索，并取得了诸多卓有成效的成果。在柔性管理理念融入学生工作的过程中，G 学院不仅强调规则的重要性，而且重视个体的情感需求和个性发展，贯彻以人为本的理念，积极构建既有秩序又有温度的校园环境，通过灵活的策略和方法，激发学生的主动性、创造性和自我管理能力，最终实现了学生全面发展的目的。

（一）管理理念人本化

柔性管理理念强调以学生为中心，注重学生的个性化需求和自主发展，能够更好地激发学生的内在动力和创造力。[8]G 学院的柔性管理充分体现了人本化理念。当代的大学生，民主、自由、平等观念深入心灵，不再将管理者的权威视为神圣，发号施令式的管理效用逐年衰减，因此传统的刚性僵化的管理模式已经远远不能适应新时期大学生发展的需求。有鉴于此，G 学院的学生管理者本着"以生为本"的理念，积极转变学生管理观念，主动实现了由权威型向民主型的转变。他们以生为友，深入学生中间，走进学生的心灵，放下架子做学生的朋友。在接触对话中深化情感，了解不同大学生的独特个性和发展需求，并据此为学生创造更好的成长环境，提供更具针对性的教育服务。

当代家庭独生子女多，不少娇生惯养到大，导致很多大学生为人处世能力弱，脾气大、个性强。有鉴于此，G 学院一方面要求学生管理人员加强修养、不断学习，形成正直、善良、无私、真诚的优良品格，通过榜样的力量去引导、折服和感化学生，让学生心甘情愿地接纳教育和管理。另一方面 G 学院要求学生管理人员学会换位思考，用发展的眼光看待学生，理解学生在成长中犯这样那样的错，善待宽容学生的缺点和不足，通过指导和引领帮助他们成长，而不是一味地通过条条框框来控制他们，防范他们犯错误。面对学生偶发的违规行为，学院不再是简单地进行惩罚，而是通过教育和引导，让学生认识到错误并主动改正。这种以教育引导为主的管理方式，不仅减少了校园内的矛盾、对抗，还培养了学生的责任感和自我反省能力。

在 G 学院，人文关怀渗透柔性管理的方方面面。学院积极推动校园文化建设，组建了涵盖文艺、体育、科技、公益等多个领域的兴趣小组和社团活动，经常举办各类文化活动和竞赛，为学生提供展示自我、发展兴趣的平台，释放创造力和激情的空间。例如，摄影兴趣小组的学生可以一起学习摄影技巧，组织摄影比赛和展览，分享彼此的作品和心得；志愿者社团的学生可以参与社区服务、支教助学等活动，帮助有需要的人，培养自己的社会责任感和奉献精神。这些活动营造了积极向上的校园氛围，让学生在参与中感受到校园生活的乐趣，增强了他们对学院的认同和热爱。学院还建立了一套完善的心理健康支持体系，定期举办心理健康讲座，帮助学生缓解学习和生活中的压力，提高心理素养和情绪管理能力，同时还设立了心理咨询中心，为学生提供专业的心理咨询服务，确保学生在遇到心理困扰时能够得到及时的帮助。这种关注学生心理健康的做法，充分体现了柔性管理以人为本的思想，不仅增强了管理成效，还在潜移默化中构建了积极向上的校园文化。此外，G 学院还特别重视学生的社会实践能力培养。通过与企业合作，为学生提供实习和实践的机会，让学生在真实的工作环境中学习和成长。这种实践型的学习方式，不仅增强了学生的职业技能，也为他们的未来就业打下了坚实的基础。

（二）管理方式民主化

柔性管理的核心在于理解并尊重每个学生的独特性，管理方式公正民主。为此，G 学院构建了学生信息数据库，记录学生的成长轨迹，包括学业成绩、活动参与、兴趣爱好和职业规划等信息，以便更好地把握每位学生的特点和需求。在此基础上，为学生提供差异化的辅导和支持，发掘个人潜力，以及定制化的学业指导和职业规划服务。在课程设置上，G 学院采取了灵活的课程体系，允许学生根据自己的兴趣和需求选择课程，鼓励教师根据学生的反馈调整教学内容和方法，以适应不同学生的学习风格。同时，还设立学风引导员，成立学生互助小组，鼓励学生之间相互支持，共同成长。这些民主柔性管理举措，不仅激发了学生的学习热情，也为他们提供了更广阔的知识视野。G 学院通过激励机制来强化柔性管理的效果，设立了多种奖学金和荣誉体系，以表彰在学术、社会服务和自我管理等方面表现出色的学生。

这种正向激励不仅提高了学生的自我激励，也促进了学生之间的健康竞争。

　　G 学院重视制度"硬件"的建设和优化，且制度建设和优化的过程中处处体现着人性化。在处理学生问题时，管理者不再是制度的唯一制定者、命令的单向发布者，而是转变为倾听者和引导者、协助者，通过对话和沟通来理解学生的真实需求和困惑，从而为学生提供更有针对性的帮助和支持。G 学院鼓励学生参与到学院的决策过程中。通过学生代表大会、意见箱和在线论坛等渠道，学生可以对学院的规章制度、活动安排等提出自己的意见和建议。这种开放的沟通渠道不仅让学生感受到自己的声音被重视，更加积极地投入学院的管理和自我管理中，也为学院提供了宝贵的反馈，帮助管理层更好地理解学生的需求和期望。此外，在柔性管理的实践中，G 学院特别重视与学生家长的沟通与合作，及时向家长反馈学生在校的表现，同时听取家长的意见和建议，共同为学生的成长提供支持。

　　G 学院还积极改革学生评价体系，摒弃单一的分数评价，采用多元化的评价方式，如自我评价、同伴评价和教师评价相结合，全面评估学生的学业成绩和个人发展。并创立了包括生生互评、师生互评、师师互评在内的立体网格评价机制，生生互评模式让学生不仅能够从同伴的评价中获得反馈，还能使学生在评价他人的同时，也在无形中对自己进行了一次自我评价，从而促进自我反省和自我觉醒。师生互评模式不仅让学生从老师的指导中收获成长，也让作为管理者的老师、辅导员更好地了解管理制度、方式以及自身的不足，通过改进提高管理的效能，更好地为学生服务。

（三）管理过程自主化

　　柔性管理模式主要依靠被管理者的内心驱动力进行自我管理。[9]为此，G 学院精心开设了涵盖时间管理、情绪调节、目标设定等多个维度的一系列与自我管理相关的讲座，以培养学生的自我管理能力。在时间管理方面，通过案例分享和互动练习，让学生掌握高效利用时间的技巧，帮助学生在繁重的学业中合理分配时间，提升学习效率；在情绪调节方面，请专业心理咨询师为学生讲解如何通过运动、倾诉、音乐等方式来舒缓压力，保持良好的心态，从而更好地应对学习和生活中的挑战；在目标设定方面，引导学生根据自身兴趣和实际情况，设定短期和长期目标，并教授目标分解和执行的策略，让学生在明确的目标指引下，有方向地努力，不断取得进步。这些自我管理技能的掌握，对学生的学业成功和个人发展起到了很好的促进作用。H 辅导员介绍，实施柔性管理后，G 学院学生在学习过程中更富动力和方向感，学习效率普遍提高，学习成绩逐年提升，学生变得更加积极乐观，对抗压力和挫折的能力也显著增强了。

学院通过设立学生自治组织，如学生会、社团联合会等，让学生有机会参与日常管理，负责部分校园活动的组织和执行。例如，学生会负责组织迎新晚会、校园文化节等活动，从前期的策划筹备到中期的宣传动员，再到后期的现场组织和总结反馈，每一个环节都需要学生自主管理和协调。在这个过程中，学生不仅锻炼了自己的组织协调能力，还增强了对学院规章制度的认同和内化，学会了自我约束和自我服务。这种参与式管理，让学生在实践中学会承担责任，增强了归属感。

学院通过设置合理的学习目标和自我评价体系，引导学生进行自我管理和自我激励。学院鼓励学生根据自己的实际情况，制定个性化的学习目标，如专业课程成绩目标、科研项目参与目标、技能证书考取目标等。这些目标既有挑战性，又具有可实现性，能够激发学生的学习动力。同时，学院建立了完善的自我评价体系，学生可以通过定期的自我评价，清晰地认识到自己的学习进度和成效。例如，每个学期结束时，学生可以对照自己的学习目标，评估自己在专业知识掌握、实践能力提升等方面的表现，找出自己的优势和不足，从而有针对性地调整学习策略，不断提高自己的学习效率。

学院鼓励学生参与课程设计和教学活动。在课程设计方面，学生可以提出自己对课程内容和教学方式的建议，教师会根据学生的反馈进行相应的调整，使课程更加贴近学生的需求和兴趣。如某专业课程中，学生建议增加更多的案例分析、实验操作和小组讨论环节，得到了老师的积极响应。在教学活动中，学生可以参与教学助理、课程助教等工作，协助教师进行教学管理和教学辅助，如参与课堂讨论的组织、作业的批改和答疑等。通过这些参与，学生不仅能够更深入地理解课程内容，还能锻炼自己的沟通协调能力和教学能力，为未来的职业发展积累经验。学院通过项目式学习、研究性学习等形式，让学生在合作中学习，培养团队协作精神和领导能力。如在校园环保项目中，学生调研校园内的垃圾分类情况，设计改进方案，并进行宣传推广。在这个过程中，学生需要分工合作，有的负责调研数据的收集和分析，有的负责方案的设计和制作，有的负责宣传材料的制作和发放。通过团队合作，学生相互学习、相互启发，提高了项目的完成质量，同时也在实践中锻炼了自己的领导能力。

这种以学生为中心的柔性管理，让学生在自我实现的过程中自然而然地形成了对规则的认同和遵守。当学生在自我管理和参与式管理中取得进步和成就时，他们会感受到自己的价值和能力得到了认可，从而更加自信和积极地投入学习和生活中。同时，学生在参与学院的管理决策和活动组织时，能够更深入地了解学院的规章制度和管理理念，认识到这些规则是为了维护良好的校园秩序和促进学生的全面发展而制定的，因此会更加自觉地遵守，将规则内化为自己的行为准则，形成良好的校园文化氛围。

四 结语

柔性管理作为一种新兴的管理理念，在高校学生工作中展现出显著的理论与实践价值。理论上，它丰富了高校学生管理的理论体系，为管理工作创新提供了坚实的理论支撑，强调以人为本，尊重个体差异，倡导个性化发展，摒弃了传统管理中刚性、统一的模式，与我国高等教育新理念高度契合。实践上，柔性管理通过构建平等互动的管理关系、激发学生的主动性与创造性、培养学生的自我管理能力等路径，有效提升了学生管理工作的效果与质量，促进了学生的全面发展，为高校学生管理工作者提供了切实可行的操作指南，有助于营造积极向上的校园文化氛围，增强学生对学校文化的认同感。

尽管柔性管理在 G 学院的高校学生工作实践中取得了诸多成效，但仍需进一步深入研究。未来研究可从以下三个方面着手：一是加强对柔性管理在不同类型高校、不同专业背景下应用效果的对比研究，深入分析它们在多样化教育环境中的适应性与局限性，为高校学生管理工作提供更具针对性的指导；二是关注柔性管理与信息技术的深度融合，探索如何借助大数据、人工智能等技术手段，进一步优化柔性管理的实施路径与方法，提高管理的精准度与效率；三是深入挖掘柔性管理在促进学生心理健康、职业发展等方面的作用机制，为学生的全面成长提供更有力的支持。

本文在探讨柔性管理视域下高校学生工作路径时，虽取得了一定成果，但也存在一些局限性。例如，研究主要以南京某高校 G 学院为案例，样本范围相对有限，可能影响结论的普适性；在研究方法上，虽采用了文献研究法、案例分析法和访谈法，但对于柔性管理实施效果的量化评估还不够充分，未来研究可进一步扩大样本范围，采用问卷调查、实验研究等方法，对柔性管理的效果进行全面、深入评估与分析，以增强研究结论的科学性与可靠性。展望未来，随着高等教育的不断发展，柔性管理在高校学生工作中的应用将面临更多机遇与挑战。我们期待未来研究能够不断深化，为高校学生管理工作的发展贡献更多智慧与力量，助力高校培养出更多适应时代需求的优秀人才。

参考文献

［1］王晓瑛：《高校学生管理工作中柔性管理理念的运用》，《山西青年》2023 年第 16 期，第 184~186 页。

［2］王飞、姚冠新：《高校学生工作柔性管理的原则和辩证关系》，《中国高等教育》2014 年第 23 期，第 52~53 页。

［3］石沁禾：《基于柔性管理理念的我国高校学生工作管理模式创新》，《黑龙江高教研究》2010 年第 8 期，第 51~53 页。

［4］谢雷：《柔性管理理论在大学生教育管理工作中的运用》，《湖北经济学院学报》（人文社会科学版）2015 年第 8 期，第 158~159 页。

［5］高志华、叶晓勤：《高校学生柔性管理模式的理论阐释与实施策略》，《江苏高教》2016 年第 6 期，第 142~144 页。

［6］叶晓勤：《高校学生工作柔性管理浅议》，《中国高等教育》2011 年第 7 期，第 58~59 页。

［7］龚学锋：《新时期我国高校学生工作柔性管理创新研究》，《东北师大学报》（哲学社会科学版）2012 年第 5 期，第 255~257 页。

［8］屈增、张秋萍、牛源渊：《柔性管理理念在大学生教育管理中的应用策略》，《现代职业教育》2022 年第 35 期，第 92~95 页。

［9］冯晓星：《高校"量化—柔性"学生管理模式探究》，《教育理论与实践》2016 年第 18 期，第 9~10 页。

Exploring the Path of Student Work in Colleges and Universities under the Perspective of Flexible Management
—*Taking College G of a University in Nanjing as an Example*

Chen Wei，*Jiang Peiwei*

Abstract：This paper discusses the application of flexible management in the work of students in colleges and universities by taking G College，a university in Nanjing，as an example. Flexible management emphasizes people-oriented, respects students' individual differences, forms consensus through communication and negotiation, and establishes an equal and interactive management relationship. It is highly adaptable and can quickly respond to changes in the external environment and optimize management strategies; it is highly participatory and can enhance students' sense of belonging and responsibility through participation in decision-making. In practice, through the concept of people-oriented management, democratic management and autonomous management process, College G inspires students' initiative and creativity, improves self-management ability, builds an orderly and warm campus environment, and realizes the all-round development of students, which provides useful reference to the work of students in colleges and universities.

Keywords：Flexible Management；Student Work in Colleges and Universities；Human-Oriented；Democratization；Autonomy

落实立德树人根本任务下党团班一体化建设
对研究生培养的作用

——以北京大学深圳研究生院为例

袁晓铃　凌许婕*

摘　要： 党团班一体化建设在研究生培养中具有重要意义。立德树人是我国研究生教育的核心任务，而党团班一体化建设是实现这一任务的重要途径。本文通过对北京大学深圳研究生院的案例分析，探讨了党团班一体化在思想引领、多元联合、校地实践和学术创新等方面对研究生的培养作用。党团班一体化能够显著提升研究生的思想政治素质、实践能力和学术创新能力，同时增强其集体意识和社会责任感。针对研究生党团班一体化建设中集体观念弱化、活动形式单一等问题，本文提出强化思想引领、创新活动机制、加强组织协同等对策，有助于推动党团班一体化建设，促进研究生全面发展，为新时代研究生教育改革与发展提供有益借鉴。

关键词： 党团班一体化　研究生　立德树人

一　党团班一体化对研究生培养的重大意义

现如今，我国高等教育快速发展，其中研究生教育承担着我国培养高层次专门人才的

---

* 袁晓铃：北京大学深圳研究生院团委副书记、助理研究员，主要研究方向为高校学生思想政治教育、共青团工作。凌许婕：北京大学国际法学院硕士研究生，主要研究方向为法学方法理论。

重任。习近平总书记关于教育的重要论述为研究生培养工作指明了方向，提供了根本遵循。要全面贯彻党的教育方针，落实立德树人根本任务，以提升研究生教育质量为核心，深化改革创新，推动内涵发展。把研究作为衡量研究生素质的基本指标，优化学科专业布局，注重分类培养、开放合作，培养具有研究和创新能力的高层次人才。教育部高度重视研究生的立德树人工作，明确提出了一系列政策要求，旨在培养德才兼备、全面发展的高层次人才。《关于加快新时代研究生教育改革发展的意见》强调，要以习近平新时代中国特色社会主义思想为指导，全面贯彻党的教育方针，坚定走内涵式发展道路，以立德树人、服务需求、提高质量、追求卓越为主线。在此背景下，研究生立德树人培养工作的战略重要性日益凸显，而党团班一体化建设是落实这一培养工作的重要支撑。

二　党团班一体化建设对研究生培养的现状

作为研究生成长成才的重要载体，党、团、班的建设质量直接关系研究生培养的成效与社会的长远发展，研究生综合素质的提升与党团班组织的引领作用密不可分。然而，研究生培养具有一定的特殊性、复杂性。在实践中，研究生党团班一体化建设面临集体观念弱化、活动内容单一等诸多困境。但这些困境并非不可突破，近年来，教育部、共青团中央发布的通知文件等都展现出了当前研究生党团班一体化建设下产生的优秀集体的共性特征，为研究生党团班一体化建设指明了方向。

（一）研究生党团班一体化建设困境

1. 研究生压力语境下班级观念弱化，活动参与度低

随着高校研究生数量扩招，研究生在校期间各项竞争日益激烈，研究生群体面临前所未有的学业、科研、就业等多重压力，研究生往往将更多精力投入个人学术发展和职业规划中，班级观念较弱。班级本是研究生学习生活的基本单元，但在现实因素影响下，其凝聚力和向心力在减弱，研究生对班级活动的参与度和热情也随之下降。[1]这种现象不仅影响了班集体的团结协作，也削弱了党团组织在研究生群体中的影响力。因此，在研究生压力语境下重塑班级观念、团体观念，提高研究生的活动参与度，是当前研究生党团班一体化建设面临的一大挑战。

2. 活动内容形式单一化，难以满足研究生多元化的需求

相较于研究生群体背景多元、学历层次高、发展诉求多样等鲜明特点，当前党团班组织的活动内容形式往往较为单一，缺乏创新和针对性，难以满足研究生的不同需求。活动载体创新滞后，仍停留在传统的讲座、报告等单向理论灌输的形式上，缺乏互动性和实践性；活动内容设计维度失衡，未能充分结合研究生的学术背景和兴趣点，趣味性和实用性不够，此类同质化的活动导致研究生参与活动的积极性和满意度不高。创新活动内容形式，增强活动的吸引力和实效性，以更好地适应研究生的多元化需求，是如今研究生党团班一体化建设亟待解决的问题。

3. 党团班协同组织面临困境，工作交叉重叠，重复开展浪费资源

在实际运行过程中，党团组织、班级组织以及各类学生社团之间缺乏有效的沟通和协调机制，导致工作交叉重叠、资源重复配置等问题频发。这会浪费研究生们有限的资源和精力，也影响党团班组织的整体效能和形象。建立健全党团班协同组织的沟通协调机制，明确各组织之间的职责分工和合作方式，以实现资源的优化配置和工作的高效协同，是目前研究生党团班一体化建设的一大问题，也是重要任务。

（二）优秀研究生党团班集体共性

近年来，教育部与共青团中央高度重视并持续推动党团班组织建设的优化升级，通过一系列评选表彰活动，不仅树立了标杆，而且为广大高校提供了可借鉴、可复制的优秀党团班建设模式。党支部重视榜样引领，2023 年 10 月 24 日，《教育部办公厅关于开展第三批全国高校"百个研究生样板党支部"和"百名研究生党员标兵"创建工作的通知》（教思政厅函〔2023〕16 号）的正式发布，标志着我国研究生党建"双创"工作迈入了新的发展阶段。此次创建工作围绕教育、管理、监督、组织、宣传、凝聚、服务等七大维度展开，旨在全面加强研究生党支部的建设。团支部彰显活动风采，共青团中央基层建设部自 2022 年 5 月起便指导中国青年报社启动了"2022 年度高校'活力团支部'风采展示活动"。该活动以引领力、组织力、服务力、贡献度、改革味、好作风六大标准为核心。班集体表彰先进，教育部、共青团中央联合开展的第九次"全国先进班集体"评选表彰活动，则进一步强调了班级作为最基本教育单元的重要性。评选标准涵盖有政治坚定、团结协作、以身作则、密切联系同学的班级领导核心；有积极上进、乐于助人、遵纪守法、热爱集体、崇尚科学、反对迷信、朝气蓬勃、文明健康的良好班风；有勤奋、严谨、求实、创新的优良学风；认真组织社会实践和文化科技活动等条件。上述评选活动都清晰地体现出党、团、班优秀集体的共性特征。在推进研究生党团班一体化建设的过程中，我们要重点关注并加强落实这些特征，它们是推动研究生全面成长、立德树人的共性要素。

1. 强化思政教育，助力立德树人，提升综合素质

思想积极向上的氛围是优秀集体的基础。在党团班一体化建设中，党团班应始终坚持正确的思想引领，抓好思想引领的一体化工作。[3]加强作风与学风建设，形成积极向上的集体氛围。这种氛围能够激发成员的学习热情与创新精神，促进成员之间的相互支持与共同进步。同时，我们要明确党团班的职责是统一的，都是为了服务于高校立德树人的目标。通过党团班一体化的建设，我们可以更有效地开展思政教育，提升研究生的综合素质，为他们的全面发展奠定坚实的基础。

2. 强化组织引领，明确角色定位，提升工作效率

强化组织引领是党团班一体化建设的重要任务之一。合理的组织构建是发挥研究生自我教育、自我管理、自我服务主体性作用的基础。[2]无论是党支部的"七有力"标准、团支部的"六大标准"，还是先进班集体的评选条件，都强调了高效管理模式与健全组织架构的重要性。

3. 创新活动机制，强化服务意识，激发集体活力

积极探索跨组织联合活动的新模式，通过内容丰富、形式多样的活动，避免工作重复，增加集体活力。这种跨组织的联合活动，既能有效增强党团班之间的沟通与协作，还能更好地满足研究生群体的多元化需求。同时，多元联合的活动机制，让研究生们都能参与其中，也有助于将服务意识内化于心、外化于行，让研究生们通过实际行动，展现对集体的责任感与对社会的贡献度。这种服务意识不仅体现在对个人发展的关注上，也体现在对社会公益事业的积极参与中，从而进一步激发党团班集体的活力与创造力。

三　研究生培养的要求

自党的十八大报告郑重提出将"立德树人"确立为教育的根本任务，旨在培养德智体美劳全面发展的社会主义建设者和接班人以来，"立德树人"这一理念成为新时代教育的鲜明旗帜，也是研究生教育的本质核心。要实现研究生立德树人的培养目标，就需要把握立德树人的根本要求。立德是树人的前提，树人是立德的结果，二者是辩证统一的关系，相辅相成，缺一不可。[4][5]立德，即培养研究生的道德品质和思想水平；树人，即塑造有创新能力、有学术品质的研究生。

（一）立德树人应以提升思想道德素质、增强社会责任感为基

首先，立德要求提升研究生的思想道德素质。习近平总书记曾在与北京大学师生座谈时指出："我们的用人标准为什么是德才兼备、以德为先，因为德是首要、是方向，一个人只有明大德、守公德、严私德，其才方能用得其所。"[6]思想政治素质是研究生立德的首要任务，它要求研究生在深入学习党的理论和路线方针政策的基础上，树立正确的人生观、世界观和价值观。其次，立德强调增强研究生的社会责任感。社会责任感是研究生道德品质的重要组成部分，它要求研究生在追求个人发展的同时，关注社会问题，积极参与社会实践等活动，以实际行动服务社会和人民，为成为社会的有用之才打下坚实的基础。

（二）立德树人应以培养研究生学术创新能力、优秀学术品质为纲

树人要求培养研究生的学术创新能力。学术创新能力既是研究生树人的关键成果，也是研究生教育的一大重点目标。它要求研究生在学术研究中勇于探索、敢于创新，提升科研能力和创新思维，用新思想、新技能创造更优秀的科研成果。树人也要求培养研究生优秀的学术品质。这要求研究生在学术研究中坚守诚信、追求真理，形成严谨的学术态度和高尚的学术道德。

（三）立德树人应以塑造研究生健全人格、促进全面发展为要

研究生应通过系统化的学习和实践，实现社会主义核心价值观从理论认知向价

值认同的内在转化，形成坚定的政治立场和高尚的道德情操。这一过程既是塑造个人政治素养与道德品格的关键路径，也是对国家未来发展战略举措的响应。健全人格是研究生立德树人的综合体现，这要求研究生的专业知识积累与身心协调发展相结合，培养良好心理素质，提升综合素养，最终形成符合德智体美劳全面发展的社会主义建设者和接班人的培养范式。

党团班一体化作为研究生教育领域的重要育人机制，在落实立德树人中发挥着战略支点的作用。党团班一体化的实践，通过组织协同、资源整合，更好地将立德树人的理念渗透到研究生的日常学习和生活中，促进研究生在思想、学术、实践等多方面的全面发展。基于此，下文我们以北京大学深圳研究生院（以下简称"北大深研院"）为实证样本，通过其在党团班一体化方面的生动实践，从实践的角度具体阐释这一模式是如何在立德树人的道路上留下坚实的足迹，为新时代研究生立德树人教育提供可复制的经验模型的。

四　北大深研院党团班一体化的生动实践

在北大深研院，党团班一体化不仅是组织架构上的融合，也是实践中不断探索与完善的生动案例。北大深研院党团班集体数量众多，涵盖了理工科和文科等多个领域。根据最新统计数据，北大深研院共有理工科党团班集体 35 个，占比 50.7%；文科党团班集体 34 个，占比 49.3%（见图 1）。这一比例反映了北大深研院在学科

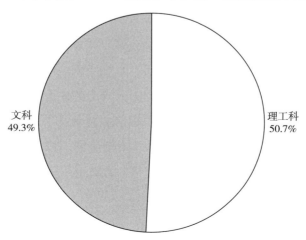

图 1　北大深研院党团班占比

布局上的多元化、协同性，也为党团班一体化实践提供了广泛的参与基础。

北大深研院高度重视党团班建设，依托北京大学的优秀平台，设立了一系列奖项，表彰在党团班建设中表现突出的集体和个人，以此激励广大研究生积极参与党团班活动。北京大学党委为培养树立学生党支部优秀典型，设立了包括"北京大学先进党支部"在内的多项奖项。北京大学共青团系统先进集体评选工作中，设有"优秀团支部"奖项。北京大学"班级五·四奖杯""示范班集体""先进班集体"等都是北京大学授予班集体的荣誉，旨在表彰在思想建设、学风建设和班风建设等方面表现突出的班级。这些评选活动都为全校树立集体榜样，增强了同学们的集体意识，展现出积极向上的集体风采。

通过一系列创新举措和实践活动，近年来，北大深研院涌现出一批优秀的示范党支部、团支部和班集体，在研究生立德树人工作中取得了显著成效，为研究生的成长成才提供了肥沃的土壤，促进了研究生在思想、学术、实践等多方面的全面发展。

（一）思想深度：强化理论，坚定信仰

"方向决定道路，道路决定命运。"这不仅是对历史经验的深刻总结，也契合了社会认同理论中关于群体方向感与归属感对于个体行为影响的重要观点。开展党团班一体化的实践活动，先要筑牢信仰之基，坚定正确道路方向，强化研究生的理论知识，提高研究生的思想境界。北京大学也是中国共产党最初的重要活动基地，五四精神代代相传，为国家的建设和发展做出了突出贡献。因此，在北大深研院，党团班一体化实践十分重视加强研究生的思想政治教育，通过邀请党校老师授课、党委书记讲党课等多种形式，北大深研院的研究生们得以深入学习党的理论知识，提升政治素养和思想境界。为推动党课培训建设，北大深研院推出"党性教育读书班"专题报告活动，邀请多位知名专家学者，带领研究生同学共同学习党的思想重要内容。目前已举办多期，反响热烈。老师深入浅出的讲解让研究生理解了党的理论和路线方针政策，进一步坚定了他们的理想信念，激发了他们的爱国热情和奋斗精神。树人先立"德"，给研究生建立了正确的价值观，符合社会认同理论中关于通过集体学习强化群体认同感的观点，为立德树人奠定了坚实的思想基础。

（二）多元联合：合作共赢，携手共进

北大深研院党团班一体化实践注重加强与其他高校的联合与交流，通过联合举办活动、共享资源等方式，推动党团班一体化的多元化发展，构建"组织联动—资源整合—平台共建"的多元联合模式。以北大深研院环境与能源学院 2023 级硕士班为例，该班级发起合作成立深圳高校"环境+"联盟，旨在以环境、生物、化学、材料等学科为纽带，在联盟各理事单位的支持、指导与全过程监督下，以深圳市各高校相关学科的研究生团体为依托，实现研究生自我管理与自我服务，搭建集学术交流、校际联谊和职业发展于一体的交流互助平台，并得到了来自深圳高等教育界环境及相关学科师生的广泛支持。通过跨校合作，共同推动环保事业的发展。"环境+"联盟由班级发起合作成立，影响力辐射深圳，并进一步扩大至粤港澳大湾区乃至全国，体现出北大深研院通过党团班一体化建设实践取得了优秀的成果，环境与能源学院 2023 级硕士班也荣获"北京大学示范班集体"的称号。这类组织活动不仅增强了研究生的社会责任感和使命感，还拓展了他们的视野和思维方式。同样曾获"北京大学示范班集体"的城市规划与设计学院 2023 级硕士班，以班级为整体，与吉林大学、石河子大学联合发起"三校四院五联合"教育援疆系列活动，在新疆建设首个高中"青马工程"示范基地，开展 12 次线上支教、线下捐书活动，受到"学习强国"学习平台等主流媒体的联合报道。这些活动展现了党团班的凝聚力，党团班一体化建设为研究生提供了更多元化的学习和发展机会，为立德树人注入了新的活力。

（三）校地合作：深入校企，服务社会

北大深研院党团班一体化实践还注重加强校地合作，推动研究生深入基层、服务社会。以信息工程学院为例，该学院党团班与多家企业建立了合作关系，为研究生提供了丰富的企业参访、企业实习等机会。如曾获"北京市先进班集体""北京大学示范班集体""北京大学优秀团支部"的信息工程学院 2022 级微电子硕士 1 班，班级活动与集成电路专业特色结合，带领班级成员积极参加社会实践活动，走出学校、走进企业、走向基层。在思为科技企业与 CEO 面对面座谈，前往大疆创新、荣耀等知名企业参访交流，通过与企业的接触，学生们不仅身临其境地感受创新创业的魅力并了解其重要性，拓宽未来的职业道路选择，还能深入了解行业的发展和应用。除了走进企业，关注就业前沿，党团班也组织了走进校园，科技服务社会的相关活动，以此让研究生在了解社会的同时，用自己的知识回馈社会，树立责任心。荣获"深圳市五四红旗团支部"的信息工程学院 2020 级计算机硕博 3 班团

支部就曾联合深圳市多所中小学、所在学院教工党支部开展"引导少年学术志趣，服务国家战略需求"——"科技进校园"讲座活动，该活动为北京大学"不忘初心、牢记使命"基层党建创新项目一等项目的重要组成部分。校地合作平台的搭建不仅显著提升了研究生的社会责任意识和奉献精神，也架起了理论知识与实践应用的桥梁，切实将"立德树人"中关于社会责任感培育的要求转化为具体行动，引导研究生在个人成长中主动关注社会发展需求。这种双向互动机制既强化了价值引领，又创造了知行合一的教育场景。

（四）协同育人：导师引领，科研创新

相较于本科生教育，研究生培养的核心特征在于建立了导师深度指导机制。在党团班一体化建设中，院系和导师形成了独特的协同效应。他们不仅为研究生提供学术指导和支持，还能借助组织生活，通过党团班活动，与研究生开展思想交流，共同探讨学术问题、分享人生经验。院系、导师的协同育人，可以让研究生在学术上取得更大的进步和突破。北大深研院抓住研究生教育特点，注重院系、导师在党团班一体化建设中的协同合作，通过举办学术沙龙、朋辈辅导计划等形式，共同为研究生立德树人提供了全面深入的支持体系。以北大深研院国际法学院为例，打造的"朋辈辅导计划"通过高年级优秀学生志愿者、优秀校友的分享经验、组织学术研讨会等方式，有效激发研究生新生的学术热情和创新能力，形成了"传帮带"的良性循环，为研究生提供了更多元化的学术资源和交流平台。

"眼底未名水，胸中黄河月"，未名湖畔的智慧沉淀与改革前沿的创新基因，在北大深研院的育人实践中交相辉映。北大深研院党团班一体化的生动实践为研究生立德树人提供了丰富的土壤和广阔的平台。通过一系列激励与表彰、示范班集体的生动实践以及院系、导师之间的协同合作，北大深研院既培育了学生扎实的学术素养，也塑造了胸怀家国的精神品格。这些成果为北大深研院的研究生教育注入了新的活力，也为新时代立德树人的实践探索提供了有益的借鉴和启示。

五 党团班一体化对研究生培养的对策

党团班一体化运作机制是一个多层次、多维度的协同合作体系（见图 2）。在立德树人的实践中，研究生们往往有较重的科研学业压力，参与活动时间紧张，再加上受到研究生学生干部较少等因素的影响，产生希望党团班活动集中进行，党团班一体化的内生力。校领导、各级党支部、行政部门之间形成合力，全员育人、全过程育人、全方位育人，共同助力推进党团班一体化活动，则形成了外驱力，发挥了"三全育人"教育理念的作用。

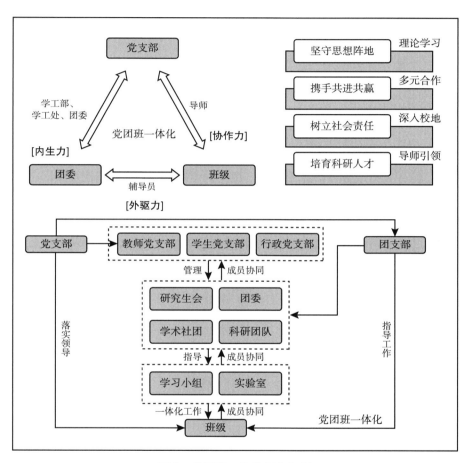

图 2　党团班一体化运作机制

在新时代背景下，立德树人要求培养研究生的道德品质和思想水平，塑造有创新能力、有学术品质的研究生。党团班一体化这种有效的组织形式和工作机制，通过思想引领、多元联合、校地实践和学术创新等多维度策略，对研究生的立德树人工作发挥着重要作用。

第一，党团班一体化建设有利于对研究生起到思想引领的作用，提高研究生的思想道德素质和政治理论水平，深化研究生思想政治教育的广度、深度和高度，增强了研究生的社会责任感。从自我决定理论的视角看，个体既可能展现出积极主动的行为模式，也可能表现出消极被动懒散的一面，而这种行为选择深受社会环境的影响——环境是抑制或激发个体内在动机的关键因素。[7]内在动机指个体被任务本身所吸引的动机状态，与之相对的是外在动机，外在动机指个体被任务所带来的外在成果所吸引的动机状态。[8]根据自我决定理论的解释，党团班一体化通过提高研究生内在的思想高度，进而提高其承担社会责任的行为。研究生作为国家高端人才储备的核心力量，其思想政治素养直接关系着社会主义现代化建设的历史进程。在这一培养维度上，党团班一体化建设展现出独特优势，强调了党组织的领导核心作用，引导研究生深入学习党的理论知识，理解党的路线方针政策，树立正确的政治方向。研究生们不再是通过传统的单向灌输学习知识，而是通过情景模拟、主题研讨等参与式学习方式，积极参与活动，深刻理解党的理论和政策，深刻理解国家发展战略的内在逻辑，筑牢青年学子的信仰根基。党团班一体化建设也能同步推动人才培养的全面升级，通过更有效地开展校地实践活动，提高研究生的实践能力，同时鼓励研究生勇于探索未知，充分发挥他们的潜能和创造力，也让研究生更加了解自身肩负的使命和责任。

第二，党团班一体化建设对研究生的学术创新培养起到重要作用。根据集体行动理论，团队协作的作用在现代生活和工作中影响很大。[9]在研究生培养过程中，团队协作与学术交流具有相当的重要性，团队协作是科研能取得突破性成果的关键因素之一。党团班一体化具有集体智慧和资源共享的理念，注重培养研究生的团队协作能力，朋辈计划、学术沙龙、学术互助等活动，体现出党团班一体化能开展高效的协作和共享，为研究生提供了更好的科研实践平台、更优的科研环境和更为广阔且深入的学术探索空间。研究生学会了如何在团队中发挥自己的优势，如何与他人沟通协作，共同解决问题。党团班一体化建设也创造了更好的学术环境，这能帮助塑造研究生的创新思维。开放、包容且充满活力的学术氛围能够激发研究生的探索欲望与创新潜能，促使他们在面对科研难题时，能够勇于挑战、敢于创新。同时，通过加强党团组织的引领作用，将党的先进理论与科研实践相结合，引导研究生树立正确的科研价值观，为他们的学术生涯奠定坚实的思想基础，助力培养具有创新精神和科研能力的研究生。

第三，党团班一体化通过"组织联动—资源整合—平台共建"的多元联合创新机制，丰富活动形式，有效破解了个体化培养模式下集体意识弱化的问题。针对研究生学习和生活独立化、分散化的特点，这种模式将党组织、团组织、班级等各个层面的力量整合起来，共同开展丰富多彩的活动，有效加强了研究生的集体意识和团队协作能力。党团班一体化并不只是一个简单的组织形式，而是整合多方资源，党团班通过与其他组织进行联合，开展社会实践、志愿服务、文化交流等活动，构建这种合作模式，给研究生提供了广阔的实践平台，推动研究生走向社会、服务社会。通过举办一系列就业拓展活动，让研究生感受到社会责任感和使命感，帮助研究生在把握行业前沿动态中明确发展方向、提升就业竞争力。这些活动既延展了思政教育的实践半径，也帮助研究生在立德树人的道路上走得更远、更稳。

综上所述，党团班一体化建设在研究生立德树人工作中起到了重要的作用。加强研究生的思想政治教育是党团班一体化的核心内容之一，党团班一体化能有效提升研究生的思想道德素质与政治理论水平。此外，党团班一体化也能增强研究生的社会责任感，为其学术创新能力的培养提供了一个全方位、多层次的发展平台。丰富的实践活动和学术交流，拓宽了研究生的视野，加强集体意识，提高社会实践能力。北大深研院的生动实践，成功培养出大批优秀的研究生，为其他高校提供了宝贵的经验和启示，也为新时代研究生教育的改革和发展注入了新的活力。高校应当结合自身的实际情况，持续推进班一体化建设，并根据时代的发展需求不断调整和深化工作模式和方法，以更好地服务于研究生教育立德树人的重要任务。

参考文献

［1］蒋毅、张舒、张杭嫣：《党建引领下的高校班团一体化建设》，《文教资料》2019 年第 13 期，第 155～156 页。

［2］王婷：《新形势下研究生党团班一体化建设的探索》，《文教资料》2020 年第 30 期，第 156 页。

［3］彭雪婷：《高校党团班一体化建设探索》，《广东教育（高校思想教育探索）》2021 年第 5 期，第 72 页。

［4］冯朝：《立德树人视域下高校研究生思想政治教育工作探析》，《文教资料》2023 年第 7 期，第 100～101 页。

［5］李建华：《"立德树人"的哲学追问》，《理论导报》2019 年第 7 期，第 53～54 页。

［6］《习近平谈治国理政》，北京：外文出版社，2014，第 173 页。

［7］R. M. Ryan, E. L. Deci, "Self-Determination Theory and the Facilitation of Intrinsic Motivation,

Social Development, and Well-Being," *American Psychologist*, 2000, 55 (1): 68–78.

[8] S. J. Shin, Zhou Jing, "Transformational Leadership, Conservation, and Creativity: Evidence from Korea," *Academy of Management Journal*, 2003, 46 (6): 703–714.

[9] 〔美〕曼瑟尔·奥尔森:《集体行动的逻辑》,陈郁、郭宇峰、李崇新译,上海:上海人民出版社,1995,第 25 页。

Research on the Role of Integrated Party-League-Class Organization System in Cultivating Morality and Nurturing Talents in Postgraduate Education
—A Case Study of Peking University Shenzhen Graduate School

Yuan Xiaoling, *Ling Xujie*

Abstract: The integrated Party-League-Class construction plays a significant role in graduate education. Cultivating virtue and nurturing talents is the core mission of China's postgraduate education, and the integrated Party-League-Class system serves as a crucial pathway to achieve this goal. Through a case study of Peking University Shenzhen Graduate School, this paper explores how the integrated Party-League-Class system contributes to graduate student development in areas such as ideological guidance, multi-party collaboration, university-local practice, and academic innovation. The integrated system significantly enhances graduate students' ideological and political awareness, practical skills, academic creativity, collective consciousness, and social responsibility. Addressing challenges such as the weakening of collective identity and monotonous activity formats in current practices, this study proposes strategies including strengthening ideological leadership, innovating activity mechanisms, and enhancing organizational coordination. These measures aim to advance the integrated Party-League-Class construction, foster holistic development of graduate students, and provide valuable insights for the reform and development of postgraduate education in the new era.

Keywords: Integrated Party-League-Class Organization System; Postgraduate Students; Cultivating Morality and Nurturing Talents

图书在版编目（CIP）数据

高校学生工作研究 . 2025 年 . 第 1 辑：总第 15 辑 /
丁世海主编 . --北京：社会科学文献出版社，2025. 5.
ISBN 978-7-5228-5429-8

Ⅰ . G645. 5-53

中国国家版本馆 CIP 数据核字第 2025S5H075 号

高校学生工作研究（2025 年第 1 辑　总第 15 辑）

主　　编／丁世海

出 版 人／冀祥德
组稿编辑／恽　薇
责任编辑／田　康
文稿编辑／公靖靖
责任印制／岳　阳

出　　版／社会科学文献出版社
　　　　　地址：北京市北三环中路甲 29 号院华龙大厦　邮编：100029
　　　　　网址：www. ssap. com. cn
发　　行／社会科学文献出版社（010）59367028
印　　装／三河市东方印刷有限公司

规　　格／开　本：787mm×1092mm　1/16
　　　　　印　张：14. 5　字　数：252 千字
版　　次／2025 年 5 月第 1 版　2025 年 5 月第 1 次印刷
书　　号／ISBN 978-7-5228-5429-8
定　　价／79. 00 元

读者服务电话：4008918866